2015 개정 교육과정 적용
최신 수능 경향 분석을 통해 출제한 실전 문항 180선
연습 문제 + 실전 문제 + 부록(신경향 문제)

국어 문법의 원리

수능 국어 문법 180제

정답과 해설은 EBS*i* 사이트(www.ebs*i*.co.kr)에서 다운로드 받으실 수 있습니다.

교재
내용
문의

교재 및 강의 내용 문의는 EBS*i* 사이트
(www.ebs*i*.co.kr)의 학습 Q&A 서비스를
활용하시기 바랍니다.

교재
정오표
공지

발행 이후 발견된 정오 사항을 EBS*i* 사이트
정오표 코너에서 알려 드립니다.
교재 ▶ 교재 자료실 ▶ 교재 정오표

교재
정정
신청

공지된 정오 내용 외에 발견된 정오 사항이
있다면 EBS*i* 사이트를 통해 알려 주세요.
교재 ▶ 교재 정정 신청

고교 내신 대비 EBS Line Up

고등학교 0학년 필수 교재
고등예비과정

국어, 영어, 수학, 한국사, 사회, 과학 6책

모든 교과서를 한 권으로,
교육과정 필수 내용을 빠르고 쉽게!

국어 · 영어 · 수학 내신 + 수능 기본서
올림포스

국어, 영어, 수학 16책

내신과 수능의 기초를 다지는 기본서
학교 수업과 보충 수업용 선택 No.1

국어 · 영어 · 수학 개념+기출 기본서
올림포스 전국연합학력평가 기출문제집

국어, 영어, 수학 10책

개념과 기출을 동시에 잡는 신개념 기본서
최신 학력평가 기출문제 완벽 분석

한국사 · 사회 · 과학 개념 학습 기본서
개념완성

한국사, 사회, 과학 19책

한 권으로 완성하는 한국사, 탐구영역의 개념
부가 자료와 수행평가 학습자료 제공

수준에 따라 선택하는 영어 특화 기본서
영어 POWER 시리즈

Grammar POWER 3책
Reading POWER 4책
Listening POWER 2책
Voca POWER 2책

원리로 익히는 국어 특화 기본서
국어 독해의 원리

현대시, 현대 소설, 고전 시가, 고전 산문,
독서 5책

국어 문법의 원리

수능 국어 문법, 수능 국어 문법 180제 2책

기초 수학 닥터링부터 고난도 문항까지
올림포스 닥터링

수학, 수학 I, 수학 II, 확률과 통계, 미적분 5책

올림포스 고난도

수학, 수학 I, 수학 II, 확률과 통계, 미적분 5책

최다 문항 수록 수학 특화 기본서
수학의 왕도

수학(상), 수학(하), 수학 I, 수학 II,
확률과 통계, 미적분 6책

개념의 시각화 + 세분화된 문항 수록
기초에서 고난도 문항까지 계단식 학습

단기간에 끝내는 내신
단기 특강

국어, 영어, 수학 8책

얇지만 확실하게, 빠르지만 강하게!
내신을 완성시키는 문항 연습

2015 개정 교육과정 적용
최신 수능 경향 분석을 통해 출제한 실전 문항 180선
연습 문제 + 실전 문제 + 부록(신경향 문제)

국어 문법의 원리

수능 국어 문법 180제

이 책의 특징과 구성

 특징

수능 '언어'에서 나올 만한 모든 출제 유형을 한 권에

국어 문법의 원리 수능 국어 문법 180제

2015 개정 교육과정에 맞춘 | **문법 공부 문제집**

2015 개정 교육과정에 맞추어 출제된 문항을 통해 고등 문법에서 꼭 필요한 지식을 습득하고 문항 풀이 연습을 할 수 있도록 하였습니다.

최근 수능 출제 유형에 맞춘 | **실전 대비 문제집**

다년간의 수능 출제 경향과 평가원 모의평가는 물론 자사 EBS 연계 교재의 문법 문항 유형을 면밀하게 분석하여 수능에 최적화된 대표 문항을 뽑고 수능 출제 유력 문항만을 출제하였습니다.

 구성

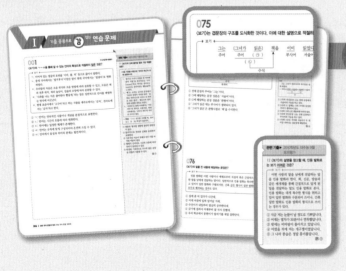

1 기출 응용으로 감 잡은 연습 문제

- 수능 출제 유력 대표 문항을 제시하였습니다.
- 기존 수능과 모의평가, 그리고 자사 EBS 연계 교재에서 국어 문법 대표 문항의 유형을 함께 제시하여 문법 출제 유형을 파악해 가며 학습할 수 있도록 하였습니다.

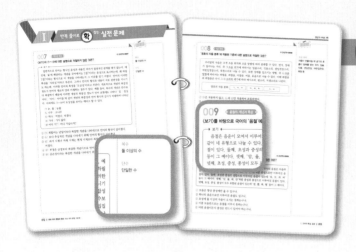

2 반복 풀이로 확 잡는 실전 문제

- 대표 문항을 기준으로 다수의 실전 문항을 수록하였습니다. 많은 문제를 반복적으로 풀어 봄으로써 개념을 설명으로만 이해하는 것보다 더욱 집중적으로 실전 감각을 익힐 수 있도록 하였습니다.
- 문제 유형을 제시하여 유형 학습이 가능하도록 하였습니다.
- 관련 용어나 어휘를 정리하여 학습 효과를 높이도록 하였습니다.

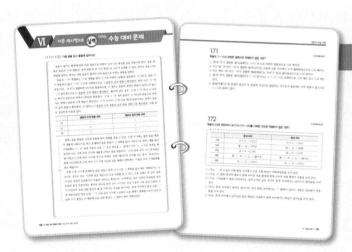

3 지문 제시형으로 실력 다지는 수능 대비 문제

수능에 새롭게 등장한 지문 제시형 문항을 수록하여 신경향 문제에 대비할 수 있도록 하였습니다.

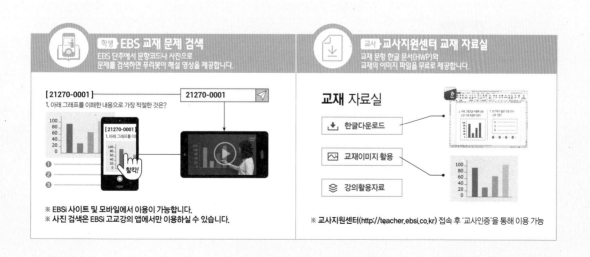

EBS 국어 문법의 원리 **수능 국어 문법 180제**

I

언어의 특성, 음운

001

○ 21270-0001

〈보기〉의 ㄱ~ㅁ을 통해 알 수 있는 언어의 특성으로 적절하지 <u>않은</u> 것은?

> ▶ 보기 ◀

ㄱ. 이어져 있는 얼굴의 표면을 '이마, 볼, 턱' 등으로 끊어서 말한다.

ㄴ. 중세 국어에서는 '벌거ᄒᆞ다'이었던 말이 현대 국어에서는 '벌겋다'로 변화하였다.

ㄷ. 우리말의 자음은 조음 위치와 조음 방법에 따라 분류할 수 있고, 모음은 혀의 전후 위치, 혀의 높낮이, 입술의 모양에 따라 분류할 수 있다.

ㄹ. '사과를 나는 익은 좋아한다 빨갛게.'라는 말은 일반적으로 단어를 배열하는 방식에 어긋난다.

ㅁ. 현재 표준어에서 '고구마'라고 하는 식물을 제주도에서는 '감저', 전라도에서는 '감자'라고 한다.

① ㄱ: 언어는 연속적인 사물이나 개념을 분절적으로 표현한다.

② ㄴ: 언어는 시간의 흐름에 따라 변화한다.

③ ㄷ: 언어에는 일정한 체계가 존재한다.

④ ㄹ: 언어는 규칙에 맞게 구성되어야 온전히 쓰일 수 있다.

⑤ ㅁ: 언어에서 음성과 의미의 관계는 필연적이다.

관련 기출▶ 2015 EBS 수능완성 A형

11 〈보기〉의 ㉮에 들어갈 말로 가장 적절한 것은?

> ▶ 보기 ◀

• 다음 자료를 바탕으로 '언어의 특성'에 대해 설명하시오.

> ㄱ. '줄기나 가지가 목질로 된 여러해살이 식물'을 한국어로는 '나무[namu]'라고 하지만 영어로는 tree[tri:], 중국어로는 '樹[shù]'라고 한다.
>
> ㄴ. '배'는 소리는 같지만 문장에서 '가슴과 엉덩이 사이의 부위', '물 위로 떠다니도록 나무나 쇠 따위로 만든 물건', '배나무의 열매' 등의 다양한 의미로 쓰인다.
>
> ㄷ. '어리다'는 중세 국어에서는 '어리석다'의 의미로 쓰였지만, 현대 국어에서는 '나이가 적다'의 의미로 쓰이고 있다.

→ 학생: ㄱ~ㄷ 모두를 고려할 때, 언어는 (㉮)는 특성이 있습니다.

① 내용과 형식의 결합에 필연적 관련성이 없다

② 물리적으로 연속된 실체를 분절하여 표현한다

③ 기본적인 어순이 정해져 있어 이를 어기면 비문이 된다

④ 형태가 같더라도 시간의 흐름에 따라 의미가 달라질 수 있다

⑤ 한정된 기호만으로 무수히 많은 문장을 만들어 사용할 수 있다

🔲 ①

002

○ 21270-0002

〈보기〉에서 공통적으로 설명하고 있는 언어의 특성으로 가장 적절한 것은?

→ 보기

(가) 'ㄷ, ㅏ, ㄹ'의 음운만을 가지고 '다, 라, 달, 닫, 랄' 등의 음절을 만들 수 있다.

(나) 기존에 있던 형태소들을 이용하여 '누리꾼, 심쿵' 등의 새로운 단어를 만들 수 있다.

(다) 한정된 어휘 자원과 문법 구조를 통해 '나는 어제 이순신 장군님의 동상이 태극권을 하는 꿈을 꾸었다.'와 같이 이전에는 없던 새로운 문장을 만들 수 있다.

① 실제하는 연속적인 세계를 분절적으로 표현한다.
② 시간의 흐름에 따라 언어의 형식과 의미가 변화한다.
③ 언어의 형식인 음성과 내용인 의미의 관계가 필연적이지 않다.
④ 기존 언어 자원의 조합을 통해 새로운 언어 형식이 만들어진다.
⑤ 언어의 음성과 의미 사이의 관계를 개인이 마음대로 바꿀 수 없다.

003

◎ 21270-0003

〈보기〉를 참고하여 각 단어의 모음 발음법을 설명한 내용으로 적절하지 <u>않은</u> 것은?

▶ 보기 ◀

• 국어의 단모음 체계

혀의 높이	혀의 최고점의 위치 \ 입술의 모양	전설 모음		후설 모음	
		평순	원순	평순	원순
고모음		ㅣ	ㅟ	ㅡ	ㅜ
중모음		ㅔ	ㅚ	ㅓ	ㅗ
저모음		ㅐ		ㅏ	

① '뒤'는 '되'를 발음할 때보다 혀를 위로 높여야 한다.
② '개'는 '게'를 발음할 때보다 혀를 아래로 낮추어야 한다.
③ '구'는 '그'를 발음할 때보다 입술을 둥글게 오므려야 한다.
④ '이'는 '위'를 발음할 때보다 혀의 최고점의 위치를 앞쪽으로 당겨야 한다.
⑤ '호'는 '회'를 발음할 때보다 혀의 최고점의 위치를 뒤쪽으로 당겨야 한다.

관련 기출▶ 2013학년도 10월 고3 전국연합학력평가 A형

11 〈보기〉를 참고하여 철수에게 해 줄 수 있는 조언으로 가장 적절한 것은?

▶ 보기 ◀

• 국어의 단모음 체계

혀의 높이 (입의 개폐)	혀의 최고점 위치 \ 입술의 모양	전설 모음		후설 모음	
		평순	원순	평순	원순
고모음(폐모음)		ㅣ	ㅟ	ㅡ	ㅜ
중모음(반개모음)		ㅔ	ㅚ	ㅓ	ㅗ
저모음(개모음)		ㅐ		ㅏ	

철수: 영희야, 넌 '게'와 '개'를 정확하게 구분해서 발음할 수 있니? 난 잘 안 돼서 말할 때마다 머뭇거리게 돼. 어떻게 하면 좋을까?

① '개'를 발음할 때는 '게'와 달리 입술을 동그랗게 오므려야 해.
② '개'를 발음할 때는 '게'에 비해 입을 더 크게 벌려서 혀의 높이를 낮추어야 해.
③ '게'를 발음할 때는 '개'와 달리 소리 내는 동안 입술과 혀를 움직이지 말아야 해.
④ '개'를 발음할 때는 '게'에 비해 입술을 더 평평하게 하고 입을 조금만 벌려야 해.
⑤ '게'를 발음할 때는 '개'와 달리 혀의 최고점이 앞쪽에 있다는 느낌으로 발음해야 해.

답 ②

004

○ 21270-0004

〈보기〉의 ⓐ~ⓓ에 해당되는 음운 변동 유형을 올바르게 짝지은 것은?

> **보기**

우리말의 음운 변동은 다음과 같이 나뉠 수 있다.

㉠ **교체**: 한 음운이 다른 음운으로 바뀌는 음운 변동

㉡ **첨가**: 없던 음운이 새로 생기는 음운 변동

㉢ **탈락**: 한 음운이 단순히 없어지는 음운 변동

㉣ **축약**: 두 음운이 합쳐져서 제3의 음운으로 바뀌는 음운 변동

그런데 한 단어 내에서도 둘 이상의 음운 변동이 순차적으로 일어나기도 한다.

막일 → [막닐] → [망닐]	값하다 → [갑하다] → [가파다]
ⓐ ⓑ	ⓒ ⓓ

	ⓐ	ⓑ	ⓒ	ⓓ
①	㉠	㉡	㉣	㉢
②	㉠	㉣	㉢	㉡
③	㉡	㉠	㉢	㉣
④	㉡	㉢	㉠	㉣
⑤	㉢	㉠	㉣	㉡

관련 기출▶ 2013 EBS N제 A형

61 〈보기〉의 ⓐ, ⓑ에 해당하는 변동 유형을 바르게 짝지은 것은?

> **보기**

• 음운이 일정한 조건에 따라 바뀌는 현상을 음운 변동(變動)이라고 하는데, 우리말의 음운 변동은 다음과 같이 유형화할 수 있다.

㉠ **교체**: 한 음운이 수적인 변화는 없이 다른 음운으로 바뀌는 음운 변동

㉡ **탈락**: 한 음운이 단순히 없어지는 음운 변동

㉢ **첨가**: 없던 음운이 새로 생기는 음운 변동

㉣ **축약**: 인접한 두 음운이 합쳐져서 제3의 음운으로 바뀌는 음운 변동

• 그런데 이러한 음운 변동은 순차적으로 일어나기도 한다. 예를 들어 '깨끗하다'를 발음할 때의 음운 변동은 다음과 같이 나타난다.

깨끗하다 → [깨끋하다] → [깨끄타다]
　　　　　　 ⓐ 　　　　　 ⓑ

	ⓐ	ⓑ			ⓐ	ⓑ
①	㉠	㉢		②	㉠	㉣
③	㉡	㉢		④	㉡	㉣
⑤	㉢	㉣				

답 ②

005

○ 21270-0005

관련 기출▶ 2016학년도 대수능 A형

〈보기〉의 ㉠~㉤의 음운 변동이 일어난 예로 적절하지 <u>않은</u> 것은?

> → 보기 →
>
> 음운의 변동은 변동이 일어나기 전과 일어난 후의 음운을 비교하여 크게 교체, 탈락, 첨가, 축약으로 나뉜다. 이 중 한 음운이 수적인 변화 없이 다른 음운으로 바뀌는 현상인 '교체'가 가장 일반적이며, 아래와 같은 다양한 변동이 음운의 교체에 해당한다.
>
> ㉠ **음절의 끝소리 규칙:** 음절의 끝소리로 'ㄱ, ㄴ, ㄷ, ㄹ, ㅁ, ㅂ, ㅇ' 이외의 자음이 오면 이 일곱 자음 중의 하나로 바뀌어 소리 나는 현상
> ㉡ **비음화:** 'ㄱ, ㄷ, ㅂ'이 비음 'ㄴ, ㅁ' 앞에서 비음 'ㅇ, ㄴ, ㅁ'으로 바뀌어 소리 나는 현상
> ㉢ **유음화:** 'ㄴ'이 유음 앞이나 뒤에서 유음으로 바뀌어 소리 나는 현상
> ㉣ **경음화:** 평음이 일정한 환경에서 경음으로 바뀌어 소리 나는 현상
> ㉤ **구개음화:** 경구개음이 아닌 'ㄷ, ㅌ'이 모음 'ㅣ'나 반모음 'ㅣ[j]'로 시작하는 문법 형태소 앞에서 경구개음 'ㅈ, ㅊ'으로 바뀌어 소리 나는 현상

① ㉠과 ㉡이 모두 일어나는 예로 '잎만[임만]'을 들 수 있다.
② ㉠과 ㉣이 모두 일어나는 예로 '옷도[온또]'를 들 수 있다.
③ ㉢과 ㉣이 모두 일어나는 예로 '줄넘기[줄럼끼]'를 들 수 있다.
④ ㉠, ㉡, ㉣이 모두 일어나는 예로 '낯빛[낟삗]'을 들 수 있다.
⑤ ㉠, ㉣, ㉤이 모두 일어나는 예로 '샅샅이[산싸치]'를 들 수 있다.

11 다음 ㉠~㉤에서 일어나는 음운 변동에 대한 설명으로 적절한 것은?

> ㉠ 옳지 → [올치], 좁히다 → [조피다]
> ㉡ 끊어 → [끄너], 쌓이다 → [싸이다]
> ㉢ 숯도 → [숟또], 옷고름 → [옫꼬름]
> ㉣ 닦는 → [당는], 부엌문 → [부엉문]
> ㉤ 읽지 → [익찌], 훑거나 → [훌꺼나]

① ㉠, ㉡: 'ㅎ'과 다른 음운이 결합하여 한 음운으로 축약되는 현상이 일어난다.
② ㉠, ㉢, ㉤: 앞 음절의 종성에 따라 뒤 음절의 초성이 된소리로 되는 현상이 일어난다.
③ ㉢, ㉣: '깊다 → [깁따]'에서처럼 음절 끝에서 발음되는 자음이 7개로 제한되는 현상이 일어난다.
④ ㉣: '겉모양 → [건모양]'에서처럼 앞 음절의 종성이 뒤 음절의 초성과 조음 위치가 같아지는 현상이 일어난다.
⑤ ㉣, ㉤: '앉고 → [안꼬]'에서처럼 받침 자음의 일부가 탈락하는 현상이 일어난다.

답 ③

006

○ 21270-0006

〈보기〉의 ㉠∼㉢에 해당하는 내용으로 적절하지 <u>않은</u> 것은?

> **보기**

　어간의 말음이 단모음인 경우, 단모음으로 시작하는 어미가 결합될 때 모음의 변동이 자주 일어난다. 이러한 모음의 변동은 ㉠두 개의 단모음이 합쳐져 이중 모음이 되는 변동, ㉡두 개의 단모음 중 하나가 없어지는 변동, ㉢단모음 사이에 반모음이 첨가되는 변동 등으로 나타난다.

① '오- + -아'가 [와]로 되는 것은 ㉠의 음운 변동이 일어난 것이다.
② '가- + -아라'가 [가라]가 되는 것은 ㉡의 음운 변동이 일어난 것이다.
③ '끄- + -어'가 [꺼]가 되는 것은 ㉡의 음운 변동이 일어난 것이다.
④ '기- + -어'가 [기여]가 되는 것은 ㉢의 음운 변동이 일어난 것이다.
⑤ '피- + -어서'가 [펴:서]가 되는 것은 ㉢의 음운 변동이 일어난 것이다.

11 다음의 ⓐ에 해당하는 것을 ㉠∼㉢ 중에서 고른 것은?

[모음의 변동]

　단모음으로 끝나는 어간과 단모음으로 시작하는 어미가 결합하면 모음의 변동이 자주 일어난다. 모음 변동의 결과 두 개의 단모음 중 하나가 없어지기도 하고, ⓐ두 개의 단모음이 합쳐져 이중 모음이 되기도 하며, 단모음 사이에 반모음이 첨가되기도 한다.

[모음 변동의 사례]

㉠ 기 + 어 → [기여]
㉡ 살피 + 어 → [살펴]
㉢ 배우 + 어 → [배워]
㉣ 나서 + 어 → [나서]

① ㉠, ㉡　　② ㉠, ㉢　　③ ㉡, ㉢
④ ㉡, ㉣　　⑤ ㉢, ㉣

답 ③

007 ◆ 언어의 특성 ◆   ◐ 21270-0007

〈보기〉의 ㉠~㉤에 대한 설명으로 적절하지 <u>않은</u> 것은?

> ┤ 보기 ├

일반적으로 언어는 형식인 음성과 내용인 의미가 필연적인 관계를 맺지 않는다. 예 컨대, '家'에 해당되는 개념을 국어에서는 '[집]'이라는 음성으로 표시하는데, 왜 하필 '[집]'이라는 형식으로 이 개념을 나타내는지 그 이유를 알기 어렵다. 언어의 이러한 특성을 '자의성'이라고 부른다. 그러나 언어의 형식과 내용이 서로 관련성을 지니기 도 하는데, 이러한 언어의 특성을 '도상성'이라고 부른다. 대표적으로 개념의 복잡성 정도가 언어적 재료의 양과 비례하는 경우가 있다. 예를 들어, 복수의 개념은 단수보 다 복잡하기 때문에 이러한 개념의 복잡성 정도가 언어 표현에도 나타나 '집 : 집집 마다', '아이 : 아이들'과 같이 개념의 복잡성과 언어 형식의 길이가 비례하여 나타난 다. 이외에도 ㉠~㉤이 도상성을 보이는 예라고 할 수 있다.

㉠ 눈, 물 : 눈물
㉡ 나무 : 소나무
㉢ 먹다 : 먹었다, 먹겠다
㉣ 가다 : 가지 않다
㉤ 어디 가? : 어디 가십니까?

① ㉠: 복합어는 단일어보다 복잡한 개념을 나타내므로 언어의 형식이 길어졌다.
② ㉡: 보다 추상적인 개념을 나타내기 위해 언어의 형식이 길어졌다.
③ ㉢: 과거 시제나 미래 시제는 현재 시제보다 복잡한 개념이므로 언어의 형식이 길 어졌다.
④ ㉣: 부정은 긍정보다 복잡한 개념이므로 언어의 형식이 길어졌다.
⑤ ㉤: 공손성이라는 복잡한 개념을 나타내기 위해 언어의 형식이 길어졌다.

복수
둘 이상의 수

단수
단일한 수

정답과 해설 3쪽

조음 위치
자음이 만들어질 때 공기의 흐름이 방해를 받는 위치. 입술, 잇몸, 센입천장, 여린입천장, 목청 등

008 자음 체계
◎ 21270-0008

'영호의 자음 분류'에 적용된 기준에 대한 설명으로 적절한 것은?

우리말의 자음은 크게 조음 위치와 조음 방법에 따라 분류할 수 있다. 먼저, 장애가 일어나는 자리, 즉 ㉠조음 위치에 따라서는 입술소리, 잇몸소리, 센입천장소리, 여린입천장소리, 목청소리로 나눌 수 있다. 또한 장애를 일으키는 방법, 즉 ㉡조음 방법에 따라서는 파열음, 파찰음, 마찰음, 비음, 유음으로 나눌 수 있다. 이때 파열음과 파찰음은 다시 그 ㉢소리의 세기에 따라 예사소리, 된소리, 거센소리로 나뉜다.

영호의 자음 분류: | ㄱ, ㄲ, ㅋ | ㅈ, ㅉ, ㅊ | ㅅ, ㅆ |

① ㉠은 적용하지 않고, ㉡과 ㉢만 적용하여 분류하였다.
② ㉡은 적용하지 않고, ㉠과 ㉢만 적용하여 분류하였다.
③ ㉢은 적용하지 않고, ㉠과 ㉡만 적용하여 분류하였다.
④ ㉠과 ㉢은 적용하지 않고, ㉡만 적용하여 분류하였다.
⑤ ㉡과 ㉢은 적용하지 않고, ㉠만 적용하여 분류하였다.

009 음절의 개념과 특성
◎ 21270-0009

〈보기〉를 바탕으로 국어의 '음절'에 대해 이해한 내용으로 적절하지 않은 것은?

→ 보기 ←

음절은 음운이 모여서 이루어지는 소리의 결합체이다. 현대 국어의 음절은 다음과 같이 네 유형으로 나눌 수 있다. 첫째, '오, 이, 야, 워'처럼 중성으로만 이루어진 음절이 있다. 둘째, 초성과 중성의 결합으로 이루어진 음절이 있는데 '또, 모, 과, 벼' 등이 그 예이다. 셋째, '암, 울, 왁, 얀'처럼 중성과 종성으로 이루어진 음절이 있다. 넷째, 초성, 중성, 종성이 모두 포함된 음절이 있는데 '범, 뿔, 폭, 형' 등이 그 예이다.

① 모음은 항상 중성에만 올 수 있구나.
② 하나의 음운으로만 이루어진 음절도 있구나.
③ 초성에 둘 이상의 자음이 오지는 못하는구나.
④ 이중 모음만으로는 음절을 이루지 못하는구나.
⑤ 어떤 음절이든지 중성은 반드시 있어야 하는구나.

I. 언어의 특성, 음운 | 013

010 ◉ 비분절 음운의 개념

◉ 21270-0010

〈보기〉에 대한 이해로 적절하지 **않은** 것은?

> **보기**
>
> 　단어의 뜻을 구별해 주는 최소의 단위를 음운이라고 하는데, 음운은 다시 음소와 운소와 나눌 수 있다. 운소는 분절 음운에 얹혀 실현되고 분절하기가 어렵기 때문에 비분절 음운이라고도 한다. 비분절 음운에는 장단이 있다. 장단은 한국어 단어에서 의미에 따라 달라지는 모음의 길이이다. 장단은 '：' 기호로 표시하는데, [말]과 [말ː]은 각각 '말(馬)'과 '말(言)'을 뜻하는 것으로 구별 가능하다. 사람의 신체 기관을 뜻하는 '눈(目)'과 하늘에서 내리는 '눈(雪)' 역시 각각 [눈]과 [눈ː]으로 구별 가능하다. 그런데 단어에 나타나는 장음은 어두에서만 나타나며, '거짓말'과 같은 비어두에서는 장음이 실현되지 않는다.

① 장단은 말의 뜻을 구별해 준다.
② '말(言)'의 경우 모음 'ㅏ'를 길게 발음한다.
③ 비분절 음운은 분절 음운 없이는 실현될 수 없다.
④ '눈(雪)'은 장음이지만 '함박눈'에서의 '눈'은 단음이다.
⑤ '거짓말'의 '말'을 길게 발음하면 단어의 뜻이 달라진다.

어두
어절의 처음. 어절의 첫음절 또는 첫음절의 초성을 나타낸다.

011 ◉ 음운 변동

◉ 21270-0011

〈보기〉의 ㉠~㉢에 대한 설명으로 적절하지 **않은** 것은?

> **보기**
>
> ㉠ 굳 + 이 → [구지]
> ㉡ 값 + 도 → [갑또]
> ㉢ 팥 + 밥 → [판빱]

① ㉠에는 '같 + 이 → [가치]'에서처럼 자음의 조음 위치가 바뀌는 음운 변동이 있다.
② ㉡에는 '앉 + 는 → [안는]'에서처럼 음절 끝에 둘 이상의 자음이 오지 못하기 때문에 일어난 음운 변동이 있다.
③ ㉢에는 '닭 + 지 → [닥찌]'에서처럼 음절 끝에 올 수 있는 자음이 제한되어 있기 때문에 일어난 음운 변동이 있다.
④ ㉠과 ㉡에는 '잃 + 지 → [일치]'에서처럼 자음이 축약된 음운 변동이 있다.
⑤ ㉡과 ㉢에는 '덮 + 지 → [덥찌]'에서처럼 예사소리가 된소리로 바뀌는 음운 변동이 있다.

012 음운 변동의 유형

○ 21270-0012

〈보기 1〉을 참고하여 〈보기 2〉의 ㉠~㉤에 일어나는 음운 변동을 분석한 것으로 적절하지 않은 것은?

▶보기 1◀

음운의 변동은 교체, 탈락, 첨가, 축약 등으로 나눌 수 있다. 교체는 한 음운이 다른 음운으로 바뀌는 현상을 말한다. 탈락은 한 음운이 없어지는 현상을, 첨가는 없던 음운이 덧붙는 현상을 뜻한다. 축약은 두 음운이 합쳐져 다른 음운으로 바뀌는 현상을 말한다.

▶보기 2◀

친구와 ㉠같이 ㉡극장에 가던 중, 지갑을 집에 ㉢놓고 나왔다는 사실이 ㉣갑자기 떠올라 헐레벌떡 집으로 뛰어갔다. ㉤다행히도 어머니가 지갑을 건네주셔서 빨리 되돌아갈 수 있었다.

① ㉠: 교체　　　② ㉡: 교체　　　③ ㉢: 축약
④ ㉣: 교체　　　⑤ ㉤: 탈락

013 음운 변동의 특성

○ 21270-0013

음운의 변동에 대해 학습한 후, 〈보기 1〉에 제시된 단어들을 특정한 기준에 따라 〈보기 2〉와 같이 분류하였다. 이때, 사용한 분류 기준으로 가장 적절한 것은?

▶보기 1◀

국　꽃　낟　밥　밖　부엌　옷　잎

▶보기 2◀

A	B
국, 낟, 밥	꽃, 밖, 부엌, 옷, 잎

① 음절 끝의 자음이 겹받침이냐의 여부
② 음절 끝의 자음이 탈락하느냐의 여부
③ 음절 끝의 자음의 발음이 바뀌느냐의 여부
④ 음절 끝의 자음의 발음이 예사소리냐의 여부
⑤ 음절 끝의 자음의 발음이 파열음이냐의 여부

014 ◀ 음절의 끝소리 규칙과 연음 법칙 ▶ ▶ 21270-0014

〈보기〉는 'ㄱ, ㄴ, ㄷ, ㄹ, ㅁ, ㅂ, ㅇ' 이외의 받침을 가지고 있는 단어의 발음을 알아보기 위해 찾은 자료이다. ㉠과 ㉡에 들어갈 발음 원리로 적절한 것은?

> ● 보기 ●
>
> • 자료 수집
>   - 계절이 바뀌면 입을 <u>옷이[오시]</u> 없다.
>   - 오솔길이 <u>숲까지[숩까지]</u> 연결되어 있다.
>   - <u>팥알이[파다리]</u> 은근하게 씹히는 <u>팥죽이[판쭈기]</u> 맛있다.
>   - <u>암탉이[암탈기]</u> 알 낳을 자리에 바로 들어가도록 둥지에 넣어 둘 <u>밑알을[미다를]</u> 준비하였다.
>
> • 받침의 발음 원리
>
>> (1) 어말 또는 자음 앞: 대표음 [ㄱ, ㄷ, ㅂ]으로 교체하여 발음한다.
>> (2) 모음으로 시작하는 실질 형태소 앞: (㉠   )
>> (3) 모음으로 시작하는 문법 형태소 앞: (㉡   )

	㉠	㉡
①	대표음 [ㄱ, ㄷ, ㅂ]으로 교체한 후 뒤 음절 초성으로 옮겨 발음한다.	받침을 탈락시켜 발음한다.
②	대표음 [ㄱ, ㄷ, ㅂ]으로 교체한 후 뒤 음절 초성으로 옮겨 발음한다.	받침을 뒤 음절 초성으로 옮겨 본래 받침의 발음대로 발음한다.
③	받침을 탈락시켜 발음한다.	받침을 뒤 음절 초성으로 옮겨 본래 받침의 발음대로 발음한다.
④	받침을 뒤 음절 초성으로 옮겨 본래 받침의 발음대로 발음한다.	대표음 [ㄱ, ㄷ, ㅂ]으로 교체한 후 뒤 음절 초성으로 옮겨 발음한다.
⑤	받침을 뒤 음절 초성으로 옮겨 본래 받침의 발음대로 발음한다.	받침을 탈락시켜 발음한다.

밑알
암탉이 알 낳을 자리를 바로 찾아들도록 둥지에 넣어 두는 달걀

대표음
초성에서는 서로 구별되는 일련의 자음들이, 받침으로 쓰일 때는 그 가운데 하나의 자음으로 발음될 때, 그 하나의 자음을 이르는 말이다.

015 ◀ 자음 동화의 개념 ▶

◎ 21270-0015

〈보기〉를 참조하여 제시된 단어에 일어나는 음운 현상이 동화인지 여부를 판단한 내용으로 적절하지 <u>않은</u> 것은?

→ 보기 ←

특정 음운이 인접한 다른 음운의 영향을 받아 그것과 같은 음운으로 바뀌거나, 조음 위치 혹은 조음 방식이 그것과 같은 음운으로 바뀌는 현상을 가리켜 '동화'라고 한다.

① '설 + 날[설ː랄]'은 'ㄴ'이 'ㄹ'의 영향을 받아 'ㄹ'과 동일한 소리인 'ㄹ'로 변하기 때문에 동화입니다.

② '겹 + 말[겸말]'은 'ㅂ'이 'ㅁ'의 영향을 받아 'ㅁ'과 동일한 소리인 'ㅁ'으로 변하기 때문에 동화입니다.

③ '묻 + 는[문는]'은 'ㄷ'이 'ㄴ'의 영향을 받아 'ㄴ'과 동일한 소리인 'ㄴ'으로 변하기 때문에 동화입니다.

④ '쪽 + 문[쫑문]'은 'ㄱ'이 'ㅁ'의 영향을 받아 'ㅁ'과 조음 방식이 같은 'ㅇ'으로 변하기 때문에 동화입니다.

⑤ '맏 + 형[마텽]'은 'ㄷ'이 'ㅎ'의 영향을 받아 'ㅎ'과 조음 방식이 같은 'ㅌ'으로 변하기 때문에 동화입니다.

동화
한 음이 다른 음을 닮아 그와 비슷하거나 같은 소리로 바뀌는 현상

016 ◀ 음운 변동의 유형 ▶

◎ 21270-0016

〈보기〉의 ㄱ ~ ㅁ에 나타나는 음운 변동에 대한 내용으로 적절한 것은?

→ 보기 ←

ㄱ. 천리마[철리마]

ㄴ. 않고[안코]

ㄷ. 갑옷[가본]

ㄹ. 낳아서[나아서]

ㅁ. 솜이불[솜ː니불]

① ㄱ과 ㄴ에는 한 음운이 다른 음운으로 바뀌는 교체가 나타난다.

② ㄱ과 ㄷ에는 한 음운이 다른 음운으로 바뀌는 교체가 나타난다.

③ ㄴ과 ㄹ에는 두 음운이 만나 한 음운으로 합쳐지는 축약이 나타난다.

④ ㄷ과 ㅁ에는 한 음운이 다른 음운으로 바뀌는 교체가 나타난다.

⑤ ㄹ과 ㅁ에는 두 음운이 만나 한 음운으로 합쳐지는 축약이 나타난다.

017 ● 비음화의 원인

● 21270-0017

〈보기〉의 ⊙과 ⓒ에 들어갈 말로 적절한 것은?

→ 보기

학생 1: '밥물'의 'ㅂ'이 'ㅁ' 앞에서 [ㅁ]으로 발음되어 [밤물]이 되는 것을 비음화라고 설명하는데, 'ㅂ'이 [ㄴ]으로 발음되는 경우는 없을까? 'ㄴ'도 비음이잖아.

학생 2: '굳는다'의 'ㄷ'은 [ㄴ]이 되고 '녹는다'의 'ㄱ'은 [ㅇ]이 되는 것을 생각해 봐. 자음 체계표에서 아래 부분을 보면 비음화가 어떻게 나타날지를 예측할 수 있어.

조음 위치 조음 방식	입술소리	잇몸소리	여린입천장소리
파열음	ㅂ	ㄷ	ㄱ
비음	ㅁ	ㄴ	ㅇ

학생 1: 아, 그러니까 파열음이 비음의 영향을 받을 때, 원래의 (⊙)은/는 그대로 유지하면서 (ⓒ)만 바뀌기 때문이구나.

	⊙	ⓒ
①	파열음	비음
②	입술소리	비음
③	조음 위치	조음 방식
④	조음 방식	조음 위치
⑤	조음 방식	여린입천장소리

입술소리
두 입술 사이에서 나는 소리. 국어의 'ㅂ', 'ㅃ', 'ㅍ', 'ㅁ'이 여기에 해당한다.

잇몸소리
혀끝과 윗잇몸이 닿아서 나는 소리. 국어의 'ㄷ', 'ㅌ', 'ㄸ', 'ㄴ', 'ㄹ' 따위가 있다.

여린입천장소리
혀의 뒷부분과 연구개 사이에서 나는 소리. 'ㅇ', 'ㄱ', 'ㅋ', 'ㄲ' 따위가 있다.

018 동화의 종류

○ 21270-0018

〈보기〉를 바탕으로 밑줄 친 단어의 음운 변동을 분석한 내용으로 적절한 것은?

> 보기

　한 음이 다른 음을 닮아 비슷하거나 같은 소리로 바뀌는 현상을 동화라 한다. 동화는 그것이 일어나는 방향에 따라 두 가지로 분류된다.

　ㄱ. 뒤의 음이 앞의 음의 영향을 받아 변화하는 순행 동화
　　예 칼날 → [칼랄](ㄹ + ㄴ → ㄹ + ㄹ)
　ㄴ. 앞의 음이 뒤의 음의 영향을 받아 변화하는 역행 동화
　　예 국물 → [궁물](ㄱ + ㅁ → ㅇ + ㅁ)

① '밥만 잘 먹어.'의 '밥만'에서는 순행 동화가 일어난다.
② '문 닫는 중이다.'의 '닫는'에서는 순행 동화가 일어난다.
③ '추우니 실내에 있자.'의 '실내'에서는 역행 동화가 일어난다.
④ '강릉에 도착했어.'에서의 '강릉'에서는 역행 동화가 일어난다.
⑤ '생활에 곤란을 겪었다.'에서의 '곤란'에서는 역행 동화가 일어난다.

019 'ㅣ' 모음 역행 동화
○ 21270-0019

〈보기〉에서 선생님이 설명하는 음운 현상에 해당되는 사례로 적절하지 <u>않은</u> 것은?

보기

선생님: 사람에 따라서는 '지팡이'를 [지팽이]로 발음하기도 합니다. 왜 그럴까요? 아래의 단모음 분류표를 참고하면 알 수 있습니다. 즉 뒤 음절의 모음 'ㅣ'의 영향을 받아 앞 음절의 후설 모음 'ㅏ'를 전설 모음인 'ㅐ'로 바꾸어 발음하는 것인데요. 이런 현상이 일어나는 것은 후설 모음 'ㅏ'와 전설 모음 'ㅣ'를 이어서 발음하는 것보다 전설 모음 'ㅐ'와 전설 모음 'ㅣ'를 이어서 발음하는 것이 좀 더 편하기 때문입니다. 이러한 현상을 'ㅣ' 모음 역행 동화라고 하는데, 이는 표준 발음이 아니기 때문에 주의해야 합니다.

혀의 최고점의 위치	전설 모음		후설 모음	
혀의 높이 \ 입술의 모양	평순	원순	평순	원순
고모음	ㅣ	ㅟ	ㅡ	ㅜ
중모음	ㅔ	ㅚ	ㅓ	ㅗ
저모음	ㅐ		ㅏ	

① '아기'를 [애기]로 발음하는 현상
② '어미'를 [에미]로 발음하는 현상
③ '보이다'를 [뵈다]로 발음하는 현상
④ '뜯기다'를 [띧끼다]로 발음하는 현상
⑤ '죽이다'를 [쥑이다]로 발음하는 현상

020 음운 변동의 조건

○ 21270-0020

〈보기〉의 ㉠에 들어갈 말로 가장 적절한 것은?

> ● 보기 ●
>
> 인서: 선생님, 음운 변동을 공부하다 보니, 어려운 내용이 너무 많아요. '밭이랑'의
> 발음은 [반니랑]이 되는데, '낱낱이'의 발음은 왜 [난난니]가 아니라 [난ː나치]가 되
> 는 거예요?
> 선생님: 어려운 부분이 있다는 건 인서가 공부를 열심히 했다는 증거야. 선생님이랑
> 같이 이 문제를 해결해 볼까?
>
> (가) 앞앞[아밥]/[*아팝], 젖어미[저더미]/[*저저미], 홑이불[혼니불]/[*호치불]
>
> (나) 부엌이[부어키]/[*부어기], 무릎이[무르피]/[*무르비], 같이[가치]/[*간니]
>
> 선생님: (가)에서는 음절의 끝소리 규칙에 따라 음절의 끝소리가 바뀌고 있지만, (나)
> 에서는 음절의 끝소리가 바뀌지 않고 다음 음절의 첫소리로 발음되고 있지? '홑이
> 불'과 '같이'를 비교해 보면 (가)에서는 구개음화가 일어나지 않는데, (나)에서는
> 구개음화가 일어나고 있어. 이처럼 뒤에 오는 말이 (㉠)에 따라
> '밭이랑'과 '낱낱이'에 적용되는 음운 변동도 달라진다는 것이지.
>
> *는 잘못된 발음을 나타냄.

① 조사냐 어미냐
② 접사냐 어근이냐
③ 자음이냐 모음이냐
④ 실질 형태소냐 문법 형태소냐
⑤ 양성 모음이냐 음성 모음이냐

음절의 끝소리 규칙
음절의 끝소리로 'ㄱ, ㄴ, ㄷ, ㄹ,
ㅁ, ㅂ, ㅇ' 이외의 자음이 오면
이 일곱 자음 중의 하나로 바뀌
어 소리 나는 현상

021 　음운의 탈락

◑ 21270-0021

〈보기〉를 참고하여 밑줄 친 부분을 '_' 탈락 현상으로 설명할 수 없는 것은?

> ◆ 보기 ◆
>
> 　동사나 형용사 어간의 말음 '_'는 '-아/어'로 시작하는 어미 앞에서 탈락하는데 이를 어간 말 '으' 탈락 현상이라 한다. 예를 들어, '시험을 치러 봤다.'에서 '치러'는 '치르- + -어'에서 '_'가 탈락하여 만들어진 것이다.

① 편지를 <u>써서</u> 부쳤다
② 김치를 겨우 다 <u>담갔다</u>.
③ 이가 <u>아파</u> 잠을 못 잤어.
④ 작년보다 키가 더 <u>컸구나</u>.
⑤ 그림을 <u>그려</u> 친구에게 주었다.

022 　자음 축약

◑ 21270-0022

〈보기〉를 참고할 때, 자음 축약이 나타나는 예문으로 적절하지 않은 것은?

> ◆ 보기 ◆
>
> 　어떤 음운이 특정한 환경에서 변하는 현상을 음운 변동이라 한다. 음운 변동 중, 인접한 두 음운이 합쳐져 제3의 음운으로 바뀌는 현상을 음운 축약이라 한다. 국어에서 일어나는 축약은 주로 자음 축약인데, 자음 축약은 'ㄱ, ㄷ, ㅂ, ㅈ'과 'ㅎ'이 만나면 축약되어 'ㅋ, ㅌ, ㅍ, ㅊ'이 되는 것을 말한다.

① 대답하지 마.
② 먹지 않고 있어.
③ 맏형 덕분에 든든해.
④ 건강한 아기를 낳으셨어.
⑤ 거기에 아무것도 놓지 마.

탈락
한 음운이 단순히 없어지는 음운 변동

023 음운 변동의 유형
○ 21270-0023

〈보기〉를 참고하여 단어의 음운 변동을 분석한 것으로 적절한 것은?

→ 보기 ←

• 음운 변동의 유형

	변동 이전		변동 이후	음운 변동 유형
ⓐ	XaY	→	XbY	교체
ⓑ	XY	→	XaY	첨가
ⓒ	XabY	→	XcY	축약
ⓓ	XaY	→	XY	탈락

① '물약[물략]'은 ⓑ, ⓒ의 음운 변동이 일어난다.
② '읊고[읍꼬]'는 ⓐ, ⓓ의 음운 변동이 일어난다.
③ '뜻깊다[뜯낍따]'는 ⓐ, ⓒ의 음운 변동이 일어난다.
④ '꽂히다[꼬치다]'는 ⓐ, ⓒ의 음운 변동이 일어난다.
⑤ '놓이다[노이다]'는 ⓑ, ⓓ의 음운 변동이 일어난다.

024 음운의 변동
○ 21270-0024

㉠~㉤의 밑줄 친 말과 동일한 음운 현상이 일어나는 말로 적절한 것은?

우리말의 음운 현상에는 비음화, 유음화, 구개음화, 거센소리되기, 'ㅎ' 탈락 등이 있다.
㉠ 잠깐 사이에 밥물[밤물]이 넘쳐흘렀다.
㉡ 경주는 오랫동안 신라[실라]의 수도였다.
㉢ 동생은 굳이[구지] 자기가 하겠다며 나섰다.
㉣ 삼촌은 그 많던[만ː턴] 돈을 모두 써 버렸다.
㉤ 누나는 목소리에 감정을 넣어[너어] 책을 읽었다.

① ㉠: 논일, 속는다   ② ㉡: 난로, 잡는다
③ ㉢: 붙이다, 굳히다   ④ ㉣: 좋은, 옳고
⑤ ㉤: 끓이다, 잡히다

거센소리되기
예사소리 'ㄱ, ㄷ, ㅂ, ㅈ'이 거센소리 'ㅋ, ㅌ, ㅍ, ㅊ'으로 바뀌는 현상. 한자어로 '유기음화'라고도 한다.

025 음운의 변동

● 21270-0025

〈보기〉의 ㉠, ㉡이 모두 나타나는 말이 <u>아닌</u> 것은?

보기

'의자에 앉고 싶다.'의 '앉고'는 두 가지의 음운 변동을 보여 준다. 먼저 ㉠받침 자음 중 일부가 탈락하여 '앉고'가 [안고]로 바뀐다. 그리고 ㉡된소리되기로 인해 [안꼬]로 바뀐다.

① 영호는 <u>닭장</u> 안을 청소했다.
② 농부는 <u>흙과</u> 비료를 섞었다.
③ 강아지가 바닥을 <u>핥게</u> 두었다.
④ 그가 하는 일은 <u>옳지</u> 않은 일이다.
⑤ 이 신발은 품질도 좋고 <u>값도</u> 싸다.

된소리되기

예사소리였던 것이 된소리로 바뀌는 현상. '등불'이 [등뿔], '봄바람'이 [봄빠람]이 되는 것 따위이다. 한자어로는 '경음화' 라고도 한다.

026 음운의 변동

● 21270-0026

〈보기〉를 참고하여 음운 변동을 설명한 내용으로 적절한 것은?

보기

• 음절의 끝소리 규칙: 'ㄱ, ㄴ, ㄷ, ㄹ, ㅁ, ㅂ, ㅇ' 이외의 자음이 음절 끝에 오면 이 일곱 자음 중의 하나로 바뀌어 발음되는 현상
• 비음화: 'ㅂ, ㄷ, ㄱ'이 비음의 영향을 받아 비음 'ㅁ, ㄴ, ㅇ'으로 바뀌는 현상
• 유음화: 'ㄴ'이 앞이나 뒤에 오는 유음 'ㄹ'의 영향으로 'ㄹ'로 바뀌는 현상
• 'ㄴ' 첨가: 선행 요소가 자음으로 끝나고 후행 요소가 모음 'ㅣ'나 반모음 'ㅣ[j]'로 시작할 때 'ㄴ'이 덧붙는 현상

① '천리마[철리마]'에서는 비음화와 유음화가 나타난다.
② '청량리[청냥니]'에서는 유음화와 'ㄴ' 첨가가 나타난다.
③ '내복약[내ː봉냑]'에서는 'ㄴ' 첨가와 비음화가 나타난다.
④ '맨입[맨닙]'에서는 음절의 끝소리 규칙과 비음화가 나타난다.
⑤ '앞마당[암마당]'에서는 음절의 끝소리 규칙과 유음화가 나타난다.

유음

혀끝을 잇몸에 가볍게 대었다가 떼거나, 잇몸에 댄 채 공기를 그 양옆으로 흘려보내면서 내는 소리

반모음

모음과 같이 발음하지만 음절을 이루지 못하는 아주 짧은 모음. 'j', 'w' 따위이다.

027 음운의 변동

◎ 21270-0027

〈보기〉의 ㉠과 ㉡에 들어갈 내용으로 적절한 것은?

→ 보기 ◄

선생님: '옷고름'은 [온꼬름]으로 발음됩니다. '옷고름 → [온고름] → [온꼬름]'과 같은 두 단계의 음운 변동이 일어난 것이죠. 먼저 '옷고름'은 (㉠   ) 바뀌어 [온고름]이 됩니다. 이어서 (㉡   ) 바뀌어 [온꼬름]이 됩니다.

	㉠	㉡
①	음절 종성의 자음이 비음으로	다음 음절의 종성 자음이 거센소리로
②	음절 종성의 자음이 유음으로	다음 음절의 초성 자음이 거센소리로
③	음절 종성의 자음이 경구개음으로	다음 음절의 초성 자음이 된소리로
④	음절 종성의 자음이 마찰음 예사소리로	다음 음절의 종성 자음이 된소리로
⑤	음절 종성의 자음이 파열음 예사소리로	다음 음절의 초성 자음이 된소리로

경구개음

혓바닥과 경구개 사이에서 나는 소리. 'ㅈ', 'ㅉ', 'ㅊ' 따위가 있다.

마찰음

입 안이나 목청 따위의 조음 기관이 좁혀진 사이로 공기가 비집고 나오면서 마찰하여 나는 소리. 'ㅅ', 'ㅆ', 'ㅎ' 따위가 있다.

028 음운 변동과 표준 발음법

◎ 21270-0028

수업 시간에 배운 음운 변동이 표준 발음법에 어떻게 적용되는지 확인하기 위해 〈보기〉를 찾아보았다. ㉠~㉤에 나타나는 음운 변동으로 적절한 것은?

→ 보기 ◄

[표준 발음법]
㉠ 제12항 'ㅎ(ㄶ, ㅀ)' 뒤에 'ㄱ, ㄷ, ㅈ'이 결합되는 경우에는, 뒤 음절 첫소리와 합쳐서 [ㅋ, ㅌ, ㅊ]으로 발음한다.
㉡ 제17항 받침 'ㄷ, ㅌ(ㄾ)'이 조사나 접미사의 모음 'ㅣ'와 결합되는 경우에는, [ㅈ, ㅊ]으로 바꾸어서 뒤 음절 첫소리로 옮겨 발음한다.
㉢ 제18항 받침 'ㄱ(ㄲ, ㅋ, ㄳ, ㄺ), ㄷ(ㅅ, ㅆ, ㅈ, ㅊ, ㅌ, ㅎ), ㅂ(ㅍ, ㄼ, ㄿ, ㅄ)'은 'ㄴ, ㅁ' 앞에서 [ㅇ, ㄴ, ㅁ]으로 발음한다.
㉣ 제24항 어간 받침 'ㄴ(ㄵ), ㅁ(ㄻ)' 뒤에 결합되는 어미의 첫소리 'ㄱ, ㄷ, ㅅ, ㅈ'은 된소리로 발음한다.
㉤ 제29항 합성어 및 파생어에서, 앞 단어나 접두사의 끝이 자음이고 뒤 단어나 접미사의 첫음절이 '이, 야, 여, 요, 유'인 경우에는, 'ㄴ' 음을 첨가하여 [니, 냐, 녀, 뇨, 뉴]로 발음한다.

① ㉠: 탈락   ② ㉡: 축약   ③ ㉢: 유음화
④ ㉣: 된소리되기   ⑤ ㉤: 두음 법칙

조사

체언이나 부사 등에 붙어 그 말과 다른 말과의 관계를 표시하거나 뜻을 더해 주는 단어. 격조사, 접속 조사, 보조사가 있다.

접미사

어근의 뒤에 붙어 새로운 단어를 만드는 말. 접사는 크게 어근의 앞에 붙는 접두사와 어근의 뒤에 붙는 접미사로 나뉜다.

029 음운 변동과 표준 발음법 ● 21270-0029

〈보기〉는 'ㅎ'과 관련되는 표준 발음법의 조항을 정리한 것이다. ㉠~㉤을 적용하여 이해한 것으로 적절하지 <u>않은</u> 것은?

> **보기**
>
> ㉠ 'ㅎ(ㄶ, ㅀ)' 뒤에 'ㄱ, ㄷ, ㅈ'이 결합되는 경우에는, 뒤 음절 첫소리와 합쳐서 [ㅋ, ㅌ, ㅊ]으로 발음한다.
>
> ㉡ 받침 'ㄱ(ㄺ), ㄷ, ㅂ(ㄼ), ㅈ(ㄵ)'이 뒤 음절 첫소리 'ㅎ'과 결합되는 경우에도, 역시 두 음을 합쳐서 [ㅋ, ㅌ, ㅍ, ㅊ]으로 발음한다.
>
> ㉢ 'ㅎ(ㄶ, ㅀ)' 뒤에 'ㅅ'이 결합되는 경우에는, 'ㅅ'을 [ㅆ]으로 발음한다.
>
> ㉣ 'ㅎ' 뒤에 'ㄴ'이 결합되는 경우에는, 'ㅎ'을 [ㄴ]으로 발음한다.
>
> ㉤ 'ㅎ(ㄶ, ㅀ)' 뒤에 모음으로 시작된 어미나 접미사가 결합되는 경우에는, 'ㅎ'을 발음하지 않는다.

① '한국에서는 아이를 <u>낳고</u> 미역국을 먹는다.'의 '낳고'의 발음은 ㉠을 적용하여 [낟:코]가 된다.

② '촛불을 <u>밝혀</u> 놓다.'의 '밝혀'의 발음은 ㉡을 적용하여 [발켜]가 된다.

③ '나는 어둠이 <u>싫소</u>.'의 '싫소'의 발음은 ㉢을 적용하여 [실쏘]가 된다.

④ '집에서 아이를 <u>낳는</u> 사람이 늘고 있다.'의 '낳는'의 발음은 ㉣을 적용하여 [난:는]이 된다.

⑤ '간밤에 눈이 많이 <u>쌓였다</u>.'의 '쌓였다'의 발음은 ㉤을 적용하여 [싸엳따]가 된다.

EBS 국어 문법의 원리 **수능 국어 문법 180제**

Ⅱ

단어의 구조, 품사, 표기

030

◎ 21270-0030

〈보기〉의 ㉠, ㉡에 들어갈 형태소로 적절한 것은?

> ● 보기 ●

선생님: 형태소는 실질적 의미의 유무에 따라 나눌 수 있습니다. 구체적인 대상
이나 상태, 동작을 나타내는 실질적 의미가 있는 형태소는 실질 형태소라고
합니다. 실질적 의미가 아닌 어떤 문법적 개념이나 말과 말 사이의 관계를
나타내는 형태소는 문법 형태소라고 합니다. '집에 갔다.'에서 실질 형태소는
무엇인가요?

지원: 실질 형태소는 (㉠   )입니다.

선생님: 잘했어요. 또 형태소는 자립성의 유무에 따라 자립 형태소와 의존 형태
소로도 나눌 수 있습니다. 자립 형태소는 문장에서 혼자 쓰일 수 있는 것이
고, 의존 형태소는 혼자 쓰일 수 없는 것입니다. 같은 문장에서 의존 형태소
는 무엇인가요?

지후: 의존 형태소는 (㉡   )입니다.

선생님: 맞습니다.

	㉠	㉡
①	집	에, 가-, -았-, -다
②	집, 가-	에, -았-, -다
③	집, 가-	에, 가-, -았-, -다
④	집, 에	가-, -았-, -다
⑤	집, 에, 가-	-았-, -다

관련 기출 ▶ 2013학년도 3월 고1
전국연합학력평가
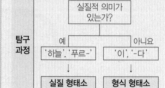

14 다음은 형태소에 대한 탐구 학습이다. (ㄱ)의 형태소를 분석하여 이를 바르게 짝지은 것은?

문제 제기	다음 문장의 형태소를 실질적 의미의 유무에 따라 분류해 보자. [예문] 하늘이 푸르다.
탐구 과정	실질적 의미가 있는가? 예 ─── 아니오 '하늘', '푸르-' '이', '-다' ↓ ↓ 실질 형태소 형식 형태소
탐구 결과	'하늘'과 '푸르-'는 구체적인 대상이나 구체적인 상태를 나타내는 실질적 의미 를 가지고 있으므로 실질 형태소라고 하고, '이', '-다'는 형식적인 의미, 즉 문법적 의미만을 표시하므로 형식 형태 소라고 한다.
연습 문제	(ㄱ) 형은 집에 있다.

	실질 형태소	형식 형태소
①	형, 집	은, 에, 있-, -다
②	집, 있-	형, 은, 에, -다
③	형, 집, 있-	은, 에, -다
④	형, 집, 은	에, 있-, -다
⑤	은, 있-, -다	형, 집, 에

정답 ③

031

◑ 21270-0031

〈보기〉를 참조하여 '덧붙이다'를 형태소로 분석하여 기호로 나타낸다고 할 때, 적절한 것은?

> ▶ 보기 ◀
>
> 다음은 용언을 형태소로 분석하고 각각의 형태소들을 그 특성에 따라 기호로 구분한 결과이다.
>
> • 정말인지 되묻고 싶었지만 참았다. (→ △ + ○ + ◇)
> • 어제부터 담을 높이는 공사를 했다. (→ ○ + △ + ◇)
> • 야생 고라니, 자연의 품으로 돌아가다. (→ ○ + ◇ + ○ +.◇)

① ○ + △ + ◇
② △ + ○ + ◇
③ ○ + △ + ○ + ◇
④ △ + ○ + △ + ◇
⑤ △ + ○ + ◇ + ◇

관련 기출▶ 2013 EBS N제 A형

67 〈보기〉의 ㉠에 들어갈 기호로 적절한 것은?

> ▶ 보기 ◀
>
> 다음은 용언을 구성하는 형태소들을 그 특성에 따라 기호로 나타낸 것이다.
>
> • 많은 사람들이 오가며 소식을 전해 준다.
> ◎ + ◎ + ☆
> • 검은 연기가 치솟아 하늘을 덮었다.
> ◇ + ◎ + ☆
> • 범죄자, 한 달 만에 경찰에게 잡히다.
> ◎ + ◇ + ☆
> • 행복했던 기억을 되살리고 싶었다.
> ┌─────┐
> │   ㉠   │
> └─────┘

① ◎ + ◇ + ☆
② ◇ + ◎ + ☆
③ ◎ + ◎ + ◇ + ☆
④ ◇ + ◇ + ◎ + ☆
⑤ ◇ + ◎ + ◇ + ☆

답 ⑤

032

◐ 21270-0032

〈보기〉는 접사의 특성에 대한 탐구 과정이다. ㉠, ㉡에 들어갈 내용으로 적절한 것은?

→ 보기 ←

관찰	'햇과일'은 '과일'에 '햇–'이 붙어 만들어진 말이고, '사장님'은 '사장'에 '-님'이 붙어 만들어진 말이다.

↓

가설	접사는 품사를 바꾸지 않고 의미만 더해 준다.

↓

검증	〈가설 검증을 위한 단어〉 군식구, 드높다, 일꾼, 깜빡이, 잠보, 잠꾸러기, 공부하다

↓

결론	가설 검증을 위한 단어 중 (㉠)를 고려할 때 가설은 완전하지 않다. (㉡)가 붙으면 어근이 되는 단어의 품사와 다른 품사의 단어가 만들어지기도 한다.

	㉠	㉡
①	군식구, 드높다	접두사
②	잠보, 잠꾸러기	접미사
③	깜빡이, 공부하다	접미사
④	일꾼, 잠꾸러기	접미사
⑤	일꾼, 공부하다	접두사

관련 기출▶ 2015 EBS N제 B형

76 다음의 탐구 과정을 고려할 때, ⓐ와 ⓑ에 들어갈 내용으로 적절한 것은?

의문	'성공률(成功率)'과 '실패율(失敗率)'을 보니, '率'이라는 동일한 한자를 '률'과 '율' 두 가지로 표기했네. 왜 그런 걸까?

↓

가설	'률'은 'ㅇ' 받침 뒤에서, '율'은 모음 뒤에서 쓴다.

↓

검증	〈가설 검증에 사용할 단어〉 비율, 세율, 선율, 환율, 합격률, 취업률, 명중률 등

↓

결론	ⓐ 등의 사례를 고려할 때, 가설은 완전하지 않다. '率'은 ⓑ

	ⓐ		ⓑ
①	세율, 합격률	→	자음 뒤에서는 '률'로, 모음 뒤에서는 '율'로 표기한다.
②	세율, 취업률	→	단일어이거나 파생어인 경우에는 '률'로, 합성어인 경우에는 '율'로 표기한다.
③	선율, 환율, 합격률, 취업률	→	모음이나 'ㄴ' 받침 뒤에서는 '율'로, 그 외의 경우에는 '률'로 표기한다.
④	비율, 환율, 합격률, 취업률	→	'ㅣ' 모음이나 'ㄴ' 받침 뒤에서는 '율'로, 그 외의 경우에는 '률'로 표기한다.
⑤	세율, 선율, 합격률, 명중률	→	2음절로 된 단어에서는 '율'로, 3음절로 된 단어에서는 '률'로 표기한다.

답 ③

033

◐ 21270-0033

〈보기〉를 참고하여 ㉠~㉤의 어근과 어간을 구분한 내용으로 적절하지 <u>않은</u> 것은?

> ┤ 보기 ├

선생님: 흔히 '어근'과 '어간'을 헷갈려 하는 학생들이 많은데, 이 둘은 다른 개
념입니다. 어근은 단어를 형성할 때 실질적인 의미를 나타내는 중심 부분을
가리키는 말이고, 어간은 용언이 활용을 할 때 형태가 변화되지 않는 부분을
가리키는 말입니다. 예를 들어 볼까요? '치솟다'라는 말은 '솟-'에 접두사
'치-'가 붙어 만들어진 말이지요. 그러니까 실질적인 의미는 '솟-'에 있고,
이를 가리켜 어근이라고 하는 것입니다. 그런데 '치솟다'는 '치솟고, 치솟아'
등으로 활용을 합니다. 이때 변화되지 않는 부분, 즉 '치솟-'을 가리켜 어간
이라고 합니다. 다음 단어들에서 어근과 어간을 찾아봅시다.

> ㉠ 먹이다   ㉡ 기다리다   ㉢ 덤벼들다
> ㉣ 높푸르다   ㉤ 되찾다

① ㉠의 어근은 '먹-'이고, 어간은 '먹이-'이구나.
② ㉡의 어근과 어간은 모두 '기다리-'이구나.
③ ㉢의 어근은 '덤비-', '들-'이고, 어간은 '덤벼들-'이구나.
④ ㉣의 어근과 어간은 모두 '높푸르-'이구나.
⑤ ㉤의 어근은 '찾-'이고, 어간은 '되찾-'이구나.

02 〈보기〉를 참고하여 단어를 분석해 본 결
과 중 옳지 <u>않은</u> 것은?

> ┤ 보기 ├

〈수업 게시판에 올라온 질문〉
　'어근'과 '어간'이 항상 헷갈려요. 예를
들어 '짓밟다'와 같은 단어에서 무엇이
어근이고 무엇이 어간인가요?

〈선생님의 답글〉
　어근은 단어 형성 시 실질적인 의미를
나타내는 중심 부분을, 어간은 용언의 활
용 시 형태가 고정된 부분을 가리킵니
다.(활용 시 어간의 형태가 변하는 경우
도 있습니다.)
　'짓밟다'는 '밟-'에 접두사 '짓-'이 결
합되어 만들어진 단어로, 이때 단어의 중
심 부분은 '밟-'이고 이를 어근이라고 합
니다. '짓밟다'는 '짓밟아, 짓밟고'처럼
'짓밟-'에 어미가 붙어 활용되므로 '짓밟-'
이 어간입니다.

① '치솟다'는 어근이 '솟-'이고, 어간은
'치솟-'이다.
② '잡히다'는 어근이 '잡-'이고, 어간은
'잡히-'이다.
③ '설익다'는 어근이 '익-'이고, 어간은
'설익-'이다.
④ '검붉다'는 어근이 '붉-'이고, 어간은
'검붉-'이다.
⑤ '날아가다'는 어근이 '날-', '가-'이
고, 어간이 '날아가-'이다.

답 ④

034

○ 21270-0034

〈보기〉는 접미사 '-답-'을 그 특성에 따라 둘로 나눈 것이다. 이에 대해 탐구한 내용으로 적절하지 <u>않은</u> 것은?

> 보기 ◀

⑤ '-답-'	• 할머니께서는 내 머리를 정답게 쓰다듬으셨다. • 그녀는 내게 참답게 사는 비결이 무엇이냐고 물었다. • 주위의 관심 속에서 아이는 꽃답고 향기롭게 자랐다.
ⓒ '-답-'	• 그는 용맹한 군인답게 무서워하는 것이 없다. • 소년은 아이답지 않게 옛날 노래를 즐겨 불렀다. • 그 방은 남자가 사는 방답지 않게 예쁘게 꾸며져 있다.

① ⑤은 자음으로 끝나는 말 뒤에만 결합한다.
② ⑤은 단어보다 큰 단위에도 결합할 수 있다.
③ ⑤은 ⓒ에 비해 결합할 수 있는 어근의 수가 제한적이다.
④ ⓒ이 결합한 예로 '신사답다, 사람답다'를 추가할 수 있다.
⑤ ⓒ은 '자격이나 특성 따위를 갖추고 있다.'라는 의미를 갖는다.

관련 기출▶ 2007학년도 대수능
6월 모의평가

13 〈보기〉에 주어진 조건에 따라 '-답-'이 쓰인 예를 바르게 분류한 것은?

> 보기 ◀

접미사 '-답-'은 다음 조건에 따라 '-답¹-', '-답²-'의 두 가지 종류로 나눌 수 있다.

[조건]
1. '-답¹-'은 자음 뒤나 모음 뒤 모두에 결합하고, '-답²-'는 자음 뒤에만 결합한다.
2. '-답¹-'은 단어에도 결합하지만 '그는 [싸움에서 이긴 장군]답다.'에서 볼 수 있듯이 단어보다 큰 단위에도 결합할 수 있고, '-답²-'는 단어보다 큰 단위에는 결합하지 않는다.
3. '-답¹-'은 '~ 자격이나 특성 따위를 지니고 있다'의 의미를 가지고, '-답²-'는 '~ 성질을 지니고 있다'의 의미를 가진다.

[예]
㉠ 정답다   ㉡ 신사답다
㉢ 도서관답다   ㉣ 참답다
㉤ 아이답다

	-답¹-	-답²-
①	㉠, ㉡	㉢, ㉣, ㉤
②	㉡, ㉤	㉠, ㉢, ㉣
③	㉠, ㉡, ㉤	㉢, ㉣
④	㉡, ㉢, ㉤	㉠, ㉣
⑤	㉡, ㉣, ㉤	㉠, ㉢

📖 ④

035

◎ 21270-0035

<보기 1>의 기준 ㉠~㉢에 따라 <보기 2>의 파생어를 적절하게 분류한 것은?

▶보기 1◀

　　파생어는 어근에 접사가 붙어 이루어진 말이다. 어근의 앞에 붙는 접사를 접두사, 어근의 뒤에 붙는 접사를 접미사라고 한다. 접두사는 ㉠어근의 문법적 성격을 바꾸지 않는 경우가 대다수이지만, 접미사는 ㉡어근의 문법적 성격을 바꾸지 않기도 하고 ㉢어근의 문법적 성격을 바꾸기도 한다. 예를 들어, 명사 '어머니'에 접두사 '시-'가 붙어 만들어진 '시어머니'는 여전히 명사이다. 명사 '멋'에 접미사 '-쟁이'가 붙어 만들어진 '멋쟁이'도 여전히 명사이다. 그러나 동사의 어근 '지우-'에 접미사 '-개'가 붙어 만들어진 '지우개'는 명사로 바뀐다.

▶보기 2◀

넓이, 주사기, 시뻘겋다, 잠꾸러기

	㉠	㉡	㉢
①	주사기	시뻘겋다	넓이, 잠꾸러기
②	주사기	넓이	시뻘겋다, 잠꾸러기
③	시뻘겋다	주사기, 잠꾸러기	넓이
④	시뻘겋다	주사기	잠꾸러기, 넓이
⑤	시뻘겋다	주사기, 넓이	잠꾸러기

12 <보기 1>을 바탕으로 <보기 2>와 같이 파생어를 분류하는 활동을 하였다. 이에 대한 설명으로 적절하지 않은 것은?

▶보기 1◀

　　파생어는 어근에 접사가 붙어 이루어진 말이다. 파생어 형성의 결과는 다음과 같이 분류하였다.
㉠ 품사와 문장 구조에 변화가 없음.
　　예 명사 '어머니'에 '시-'가 붙어 명사 '시어머니'가 된다.
㉡ 파생어가 되어 품사가 달라짐.
　　예 동사 '웃다'의 '웃-'에 '-음'이 붙어 명사 '웃음'이 된다.
㉢ 파생어의 사용으로 문장 구조가 달라짐.
　　예 '잡다'에 '-히-'가 붙어 '잡히다'가 되면 '경찰이 도둑을 잡다'와 같은 문장이 '도둑이 경찰에게 잡히다'처럼 바뀐다.
㉣ 위의 ㉡과 ㉢ 모두에 해당함.
　　예 형용사 '낮다'에 '-추-'가 붙어 동사 '낮추다'가 되면 '방 온도가 낮다'와 같은 문장이 '내가 방 온도를 낮추다'처럼 바뀐다.

▶보기 2◀

시어머니 웃음 잡히다 낮추다
멋쟁이 새파랗다 지우개
열리다 읽히다

↓ ↓ ↓ ↓
㉠ ㉡ ㉢ ㉣

| 시어머니 ⋮ | 웃음 ⋮ | 잡히다 ⋮ | 낮추다 ⋮ |

① '멋'에 '-쟁이'가 붙은 '멋쟁이'는 ㉠에 들어간다.
② '파랗다'에 '새-'가 붙은 '새파랗다'는 ㉠에 들어간다.
③ '지우다'의 '지우-'에 '-개'가 붙은 '지우개'는 ㉡에 들어간다.
④ '열다'의 '열-'에 '-리-'가 붙은 '열리다'는 ㉢에 들어간다.
⑤ '읽다'의 '읽-'에 '-히-'가 붙은 '읽히다'는 ㉣에 들어간다.

답 ⑤

036

○ 21270-0036

밑줄 친 말이 〈보기〉의 ㉮~㉲에 해당되지 <u>않는</u> 것은?

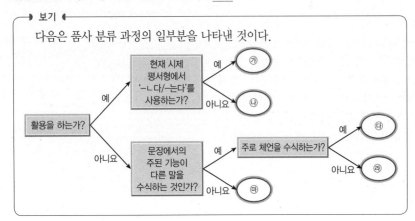

▶ 보기 ◀

다음은 품사 분류 과정의 일부분을 나타낸 것이다.

① ㉮: 아침밥을 배불리 <u>먹고</u> 나왔다.
② ㉯: 이 바지는 허리가 <u>작아서</u> 불편하다.
③ ㉰: 형은 <u>모든</u> 일에는 이유가 있다고 생각한다.
④ ㉱: 그녀는 자신의 동료들보다 <u>빨리</u> 승진하였다.
⑤ ㉲: 그는 어린 시절부터 <u>온갖</u> 시련을 겪어 왔다.

관련 기출 ▶ 2013 EBS N제 A형

77 〈보기〉는 품사 분류 과정의 일부를 나타 낸 것이다. 밑줄 친 단어 중, ㉠에 해당하는 것은?

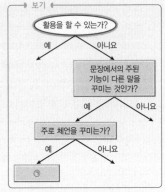

① 예상했던 것보다 <u>빨리</u> 그날이 왔다.
② 동생은 못 본 사이에 <u>훌쩍</u> 키가 컸다.
③ 우리는 전망이 <u>좋은</u> 곳으로 이사했다.
④ 그는 성공을 위해 <u>갖은</u> 노력을 다했다.
⑤ 옛말에 <u>예쁜</u> 자식은 매로 키우라고 했다.

답 ④

037

◆ 21270-0037

〈보기 1〉을 참고하여 〈보기 2〉를 설명한 내용으로 적절하지 <u>않은</u> 것은?

보기 1

관형사와 부사는 모두 다른 말을 꾸민다는 점에서 수식언으로 묶이지만, 어떤 품사의 말을 수식하는지는 서로 다르다. 관형사는 명사, 대명사, 수사, 즉 체언을 수식하고, 부사는 동사, 형용사, 즉 용언을 수식하거나 다른 부사를 수식한다. 또한 관형사는 꾸밈을 받는 말 바로 앞에 위치해야 하지만, 부사는 비교적 위치가 자유로운 편이다. 관형사에는 조사가 붙을 수 없는 반면, 부사에는 보조사가 붙기도 하는 점 역시 다르다.

보기 2

• ㉠한 명의 친구도 소중해.
• 우리 ㉡더욱 자주 만나자.
• ㉢저 새 책이 누구의 것이지?
• ㉣다행히 큰 실수는 하지 않았어.
• 너를 만나서 ㉤무척이나 즐거웠어.

① ㉠을 보니, 관형사는 명사를 수식할 수 있군.
② ㉡을 보니, 부사는 또 다른 부사를 꾸밀 수 있군.
③ ㉢을 보니, 관형사는 또 다른 관형사를 수식할 수 있군.
④ ㉣의 위치를 옮겨서 '큰 실수는 다행히 하지 않았어.'라고 할 수도 있군.
⑤ ㉤을 보니, 부사에는 보조사가 붙을 수 있군.

관련 기출▶ 2019 EBS 수능특강

06 ㉠~㉤에 해당하는 예로 적절한 것은?

보기

관형어와 부사어는 다른 문장 성분이나 문장 전체를 꾸며 주는 기능을 한다. ㉠관형어는 체언을 꾸며 주고, ㉡부사어는 용언과 관형사, 다른 부사 및 문장 전체를 꾸며 준다. 그러나 예외적으로 ㉢부사어가 명사나 대명사 등의 체언을 수식하는 경우도 있다. 관형어와 부사어는 다른 문장 성분의 의미를 더욱 풍부하게 해 주는 역할을 하므로 ㉣문장의 성립에 꼭 필요한 필수 성분은 아니다. 그러나 부사어 중에는 ㉤문장의 성립에 꼭 필요한 필수 부사어도 있다.

① ㉠: 정말로 바라던 일이 일어났다.
② ㉡: 새로 만난 <u>우리</u> 선생님은 친절하신 분이다.
③ ㉢: 우리 동네 우체국은 경찰서 <u>바로</u> 옆에 있다.
④ ㉣: 동생은 <u>나와</u> 많은 면에서 다르지만, 식성은 같다.
⑤ ㉤: 한 문제만 더 풀면 되는데, <u>너무</u> 배가 고파서 책을 덮었다.

🔲 ③

038

○ 21270-0038

〈보기〉를 통해 감탄사의 특징을 파악한 내용으로 적절한 것은?

보기

학생 1: 나 문과에서 이과로 전과하고 싶어.
학생 2: ㉠뭐, 전과?
학생 1: ㉡응, 수학과 과학 공부가 뒤늦게 더 재미있네.
학생 2: ㉢글쎄, 이제 학기 초인데……. 공부 시작한 지도 얼마 되지 않았잖아.
학생 1: 재미를 더 느끼면 잘할 수 있지 않을까, ㉣응?
학생 2: 그렇지만 문과를 선택할 때 국어와 사회 공부가 좋다며 정말 확신한다고 했었잖아.
학생 1: ㉤음, 그래? 내가 그랬었나?
학생 2: 그것 봐. 기억도 못 하네.
학생 1: ㉥아니야, 이번에는 정말 확실해.
학생 2: 이과 수학 공부가 얼마나 힘든지 알기는 하는 거야?
학생 1: ㉦글쎄, 일단 열심히 해야지.

① ㉠은 상대방의 말에 동의하는 의미를 강하게 전달하는군.
② ㉡과 ㉣은 모두 상대방의 말에 대한 긍정적 대답을 나타내는군.
③ ㉢과 ㉦은 상대방의 말에 대해 분명하지 않은 태도를 나타내므로 독립어가 아니겠군.
④ ㉤을 보니, 상황에 따라 독립어가 연이어 두 개 이상 쓰일 수 있겠군.
⑤ ㉥은 "아니, 여기엔 웬일이야?"의 '아니'와 같은 의미로 쓰인 것이겠군.

관련 기출▶ 2010학년도 대수능 6월 모의평가

12 〈보기〉를 통해 감탄사의 특성을 파악하는 활동을 해 보았다. 다음 설명 중 적절한 것은?

보기

아들: 아버지, 저도 바둑을 배워서 명인이 되고 싶어요.
아버지: ㉠뭐, 명인이 된다고?
아들: ㉡예, 그러니까 바둑판 하나 사 주세요.
아버지: ㉢글쎄, 사 줘야 되나?
아들: 사 주세요, ㉣예?
아버지: 얼마 전에 농구 선수가 되겠다고 해서 농구공을 사 줬더니 작심삼일이었잖아. 이번에도 흐지부지할 거지?
아들: 그런데, ㉤음, 작심삼일이 무슨 뜻이에요?
아버지: 그건 결심이 사흘을 가지 못한다는 말인데, 이번에도 그러는 거 아니냐.
아들: ㉥아니요, 이번에는 다를 거예요.
아버지: 명인이 되는 게 얼마나 힘든지 아니?
아들: ㉦글쎄요, 잘은 모르겠지만 열심히 해 볼게요.

① ㉠은 더 이상 여러 말 할 것 없다는 뜻으로 하는 말이겠군.
② ㉡은 긍정하여 대답하는 의미로, ㉣은 상대방을 의식하지 않고 놀라는 의미로 쓰이고 있군.
③ ㉢이 ㉦처럼 나타나는 것을 보면, 감탄사도 상대에 따라 다른 형태로 쓰일 수 있군.
④ ㉤이 문장의 중간에 쓰인 것을 보면 독립어의 기능을 할 수 없겠군.
⑤ ㉥은 "아니, 이게 어떻게 된 일이냐?"의 '아니'와 같은 의미로 쓰인 것이겠군.

답 ③

039

🔘 21270-0039

고유 명사의 로마자 표기 사례인 〈보기〉에 대해 탐구한 내용으로 적절하지 <u>않은</u> 것은?

▶ 보기 ◀

구분	표기[발음]	올바른 로마자 표기
㉠	호법[호:법]	Hobeop
㉡	칠곡[칠곡]	Chilgok
㉢	구리[구리]	Guri
㉣	신라[실라]	Silla
㉤	종로[종노]	Jongno
㉥	죽변[죽뼌]	Jukbyeon
㉦	광희문[광히문]	Gwanghuimun

① ㉠을 보니, 'ㅂ'은 모음 앞인지 어말인지에 따라 서로 다른 로마자로 적는구나.

② ㉡과 ㉢을 보니, 'ㄹ'은 자음 앞인지 모음 앞인지에 따라 서로 다른 로마자로 적는구나.

③ ㉣과 ㉤을 보니, 자음 사이에서 동화 작용이 일어나면 그에 따라 로마자로 적는구나.

④ ㉥을 보니, 된소리되기의 결과는 로마자 표기에 반영하지 않는구나.

⑤ ㉦을 보니, 이중 모음이 단모음으로 발음되면 하나의 로마자 기호로 적는구나.

관련 기출 ▶ 2015학년도 대수능 6월 모의평가 B형

13 (가)에 들어갈 내용으로 적절하지 <u>않은</u> 것은?

선생님: 로마자 표기법은 국제화 시대에 그 중요성이 더 커지고 있습니다. 로마자 표기법을 구체적으로 배우기 전에, 다음 자료로 탐구한 내용을 발표해 봅시다.

표기	표준 발음	올바른 로마자 표기	
가락	[가락]	garak	……㉠
앞집	[압찝]	apjip	……㉡
장롱	[장:농]	jangnong	……㉢

학생:	(가)

① ㉠에서 '가'의 'ㄱ'은 'g'로, '락'의 'ㄱ'은 'k'로 표기한 것을 보니, '가락'의 두 'ㄱ'은 같은 자음이지만 다른 로마자로 적었어요.

② ㉡에서 '앞'의 'ㅍ'과 '집'의 'ㅂ'을 모두 'p'로 표기한 것을 보니, '앞집'의 'ㅍ'과 'ㅂ'은 다른 자음이지만 동일한 로마자로 적었어요.

③ ㉢에서 장음을 표시하는 기호인 ':'가 로마자 표기에 없는 것을 보니, 장단의 구별은 로마자 표기에 반영하지 않았어요.

④ ㉠에서 '락'의 'ㄹ'은 'r'로, ㉢에서 '롱'의 'ㄹ'은 'n'으로 표기한 것을 보니, ㉢ '장롱'의 로마자 표기는 자음 동화를 반영하여 적었어요.

⑤ ㉡에서 '집'의 'ㅈ'과 ㉢에서 '장'의 'ㅈ'을 같은 로마자로 표기한 것을 보니, ㉡ '앞집'의 로마자 표기는 된소리되기를 반영하여 적었어요.

🔳 ⑤

040 ◀ 형태소의 특성 ▶

◐ 21270-0041

〈보기〉를 참조할 때, 밑줄 친 말들이 이형태의 관계가 <u>아닌</u> 것은?

▶ 보기 ◀

　　의미를 가진 최소 단위인 형태소는 그 앞뒤에 어떤 말이 있느냐에 따라 둘 이상의
모습으로 나타나기도 한다. 이를 이형태(異形態)라고 한다. 예를 들어, 목적격 조사
는 앞말이 자음으로 끝나면 '을'로 나타나고 모음으로 끝나면 '를'로 나타나는데, 이
경우 '을'과 '를'은 이형태의 관계에 있는 것이다.

① ┌ 내 손<u>을</u> 꼭 잡<u>아라</u>.
　 └ 넘어지지 않게 조심히 걸<u>어라</u>.

② ┌ 그가 드디어 학생 회장<u>에</u> 뽑혔다.
　 └ 그는 친구들<u>에게</u> 합격 사실을 알렸다.

③ ┌ 책<u>이고</u> 책상<u>이고</u> 다 타 버렸다.
　 └ 그 사람은 염치<u>고</u> 체면<u>이고</u>가 없다.

④ ┌ 그녀는 학교에 가<u>려고</u> 집을 나섰다.
　 └ 막 밥을 먹<u>으려고</u> 하는데 손님이 왔다.

⑤ ┌ 나는 허겁지겁 남은 밥을 모두 먹<u>었다</u>.
　 └ 내 앞으로 날아오는 공을 멋지게 막<u>았다</u>.

041 ◀ 어미와 접사의 구별 ▶

◐ 21270-0040

〈보기〉의 ㉮와 ㉯에 들어갈 수 있는 예문이 올바르게 짝지어진 것은?

▶ 보기 ◀

-기「어미」
　('이다'의 어간, 용언의 어간 또는 어
　미 '-으시-', '-었-', '-겠-' 뒤에 붙어)
　그 말이 명사 구실을 하게 하는 어미.
　¶ [　　　　㉮　　　　]

-기「접사」
　(일부 동사나 형용사 어간 뒤에 붙어)
　명사를 만드는 접미사.
　¶ [　　　㉯　　　]

	㉮	㉯
①	이 노래의 빠르<u>기</u>는 중간 정도이다.	갑자기 가슴이 뛰<u>기</u> 시작했다.
②	동생은 글짓<u>기</u> 시간을 가장 좋아한다.	농부들은 비가 내리<u>기</u>를 기다린다.
③	물건의 색깔에 따라 밝<u>기</u>가 달라진다.	가끔 어려운 질문을 던지<u>기</u>도 했다.
④	형은 아침부터 달리<u>기</u>를 하고 돌아왔다.	그의 옷차림이 내가 보<u>기</u>에도 민망하다.
⑤	몇 그루 안 되지만 나무들이 굵<u>기</u>는 했다.	매운탕 가격은 생선의 크<u>기</u>에 따라 다르다.

042 〔접사의 의미〕

○ 21270-0042

밑줄 친 접두사가 ㉮와 ㉯에 따라 올바르게 짝지어진 것은?

> 어근이나 단어의 앞에 붙어 파생어를 만드는 접사를 접두사라고 한다. 그런데 접두사는 ㉮원래의 단어에 새로운 의미를 더해 주기도 하고, ㉯원래의 단어가 갖는 의미에 세기나 정도가 강화된 의미를 더해 주기도 한다. 예를 들어, '맨손'의 '맨-'은 '손'에 '다른 것이 없는'의 뜻을 더해 주는 접두사이고, '시퍼렇다'의 '시-'는 '퍼렇다'의 의미를 강조해 주는 접두사이다.

	㉮	㉯
①	간호사가 내 팔에 붕대를 휘감았다.	그는 양복 위에 외투를 덧입었다.
②	친구들이 내 방을 들쑤셔 놓았다.	동생이 마루에서 발을 헛디뎠다.
③	영호는 철수에게 정답을 되물었다.	나물에 양념을 뒤섞어 버무렸다.
④	부끄러워서 얼굴이 새빨갛게 되었다.	우리는 창문으로 방 안을 엿보았다.
⑤	드높은 가을 하늘이 아름답다.	형은 자꾸 엇나가기만 했다.

043 〔접미사의 쓰임〕

○ 21270-0043

〈보기〉의 용례를 바탕으로 접미사 '-질'의 쓰임을 탐구한 내용으로 적절하지 <u>않은</u> 것은?

→ 보기 ←

㉠	㉡	㉢	㉣	㉤
가위질, 걸레질	곁눈질, 손가락질	선생질, 회장질	노름질, 싸움질	딸꾹질, 수군덕질

① ㉠의 '-질'은 도구를 나타내는 일부 명사 뒤에 붙는 것이군.
② ㉡을 보니, '-질'에는 '그 신체 부위를 이용한 어떤 행위'란 뜻이 있군.
③ ㉢을 보니, '-질'은 어떤 직업이나 직책에 비하의 의미를 더해 주는군.
④ ㉣의 '-질'은 주로 좋지 않은 행위를 나타내는 명사 뒤에 붙는 것이군.
⑤ ㉤을 보니, '-질'은 일회적으로 나는 소리를 가리키기 위해 쓰는 것이군.

044 〈 접미 파생어의 의미 〉

> ○ 21270-0044

〈보기 1〉을 참조하여 〈보기 2〉의 단어 중 ㉠, ㉡의 의미를 가지고 있는 단어를 바르게 분류한 것은?

┌─ 보기 1 ┐

접미사는 결합하는 단어에 따라 다양한 의미를 나타낼 수 있다. 몇몇 명사 또는 동사 어근이나 동사구와 결합하여 명사를 만드는 파생 접미사 '-이'를 예로 들면, '-이'는 다음과 같이 다양한 의미를 나타낸다.

- ㉠'사물'의 의미를 더해 줌. 예 옷걸이
- ㉡'행위'의 의미를 더해 줌. 예 가슴앓이
- '사람'의 의미를 더해 줌. 예 젖먹이

┌─ 보기 2 ┐

㉮ 손잡이   ㉯ 털갈이   ㉰ 재떨이   ㉱ 턱걸이   ㉲ 쥐불놀이

	㉠	㉡
①	㉮, ㉯	㉰, ㉱, ㉲
②	㉮, ㉰	㉯, ㉱, ㉲
③	㉮, ㉯, ㉲	㉰, ㉱
④	㉯, ㉰, ㉲	㉮, ㉱
⑤	㉰, ㉱, ㉲	㉮, ㉯

045 합성어의 분류

○ 21270-0045

〈보기〉의 ㉠~㉤에 각각 들어갈 말로 적절하지 <u>않은</u> 것은?

보기

합성어는 어근과 어근이 결합한 말이다. 합성어가 구성되는 방식과 예는 다음과 같다.

(1) **통사적 합성어**: 우리말의 일반적인 어순이나 단어 배열에 부합하는 합성어
- 명사와 명사가 결합하여 '밤낮'이 된다.
- 용언의 활용형과 명사가 결합하여 '　㉠　'이/가 된다.
- 용언의 활용형과 용언이 결합하여 '　㉡　'이/가 된다.
- 명사와 용언 사이의 조사가 생략되어 '　㉢　'이/가 된다.

(2) **비통사적 합성어**: 우리말의 일반적인 어순이나 단어 배열에 부합하지 않는 합성어
- 부사와 명사가 결합하여 '　㉣　'이/가 된다.
- 용언의 활용형에서 어미가 생략된 채 다른 명사와 결합하여 '검버섯'이 된다.
- 용언의 활용형에서 어미가 생략된 채 다른 용언과 결합하여 '　㉤　'이/가 된다.

---

① ㉠: 건널목   ② ㉡: 뛰어가다

③ ㉢: 본받다   ④ ㉣: 산들바람

⑤ ㉤: 깎아지르다

검버섯

노인의 살갗에 생기는 거무스름한 얼룩

깎아지르다

벼랑 따위가 반듯하게 깎아 세운 듯 가파르다.

046 합성어의 종류

○ 21270-0046

〈보기〉를 바탕으로 ㉠과 ㉡에 해당하는 예를 바르게 나열한 것은?

┌ 보기 ┐

　　합성어는 구성 요소들의 관계에 따라 ㉠'종속 합성어'와 ㉡'대등 합성어'로 나눌 수 있다. '종속 합성어'는 '감자떡'과 같이 앞의 성분이 뒤의 성분을 수식하는 구조로 된 합성어를 뜻한다. 이때 'X + Y'가 결합된 단어는 결국 'Y'의 종류가 된다. 반면 '대등 합성어'는 '아들딸'과 같이 두 개의 성분이 대등하게 결합된 합성어로, 'X + Y'가 결합된 단어는 결코 'X'에 속하거나 'Y'에 속할 수 없다.

	㉠	㉡
①	논밭	밤낮
②	물만두	홍고추
③	함박눈	덮밥
④	앞뒤	봄비
⑤	군고구마	마소

합성어
둘 이상의 어근이 결합하여 하나의 단어가 된 말

047 통사적 합성어와 비통사적 합성어

○ 21270-0047

밑줄 친 말이 ㉮~㉲의 예에 해당하지 <u>않는</u> 것은?

　　어근과 어근의 결합으로 형성된 말을 합성어라고 한다. 그런데 합성어는 다시 통사적 합성어와 비통사적 합성어로 나눌 수 있다. 통사적 합성어는 '명사 + 명사', ㉮'관형사 + 명사', ㉯'용언의 관형사형 + 명사', ㉰'용언의 활용형 + 용언'과 같이 우리말의 어순이나 단어 배열에 부합하는 합성어를 가리킨다. 비통사적 합성어는 ㉱'용언의 어간 + 명사', ㉲'용언의 어간 + 용언', '부사 + 명사'와 같이 우리말의 어순이나 단어 배열에 부합하지 않는 합성어를 가리킨다.

① ㉮: <u>새날</u>이 밝았으니 하루를 시작하자.
② ㉯: <u>건널목</u>을 지날 때는 항상 조심해라.
③ ㉰: 서쪽으로 새들이 무리 지어 <u>날아가다</u>.
④ ㉱: 호주머니에 넣기 좋게 <u>접칼</u>을 준비했다.
⑤ ㉲: 오랜만에 만난 사이라서 감회가 <u>남다르다</u>.

048 단어의 분류

◐ 21270-0048

〈보기 1〉을 바탕으로 〈보기 2〉를 분석한 것으로 적절한 것은?

▶보기 1◀

　단어는 그 짜임새에 따라 단일어, 합성어, 파생어로 분류할 수 있는데, 단어를 구성하는 형태소가 셋 이상일 경우에는 직접 구성 성분의 개념을 도입해서 단어의 짜임새를 파악할 수 있다. 예를 들어 '코웃음'의 경우 '코', '웃-', '-(으)ㅁ'의 세 개의 형태소가 결합한 것인데, '코웃-'이 존재하지 않고 '코'와 '웃음'만 단어로 존재하며 의미상으로도 '코 + 웃음'으로 보는 것이 자연스럽다. 따라서 '코웃음'의 직접 구성 성분은 '코'와 '웃음'이며 결과적으로 '코웃음'은 어근과 어근이 결합한 합성어로 볼 수 있다. 반면에 '비웃음'의 경우 '비', '웃-', '-(으)ㅁ'의 세 개의 형태소가 결합한 것인데, '비웃-'이 단어로 존재하며 의미상으로도 '비웃-'에 '-(으)ㅁ'이 결합한 것으로 볼 수 있다. 따라서 '비웃음'의 직접 구성 성분은 '비웃-'과 '-(으)ㅁ'이며 결과적으로 '비웃음'은 어근과 접사가 결합한 파생어로 볼 수 있다.

▶보기 2◀

㉮ 볶음밥　　㉯ 헛걸음　　㉰ 물걸레질　　㉱ 달맞이꽃　　㉲ 나들이옷

	직접 구성 성분이 어근과 어근인 합성어	직접 구성 성분이 어근과 접사인 파생어
①	㉮, ㉯	㉰, ㉱, ㉲
②	㉮, ㉲	㉯, ㉰, ㉱
③	㉮, ㉯, ㉲	㉰, ㉱
④	㉮, ㉱, ㉲	㉯, ㉰
⑤	㉰, ㉱, ㉲	㉮, ㉯

직접 구성 성분
어떤 말을 직접 이루고 있는 두 부분으로 나누었을 때 나오는 두 요소

049 ◀ 복합어의 분류 ▶

◉ 21270-0049

복합어에 대하여 탐구하는 과정을 도식화한 것이다. A∼C에 들어갈 예로 적절한 것은?

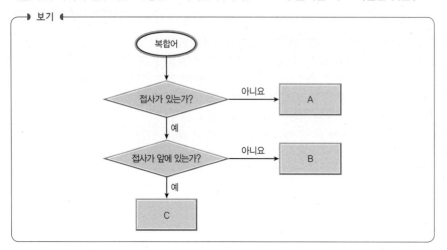

	A	B	C
①	돌다리	지우개	앞문
②	돌다리	지우개	들끓다
③	돌다리	여러분	들끓다
④	들끓다	지우개	앞문
⑤	들끓다	여러분	앞문

050 ◀ 단어의 형성 ▶

◉ 21270-0050

〈보기〉의 ㉠에 들어갈 말로 적절한 것은?

▶ 보기 ◀

선생님: 보조사는 앞말에 붙여 쓰지만 앞말과 보조사는 여전히 별개의 단어입니다. 반면에 앞말에 다른 어근을 결합하여 합성어를 만들면 하나의 단어가 되지요. 앞말에 접사를 결합하여 파생어를 만들 때도 하나의 단어가 됩니다. '마음' 뒤에 보조사, 어근, 접사를 각각 붙인 말로 예문을 만들어 보세요.
학생: '마음' 뒤에 (㉠   )를 만들었어요.

① 어근을 결합시킨 말을 사용하여 '굳게 마음먹고 나섰다.'
② 접사를 결합시킨 말을 사용하여 '마음가짐을 바르게 한다.'
③ 보조사를 결합시킨 말을 사용하여 '오늘은 마음껏 놀 거야.'
④ 어근을 결합시킨 말을 사용하여 '마음씨를 아름답게 가꾸자.'
⑤ 접사를 결합시킨 말을 사용하여 '네 마음까지 내가 어찌 알아?'

복합어
하나의 실질 형태소에 접사가 붙거나 두 개 이상의 실질 형태소가 결합된 말

접사
단독으로 쓰이지 않고 항상 다른 어근이나 단어에 붙어 새로운 단어를 구성하는 부분. 접두사와 접미사가 있다.

보조사
체언, 부사, 활용 어미 따위에 붙어서 어떤 특별한 의미를 더해 주는 조사. '은', '는', '도', '만', '까지', '마저', '조차', '부터' 따위가 있다.

어근
단어를 분석할 때, 실질적 의미를 나타내는 중심이 되는 부분. '덮개'의 '덮-', '어른스럽다'의 '어른' 따위이다.

051 구와 복합어의 구별

● 21270-0051

수업 게시판에서 '선생님'의 답변을 읽은 후 학생이 찾은 예로 적절하지 <u>않은</u> 것은?

구(句)
둘 이상의 단어가 모여 절이나 문장의 일부분을 이루는 토막

> 학생: '큰집'은 복합어이고 '큰 집'은 복합어가 아닌 구(句)라고 하는데요. 이처럼 형태가 비슷한데 복합어일 때도 있고 구일 때도 있어서 구별이 어려워요. 어떻게 구별할 수 있을까요?
>
> 선생님: 그 말의 의미를 생각해 보면 됩니다. '크기가 큰 집'에서와 같이 형용사 '크다' 본래의 의미 그대로 쓰이는 경우는 '크다'의 활용형 '큰'과 명사 '집'을 각각 써서 '큰 집'이 됩니다. 이것은 구(句)지요. 그러나 '종가(宗家), 즉 맏이가 사는 집'을 뜻하는 '큰집'에서 '크다'는 형용사 '크다'의 본래 뜻으로부터 멀어져 특수한 뜻으로 쓰이므로 '큰집'이 한 단어로 굳어진 것이지요. 이것은 복합어입니다. '큰집'처럼 어떠한 말이 관용적으로 한 단어처럼 굳어져 쓰이게 되면 복합어로 인정합니다. '큰 집'과 '큰집'처럼 의미가 달라서 구와 복합어로 나뉜 예를 더 찾아보세요.

① 살아 있는 토끼를 뜻할 때는 구인 '산 토끼', 살아 움직이는 토끼를 뜻할 때는 복합어인 '산토끼'가 쓰이겠군.

② 키가 작은 언니를 뜻할 때는 구인 '작은 언니', 맏이가 아닌 언니를 뜻할 때는 복합어인 '작은언니'가 쓰이겠군.

③ '집 안 구석구석 청소를 했다.'에서는 구인 '집 안', '우리 집안에는 과학자가 많다.'에서는 복합어인 '집안'이 쓰이겠군.

④ 새로 지은 집을 뜻할 때는 구인 '새 집', 새로 지은 집이 아니더라도 이사하여 새로 살게 된 집을 뜻할 때는 '새집'이 쓰이겠군.

⑤ '손가락을 꼽으며 한 번, 두 번, 세 번 세었다.'에서는 구인 '한 번', '맛이 어떤지 어디 한번 먹어 봐.'에서는 복합어인 '한번'이 쓰이겠군.

Ⅱ 반복 풀이로 **확** 잡는 실전 문제

052 〈품사의 개념〉

○ 21270-0052

〈보기〉는 품사를 분류한 것이다. ㉠~㉤에 대한 설명으로 적절하지 <u>않은</u> 것은?

▶ 보기 ◀

㉠**불변어**	체언	명사
		㉡대명사
		수사
	수식언	㉢관형사
		부사
	독립언	감탄사
	관계언	㉣조사
가변어	용언	동사
		㉤형용사

① ㉠: 문장에서 쓰일 때 단어의 형태가 변하지 않는 말이다.
② ㉡: 사람이나 사물의 이름을 대신 나타내는 말이다.
③ ㉢: 주로 용언 앞에 놓여 용언을 꾸며 주는 말로서 조사가 결합하지 않는다.
④ ㉣: 주로 다른 말과의 문법적 관계를 표시하거나 특수한 의미를 덧붙이는 말이다.
⑤ ㉤: 사물의 성질이나 상태를 나타내는 말로서 어미가 붙어 활용을 한다.

체언
다양한 종류의 격 조사가 결합하여 주어, 목적어, 보어, 서술어, 관형어, 부사어, 독립어로 쓰일 수 있다.

수식언
문장에서 다른 말을 꾸며 주는 구실을 하는 단어

용언
문장에서 주어의 동작이나 작용, 상태나 성질 등을 나타내는 단어. 어간에 어미가 결합하여 활용한다.

053 품사와 문장 성분

○ 21270-0053

⟨보기 1⟩을 바탕으로 ⟨보기 2⟩의 ㉠∼㉤을 분석한 것으로 적절하지 <u>않은</u> 것은?

▶보기 1◀

　품사와 문장 성분은 단어를 서로 다른 관점에서 분류한 것으로 볼 수 있다. '민수 도시락 먹어.'라는 문장에서 '민수'가 사람의 이름을 나타내는 단어라는 점에 주목하여 품사의 하나인 '명사'로 분류할 수도 있고, '민수'가 문장에서 서술어 '먹어.'가 나타내는 행위의 주체가 된다는 점에 주목하여 문장 성분의 하나인 '주어'로 분류할 수도 있는 것이다.

▶보기 2◀

• ㉠<u>너</u> 여기서 ㉡<u>뭐</u> 하니?
• ㉢<u>저</u> 사람이 새치기를 ㉣<u>했다.</u>
• 철수는 마음씨가 정말 ㉤<u>곱다.</u>

① ㉠은 품사로는 명사이고, 문장 성분으로는 주어이다.
② ㉡은 품사로는 대명사이고, 문장 성분으로는 목적어이다.
③ ㉢은 품사로는 관형사이고, 문장 성분으로는 관형어이다.
④ ㉣은 품사로는 동사이고, 문장 성분으로는 서술어이다.
⑤ ㉤은 품사로는 형용사이고, 문장 성분으로는 서술어이다.

054 ● 인칭 대명사의 분류

○ 21270-0054

〈보기 1〉을 참고하여 〈보기 2〉의 ㉠~㉦을 설명한 내용으로 적절한 것은?

▶ 보기 1◀

　　대명사 중 특정한 사물이나 공간 등을 가리키는 대명사는 지시 대명사, 사람을 가리키는 대명사는 인칭 대명사라고 한다. 인칭 대명사는 지시 대상의 특성에 따라서 몇 가지로 나누어 볼 수 있다. 먼저, 지시 대상이 화자이거나 화자를 포함하고 있으면 1인칭 대명사, 청자이거나 청자를 포함하고 있으면 2인칭 대명사, 제3자면 3인칭 대명사라고 한다. 또한 특정 대상의 지시 여부에 따라, 대상의 이름 등을 모를 때 사용되며 주로 의문문에서 나타나는 미지칭 대명사, 특정 인물이나 사물을 가리키지 않는 부정칭 대명사, 앞서 한 번 나온 명사를 다시 가리킬 때 쓰이며 주로 3인칭 명사를 다시 나타내는 재귀 대명사로도 나눌 수 있다.

▶ 보기 2◀

학생 1: 현대시 암송 수행 평가에서 너는 ㉠누구 작품 암송할 거야?
학생 2: 아마도 윤동주 시인? 너는?
학생 1: ㉡누구라도 별로 하고 싶지 않아. 언제 외우냐?
학생 2: 에이, 왜 그래……. 시는 외워서 직접 ㉢자기의 목소리로 읽어 낼 때 감정과 리듬감이 잘 살아나서 더 아름답게 느껴진다잖아. ㉣우리 같이 해 보자.
학생 1: 그래, 고마워. 그런데 왜 하필 윤동주야?
학생 2: ㉤우리 할머니께서 생전에 ㉥그의 시를 많이 좋아하셨거든. 할머니는 ㉦당신 손으로 직접 시집 전체를 옮겨 적고 낭송도 하셨어.

① ㉠은 부정칭 대명사, ㉡은 미지칭 대명사이다.
② ㉢은 1인칭 대명사이다.
③ ㉣과 ㉤은 화자와 청자를 포괄하는 대명사이다.
④ ㉥은 인칭 대명사가 아닌 지시 대명사이다.
⑤ ㉦은 재귀 대명사이다.

055 명사의 특징

◎ 21270-0055

밑줄 친 말이 〈보기〉의 ㉮에 해당되지 <u>않는</u> 것은?

> ┤ 보기 ├
>
> 우리말에서는 '학생 두 명'의 '명'처럼 수량을 표현하는 말 뒤에 의존 명사가 쓰이는 것이 일반적이지만, ㉮경우에 따라 자립 명사가 단위를 나타내기도 한다. 예컨대, '소나무의 뿌리'에서의 '뿌리'는 자립 명사로 쓰인 것이지만, '파 열 뿌리'의 '뿌리'는 수량을 나타내는 말 뒤에서 파를 세는 단위로 쓰인 것이다.

① 아이들이 네 <u>줄</u>로 서 있었다.
② 나 혼자 우유 다섯 <u>병</u>을 마셨다.
③ 그녀는 물 한 <u>모금</u>이 몹시 생각났다.
④ 저 멀리서 세 <u>줄기</u>의 연기가 피어올랐다.
⑤ 그곳에서 강은 두 <u>갈래</u>로 갈라져 흐른다.

056 품사의 특징

◎ 21270-0056

〈보기〉의 (가)와 (나)의 밑줄 친 단어들이 공통으로 가지는 특성으로 적절한 것은?

> ┤ 보기 ├
>
> (가)
> • 인서가 피자를 먹어 <u>보았어</u>.
> • 재미있는 책을 읽고 <u>싶어</u>.
>
> (나)
> • 마실 <u>것</u> 좀 줄래?
> • 내일은 비가 올 <u>수</u>도 있어.

① 어미가 결합할 수 있다.
② 부사어의 수식을 받을 수 있다.
③ 문장 내의 다른 요소에 의존적이다.
④ 다른 말과의 문법적 관계를 표시해 준다.
⑤ 문장 내에서 사용될 때 형태가 변하지 않는다.

057 의존 명사

> 21270-0057

〈보기〉를 바탕으로 '학습지'에서 띄어쓰기를 바르게 한 예만을 있는 대로 고른 것은?

> 보기

선생님: 형태가 같은 단어가 각각 의존 명사와 조사로 달리 쓰이는 경우가 종종 있어요. 예를 들어, '먹을 만큼 먹었다.'에서의 '만큼'은 의존 명사로서 '먹을'이라는 관형어의 수식을 받고 있지요. 이에 반하여, '너만큼 나도 먹었다.'에서의 만큼은 '너'라는 대명사, 즉 체언 뒤에 붙은 조사입니다. 의존 명사는 앞말과 띄어서 써야 하고, 조사는 앞말에 붙여 써야 해요. 학습지의 문장에서 밑줄 친 말을 띄어서 써야 할 경우에는 빈칸에 'Ⅴ' 표시를, 붙여서 써야 할 경우에는 빈칸에 '⌒' 표시를 해 봅시다.

[학습지]

■ 대로
- 네가 느낀⌒대로 말해 봐. … ㄱ
- 나는 나⌒대로 할 말이 있다고! … ㄴ

■ 만
- 계속 얼굴⌒만 보고 말을 안 하네. … ㄷ
- 졸업하고 나서 3년Ⅴ만에 만났어. … ㄹ
- 오직 너Ⅴ만이 나를 이해해 주는구나. … ㅁ

■ 뿐
- 믿을 것은 정말 실력Ⅴ뿐이야. … ㅂ
- 모두들 모른다고 할⌒뿐 누구도 나서지 않았다. … ㅅ

① ㄱ, ㄷ, ㅂ
② ㄴ, ㄷ, ㄹ
③ ㄹ, ㅁ, ㅅ
④ ㄱ, ㄴ, ㅁ, ㅂ
⑤ ㄴ, ㄷ, ㄹ, ㅅ

조사

체언이나 부사, 어미 따위에 붙어 그 말과 다른 말과의 문법적 관계를 표시하거나 그 말의 뜻을 도와주는 품사

058 ◆ 동사와 형용사의 구별 ◆

◎ 21270-0058

〈보기〉에서 '선생님'의 설명을 정확히 이해했을 때, ㉠~㉣ 중 ㉮에 들어갈 수 있는 내용으로 적절한 것은?

> **보기**
>
> 학생: 선생님, 동사와 형용사는 비슷한 듯하기도 하고 다른 듯하기도 해요.
>
> 선생님: 맞아. 동사와 형용사는 용언으로서 활용을 한다는 점에서 공통적이지. 그러나 활용의 양상은 다소 달라. 동사는 현재 일어남을 나타내는 선어말 어미 '-는-'이나 '-ㄴ-'을 취할 수 있지만, 형용사는 그렇지 않아. 즉 동사 '듣다'와 '보다'는 '소리를 듣는다.', '눈으로 본다.'와 같이 활용되지만, 형용사 '곱다'와 '예쁘다'는 '마음이 곱는다.', '손이 예쁜다.'라고 활용되지 않지. 그럼, 잘 이해했는지 확인하기 위해 다른 동사나 형용사에 현재 시제의 선어말 어미를 붙여 설명해 보겠니?
>
> 학생: 그러니까 (㉮)라는 말씀이시군요.
>
> ㉠ '책을 읽으려고 하는 중이다.'와 같이 되니까 '읽다'는 동사
> ㉡ '별이 밝게 빛나는다.'는 말이 안 되니까 '빛나다'는 형용사
> ㉢ '진로를 진지하게 생각한다.'와 같이 되니까 '생각하다'는 동사
> ㉣ '우주는 광대한다.'는 말이 안 되니까 '광대하다'는 형용사

① ㉠, ㉡   ② ㉠, ㉣   ③ ㉡, ㉢
④ ㉢, ㉣   ⑤ ㉠, ㉢, ㉣

활용

용언의 어간이나 서술격 조사에 변하는 말이 붙어 문장의 성격을 바꾸는 일. 동사, 형용사, 서술격 조사의 어간에 여러 가지 어미가 붙는 현상을 이른다.

059 〈어미의 종류와 기능〉

○ 21270-0059

〈보기〉를 참고할 때, '탐구 활동'의 ㉠~㉣에 들어갈 내용으로 적절한 것은?

> **보기**
>
> 한국어는 교착어로서 어미가 매우 발달해 있다. 어미는 크게 선어말 어미와 어말 어미로 나눌 수 있으며, 선어말 어미와 어말 어미가 연속적으로 결합할 때 대개 일정한 순서에 따라 어미가 결합한다. 선어말 어미는 어말 어미 앞에서 주체 높임, 시제, 상 등을 나타내고, 어말 어미는 문장을 종결하거나 연결하는 기능을 하며, 상대 높임 등을 나타낸다. 경우에 따라 선어말 어미가 용언에 나타나지 않을 수 있으나, 어말 어미가 나타나지 않는 경우는 없다.

교착어

실질 형태소에 형식 형태소가 차례로 결합하여 문장 속에서 문법적인 역할이나 관계의 차이를 나타내는 언어. 첨가어라고도 한다.

[탐구 활동]

■ 탐구 대상: 할머니는 한참 전에 댁에 <u>도착하시었겠습니다</u>.

탐구 과정		탐구 과정별 결과
1) '도착하시었겠습니다'를 어간과 어미로 나눈다.	⇒	어간은 '도착하-', 어미는 '-시었겠습니다'이다.
2) 어미를 어말 어미와 선어말 어미로 나눈다.	⇒	어말 어미는 (㉠)이고, 나머지는 선어말 어미이다.
3) 어말 어미의 기능을 파악한다.	⇒	여기서 어말 어미는 문장을 (㉡)하고, 상대 높임법상 (㉢)을 나타낸다.
4) 어떤 선어말 어미가 가장 앞에 오는지 파악한다.	⇒	선어말 어미 중 가장 먼저 붙은 것은 (㉣)를 나타내는 선어말 어미이다.
5) 어미 결합의 특징으로 더 관찰할 것이 있는지 본다.	⇒	여기서 '-겠-'이 미래 시제를 나타내지 않으므로 '-었-'과 결합할 수 있다.

	㉠	㉡	㉢	㉣
①	-습니다	종결	높임	주체 높임
②	-습니다	종결	낮춤	주체 높임
③	-습니다	연결	높임	상
④	-었겠습니다	연결	낮춤	주체 높임
⑤	-었겠습니다	종결	높임	상

060 〈 보조사 '요'의 쓰임 〉

○ 21270-0060

〈보기〉는 보조사 '요'가 사용된 자료를 탐구하여 그 쓰임을 정리한 것이다. ⓐ에 들어가기에 적절하지 <u>않은</u> 것은?

┌─ 보기 ◀

• 탐구 자료
  (1) ㄱ. 누나, 나 떡볶이 좀 사 줘.
      ㄴ. 엄마, 나 떡볶이 좀 사 줘<u>요</u>.
  (2) ㄱ. 내가 지금 바빠서 미안.
      ㄴ. 제가<u>요</u> 지금 바빠서<u>요</u> 미안해<u>요</u>.
  (3) ㄱ. 그렇게 해 주시면 정말 감사하겠습니다.
      ㄴ. 그렇게 해 주시면<u>요</u> 정말 감사하겠습니다.

• 보조사 '요'의 쓰임

┌─────────────────────────────────────┐
│ – '요'는 앞말에 특별한 의미를 더해 주는 보조사이다. │
│ – ┌─────────────────────────────┐ │
│   │   ⓐ   │ │
│   └─────────────────────────────┘ │
└─────────────────────────────────────┘

① '요'가 없어도 문장이 성립할 수 있다.
② '요'는 '해체' 종결 어미 뒤에 결합할 수 있다.
③ '요'는 청자에게 존대의 뜻을 나타낼 수 있다.
④ '요'로 끝나야 문장이 종결되는 종결 어미의 기능을 한다.
⑤ '요'는 연결 어미, 주어 등 다양한 요소 뒤에도 결합한다.

061 · 부사와 관형사의 구별 ·

○ 21270-0061

㉮와 ㉯에 들어갈 예문으로 적절하지 않은 것은?

> 비교적(比較的)
> [Ⅰ]「부사」
> 일정한 수준이나 보통 정도보다 꽤.
> ¶ [㉮]
> [Ⅱ]「관형사」
> 다른 것과 견주어서 판단하는.
> ¶ [㉯]

① ㉮: 이번 시험에는 비교적 쉬운 문제가 많았다.
② ㉮: 이 산은 다른 곳에 비해 비교적 나무가 많다.
③ ㉮: 과학 선생님의 설명은 비교적 빨리 이해가 된다.
④ ㉯: 그곳은 지하철역이 가까워서 비교적 교통이 편리한 편이다.
⑤ ㉯: 논문에서는 현대 소설과 고전 소설의 비교적 고찰을 시도했다.

062 · 부사의 특징 ·

○ 21270-0062

㉠~㉤의 밑줄 친 부사에 대해 탐구한 내용으로 적절하지 않은 것은?

> ㉠ 과연 그녀가 제시간에 도착할까?
> ㉡ 저리 잘 안 웃는 아이는 처음이다.
> ㉢ 선물은 필요 없으니까 빨리만 와라.
> ㉣ 과수원의 사과가 정말 맛있게 익었다.
> ㉤ 사무실에서 인쇄 및 복사는 불가능합니다.

① ㉠을 보니, 문장 전체를 꾸며 주는 부사도 있구나.
② ㉡을 보니, 부사는 종류에 따라 일정한 배열 순서를 갖는구나.
③ ㉢을 보니, 부사 뒤에 조사가 결합될 수도 있구나.
④ ㉣을 보니, 부사가 또 다른 부사를 수식할 수도 있구나.
⑤ ㉤을 보니, 부사가 단어와 단어를 이어 주기도 하는구나.

063 ◀ 조사의 특징 ▶
○ 21270-0063

〈보기〉의 ㉠~㉢에서 밑줄 친 조사에 대해 탐구한 내용으로 적절하지 <u>않은</u> 것은?

> ─┤ 보기 ├─
>
> ㉠ 나와 동생<u>은</u> 도서관에 간다.
> ㉡ 구청<u>에서</u> 시민들을 위한 음악회를 개최하였다.
> ㉢ 어머니<u>께서</u> 꿈<u>만큼은</u> 포기할 수 없다고 말씀하셨다.

① ㉠의 '은'은 '동생'이 아니라 '나와 동생'에 결합하는 것으로 볼 수 있군.
② ㉡의 '을'과 '를'은 같은 조사가 앞말의 음운 환경에 따라 다른 형태로 나타난 것이군.
③ ㉢의 '께서'는 앞말에 대한 존대의 의미가 담겨 있군.
④ ㉢의 '만큼은'을 보면 조사와 조사가 연속되어 쓰일 수 있군.
⑤ ㉡의 '에서'와 ㉢의 '께서'는 앞말이 각각 부사어, 주어의 역할을 하도록 하는군.

064 ◀ 품사의 통용 ▶
○ 21270-0064

〈보기〉를 참고할 때, 밑줄 친 말이 서로 다른 품사로 쓰인 예가 <u>아닌</u> 것은?

> ─┤ 보기 ├─
>
> 한 단어의 품사는 반드시 하나로 고정되어 있는 것이 아니다. 어떤 단어가 여러 가지의 문법적 성질을 지닌다면 여러 가지 품사로 쓰일 수 있다. 예를 들어, '서로'라는 단어는 명사로 쓰이기도 하지만 부사로 쓰일 때도 있다.
>
> • 명사로 쓰인 경우: 우리는 <u>서로</u>를 깊이 이해한다.
> • 부사로 쓰인 경우: 우리는 <u>서로</u> 사랑한다.

① ┌ 오늘은 달이 참 <u>밝구나</u>.
　└ 이제야 날이 <u>밝는구나</u>.
② ┌ <u>어두운</u> 방에 들어갔다.
　└ 동현이는 수학에 <u>어둡다</u>.
③ ┌ 네가 나<u>보다</u> 낫구나.
　└ 우리 모두 <u>보다</u> 나은 내일을 만들어 가자.
④ ┌ 네가 반말을 한 것은 큰 <u>잘못</u>이야.
　└ 말을 <u>잘못</u> 전하는 바람에 고생 좀 했어.
⑤ ┌ 죽어도 <u>아니</u> 눈물 흘리오리다.
　└ <u>아니</u>, 세상에 어찌 이런 일이 생길 수 있더냐?

065 새말의 구조

🔊 21270-0065

다음은 외래어에 대한 가상의 순화어이다. 단어 생성 방식에 대한 분석이 적절하지 <u>않은</u> 것은?

	외래어	가상의 순화어	단어 생성 방식
①	다스	묶음	동사의 어간 '묶-'에 명사를 만드는 접미사 '-음'을 결합하여 만든 파생어이다.
②	네티즌	누리꾼	명사 '누리'에 사람을 나타내는 접미사 '-꾼'을 결합하여 만든 파생어이다.
③	모바일	이동통신	명사 '이동'과 명사 '통신'을 결합하여 만든 합성어이다.
④	후크송	맴도는노래	동사의 어간 '맴돌-'의 관형사형과 명사 '노래'를 결합하여 만든 합성어이다.
⑤	스마트폰	똑똑전화	명사 '똑똑'과 명사 '전화'를 결합하여 만든 합성어이다.

066 외래어 표기법의 원리

○ 21270-0066

〈보기〉는 외래어 표기법의 일부이다. 이를 바탕으로 제시된 발음 정보를 탐구한 것으로 적절하지 <u>않은</u> 것은?

→ 보기 ←

제1장 표기의 기본 원칙
　　제1항 외래어는 국어의 현용 24 자모만으로 적는다.
　　제2항 외래어의 1 음운은 원칙적으로 1 기호로 적는다.
　　제3항 받침에는 'ㄱ, ㄴ, ㄹ, ㅁ, ㅂ, ㅅ, ㅇ'만을 쓴다.
　　제4항 파열음 표기에는 된소리를 쓰지 않는 것을 원칙으로 한다.
　　제5항 이미 굳어진 외래어는 관용을 존중하되, 그 범위와 용례는 따로 정한다.

발음 정보	탐구 결과
① 'throw[θrou]'의 [θ]는 국어에 없는 소리이다.	제1항에 따라 [θ]는 현용 24 자모로 바꾸어 쓴다.
② 'fighting[fáitiŋ]'의 [f]는 우리말의 발음 [ㅎ]나 [ㅍ]와 유사하다.	제2항에 따라 'fighting'은 '화이팅'과 '파이팅'으로 모두 적을 수 있다.
③ 'shoot[ʃuːt]'의 [t]는 받침에서 [ㄷ]처럼 소리가 난다.	제3항에 따라 받침은 'ㄷ'으로 쓰지 않고 다른 글자로 바꾸어 쓴다.
④ 'bus[bʌs]'의 [b]는 파열음이다.	제4항에 따라 '뻐스'로 쓰지 않고, '버스'로 표기한다.
⑤ 'camera'는 원음이 '캐머러[kǽmərə]'와 같이 발음되지만, 우리나라에서는 '카메라'로 사용된다.	제5항에 따라 관용을 존중하여 '카메라'로 표기한다.

파열음
공기를 막았다가 터뜨리면서 내는 소리. 'ㅂ', 'ㅃ', 'ㅍ', 'ㄷ', 'ㄸ', 'ㅌ', 'ㄱ', 'ㄲ', 'ㅋ' 등이 있으며 폐쇄음이라고도 한다.

된소리
후두 근육을 긴장하면서 공기가 거의 나오지 않게 소리 내는 자음. 'ㄲ, ㄸ, ㅃ, ㅆ, ㅉ'이 있다. 한자어로는 경음이라고 한다.

067 외래어 표기법의 원칙

○ 21270-0067

〈보기〉의 예로 일반화할 수 있는 외래어 표기 원칙은?

→ 보기 ←

bulb[bʌlb] 벌브　　　　land[lænd] 랜드　　　　zigzag[zigzæg] 지그재그
objet[ɔbʒɛ] 오브제　　　kidnap[kidnæp] 키드냅　　signal[signəl] 시그널

① 어두의 [s]는 '시'로 적는다.
② 어말 또는 자음 앞의 비음은 모두 받침으로 적는다.
③ 일부 어말과 자음 앞의 무성 파열음([p], [t], [k])은 '으'를 붙여 적는다.
④ 어말 또는 자음 앞의 [ʒ]는 '지'로 적고, 모음 앞의 [ʒ]는 'ㅈ'으로 적는다.
⑤ 어말과 모든 자음 앞에 오는 유성 파열음([b], [d], [g])은 '으'를 붙여 적는다.

외래어 표기 원칙
국어의 어문 규정 중 외래어 표기에 적용하는 원칙이 '외래어 표기법'이다.

II 반복 풀이로 (확)잡는 실전 문제

068 〈외래어 표기법〉

⊙ 21270-0068

〈보기〉는 외래어 표기에 관한 '묻고 답하기 게시판'의 일부이다. 답변 중 적절하지 <u>않은</u> 것은?

→ 보기 ←

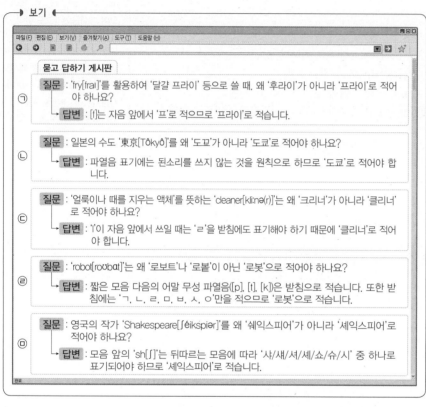

파일(F) 편집(E) 보기(V) 즐겨찾기(A) 도구(T) 도움말(H)

묻고 답하기 게시판

ㄱ
질문 : 'fry[fraɪ]'를 활용하여 '달걀 프라이' 등으로 쓸 때, 왜 '후라이'가 아니라 '프라이'로 적어야 하나요?
답변 : [f]는 자음 앞에서 '프'로 적으므로 '프라이'로 적습니다.

ㄴ
질문 : 일본의 수도 '東京[Tôkyô]'를 왜 '도꾜'가 아니라 '도쿄'로 적어야 하나요?
답변 : 파열음 표기에는 된소리를 쓰지 않는 것을 원칙으로 하므로 '도쿄'로 적어야 합니다.

ㄷ
질문 : '얼룩이나 때를 지우는 액체'를 뜻하는 'cleaner[kliːnə(r)]'는 왜 '크리너'가 아니라 '클리너'로 적어야 하나요?
답변 : 'l'이 자음 앞에서 쓰일 때는 'ㄹ'을 받침에도 표기해야 하기 때문에 '클리너'로 적어야 합니다.

ㄹ
질문 : 'robot[roʊbɑt]'는 왜 '로보트'나 '로봍'이 아닌 '로봇'으로 적어야 하나요?
답변 : 짧은 모음 다음의 어말 무성 파열음([p], [t], [k])은 받침으로 적습니다. 또한 받침에는 'ㄱ, ㄴ, ㄹ, ㅁ, ㅂ, ㅅ, ㅇ'만을 적으므로 '로봇'으로 적습니다.

ㅁ
질문 : 영국의 작가 'Shakespeare[ʃéikspiər]'를 왜 '쉐익스피어'가 아니라 '셰익스피어'로 적어야 하나요?
답변 : 모음 앞의 'sh[ʃ]'는 뒤따르는 모음에 따라 '샤/섀/셔/셰/쇼/슈/시' 중 하나로 표기되어야 하므로 '셰익스피어'로 적습니다.

① ㄱ   ② ㄴ   ③ ㄷ   ④ ㄹ   ⑤ ㅁ

069 · 로마자 표기법의 원리 ·

⊙ 21270-0069

〈보기 1〉을 읽고 〈보기 2〉와 같은 질문을 하였다고 할 때, 이에 대한 답으로 가장 적절한 것은?

→ 보기 1 ←

[로마자 표기법]

제3장 표기상의 유의점

제1항 음운 변화가 일어날 때에는 변화의 결과에 따라 다음 각호와 같이 적는다.

1. 자음 사이에서 동화 작용이 일어나는 경우

   예 백마[뱅마]: Baengma

2. 'ㄴ, ㄹ'이 덧나는 경우

   예 학여울[항녀울]: Hangnyeoul

3. 구개음화가 되는 경우

   예 해돋이[해도지]: haedoji

4. 'ㄱ, ㄷ, ㅂ, ㅈ'이 'ㅎ'과 합하여 거센소리로 소리 나는 경우

   예 좋고[조코]: joko

→ 보기 2 ←

왜 우리말을 한글로 표기할 때는 '해돋이'와 같이 음운 변동이 일어나지 않은 상태로 적는데, 로마자로 적을 때는 'haedoji'와 같이 음운 변동이 일어난 상태로 적는 것일까?

① 로마자 표기법은 한국인이 인명, 지명 등을 쉽게 적을 수 있도록 만들었기 때문에

② 로마자 표기법은 국어의 음운 변동 규칙을 모르는 외국인을 대상으로 한 것이기 때문에

③ 로마자 표기법은 한국의 인명, 지명 등에 익숙하지 않은 외국인을 대상으로 한 것이기 때문에

④ 로마자 표기를 읽는 외국인은 음운 변동이 일어나기 전의 [해도디]와 같은 발음을 할 수 없기 때문에

⑤ 로마자 표기법은 외국인이 국어의 형태소를 알 수 있도록 어법에 맞게 적는 것을 원칙으로 하기 때문에

구개음화

'ㄷ, ㅌ'이 'ㅣ'나 반모음 'j'로 시작하는 문법 형태소와 만날 때, 'ㅈ, ㅊ'으로 바뀌는 현상

II 반복 풀이로 (확) 잡는 실전 문제

070 로마자 표기법
○ 21270-0070

〈보기〉는 우리나라 지명의 로마자 표기를 제시한 것이다. 다른 지명의 로마자 표기를 참조하여 ㉠, ㉡에 들어갈 표기를 바르게 제시한 것은?

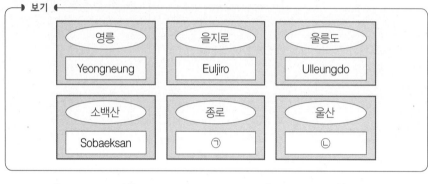

보기

영릉	을지로	울릉도
Yeongneung	Euljiro	Ulleungdo

소백산	종로	울산
Sobaeksan	㉠	㉡

	㉠	㉡		㉠	㉡
①	Jongro	Ulsan	②	Jongro	Ulssan
③	Jonglo	Ullsan	④	Jongno	Ulsan
⑤	Jongno	Ulssan			

071 로마자 표기법
○ 21270-0071

로마자 표기법의 주요 내용을 정리한 〈보기〉를 참조할 때, 로마자 표기가 적절하지 않은 것은?

보기

• 'ㄱ, ㄷ, ㅂ'은 모음 앞에서는 'g, d, b'로, 자음 앞이나 어말에서는 'k, t, p'로 적는다.
• 'ㄹ'은 모음 앞에서는 'r'로, 자음 앞이나 어말에서는 'l'로 적는다. 단, 'ㄹㄹ'은 'll'로 적는다.
• 자음 동화나 구개음화가 일어날 경우에는 로마자 표기에 반영한다. 단, 된소리되기는 표기에 반영하지 않는다.
• 'ㄱ, ㄷ, ㅂ, ㅈ'이 'ㅎ'과 합하여 거센소리로 소리 나는 경우에는 로마자 표기에 반영한다. 다만, 체언에서 'ㄱ, ㄷ, ㅂ' 뒤에 'ㅎ'이 따를 때에는 'ㅎ'을 밝혀 적는다.

① [가곡]으로 발음되는 '가곡'은 'gagok'로 적는다.
② [길똥]으로 발음되는 '길동'은 'Gilddong'로 적는다.
③ [무코]로 발음되는 지명 '묵호'는 'Mukho'로 적는다.
④ [가치]로 발음되는 '같이'는 'gachi'로 적는다.
⑤ [날:로]로 발음되는 '난로'는 'nallo'로 적는다.

EBS 국어 문법의 원리 **수능 국어 문법 180제**

Ⅲ

문장의 구조, 문법 요소

072

○ 21270-0072

〈보기〉의 ㉠~㉤에 대한 이해로 적절하지 <u>않은</u> 것은?

관련 기출▶ 2007학년도 대수능 9월 모의평가

> ● 보기 ●
>
> ㉠ 아이가 작은 침대에서 쌔쌕 잔다.
> ㉡ 철수는 친구의 딸을 며느리로 삼았다.
> ㉢ 민수가 도서관에서 점심을 대충 때웠다.
> ㉣ 아이들이 운동장에서 마음껏 뛰어놀았다.
> ㉤ 동네 아이들은 정류장에서 막차를 기다렸다.

① ㉠에서 서술어 '자다'가 필수적으로 요구하는 문장 성분은 1개이다.
② ㉡에서 서술어 '삼다'가 필수적으로 요구하는 문장 성분은 2개이다.
③ ㉢에서 서술어 '때우다'가 필수적으로 요구하는 문장 성분은 2개이다.
④ ㉣에서 서술어 '뛰어놀다'가 필수적으로 요구하는 문장 성분은 1개이다.
⑤ ㉤에서 서술어 '기다리다'가 필수적으로 요구하는 문장 성분은 2개이다.

14 문장에서 일부 문장 성분들을 생략하거나 보충하는 활동을 통해 '필요한 문장 성분'에 대해 탐구해 보았다. 〈보기〉를 바탕으로 판단한 내용으로 적절하지 <u>않은</u> 것은?

> ● 보기 ●
>
> ㄱ. 아이가 작은 침대에서 예쁘게 잔다.
> ㄴ. 학생들이 식당에서 점심을 먹는다.
> ㄷ. 그 아이는 예쁘게 생겼다.
> ㄹ. 작은 것이 아름답다.
> ㅁ. 우리도 언제 개통될지 모른다.

① ㄱ에는 문장 성분이 여러 개 있지만 필수적인 것은 주어와 서술어야.
② ㄴ에서 필수적인 문장 성분은 네 개야.
③ ㄷ을 보면 부사어도 필수적인 문장 성분이 될 수 있어.
④ 관형어는 일반적으로 생략될 수 있지만 ㄹ처럼 필수적인 경우도 있어.
⑤ ㅁ에는 필수적인 문장 성분이 빠졌으니 서술어 '개통되다'의 주어를 보충해야 해.

답 ②

073

◎ 21270-0073

〈보기〉를 바탕으로 다음 예문을 분석한 것으로 적절하지 않은 것은?

→ 보기 ←

　문장 성분들이 서로 짝을 이루어야 어법에 맞게 되는 경우가 있는데, 대체로 다음과 같이 나눌 수 있다.

- 주어와 서술어의 호응
- 목적어와 서술어의 호응
- 부사어와 서술어의 호응

　이상에서 각각의 문장 성분이 부당하게 생략되거나 잘못 쓰이면 호응이 이루어지지 않고 비문법적인 문장이 된다.

	예문	분석
①	어떠한 약속이든 결코 지킨다.	부사어 '결코'와 서술어 '지킨다'가 호응하지 않는다.
②	장기 자랑에서 노래나 춤을 추자.	목적어 '노래나'와 서술어 '추자'가 호응하지 않는다.
③	원서는 본관 1층 로비에서 원서를 교부합니다.	'원서는'과 서술어 '교부합니다'가 호응하지 않는다.
④	사람은 모름지기 자신의 일에 최선을 다해야 한다.	부사어 '모름지기'와 서술어 '다해야 한다'가 호응하지 않는다.
⑤	로마자를 입력하는 방법은 자판의 '한/영' 버튼을 누릅니다.	주어 '로마자를 입력하는 방법은'과 서술어 '누릅니다'가 호응하지 않는다.

64 학급 누리집에 게시된 글들 중에서 〈보기〉의 사례를 찾아본 것으로 적절하지 않은 것은?

→ 보기 ←

　문장을 이루는 요소를 문장 성분이라고 하는데, 문장 성분을 제대로 갖추지 않으면 어법에 어긋난 문장이 된다. 대표적으로 ㉠서술어가 부적절하게 생략된 경우, ㉡서술어와 호응하는 문장 성분이 부적절하게 생략된 경우, ㉢불필요한 문장 성분이 사용된 경우, ㉣주어와 서술어가 호응하지 않는 경우, ㉤부사어와 서술어가 호응하지 않는 경우 등을 들 수 있다.

① ㉠: 나는 수학을, 내 짝은 국어를 좋아한다.
② ㉡: 우리는 가끔 가까운 친구를 실망시키기도 하고, 또 실망하기도 한다.
③ ㉢: 나는 오늘 체육 대회에서 우리 반의 참된 진가를 발견했다.
④ ㉣: 내가 정말 하고 싶은 말은 수업 시간만이라도 좀 조용히 공부하자.
⑤ ㉤: 얘들아, 이번 체육 대회에서 반드시 2반에게 지면 안 된다는 거 알지?

답 ①

074

◎ 21270-0074

〈보기〉는 부사어의 특성을 정리한 것이다. 이를 바탕으로 ㉠~㉤에 쓰인 '부사어'에 대해 탐구한 내용으로 적절하지 <u>않은</u> 것은?

▶ 보기 ◀

부사어	• 주로 용언의 내용을 한정하는 문장 성분
부사어의 형성	• 부사 → 부사어 • 체언＋부사격 조사 → 부사어 • 구, 절 → 부사어
부사어의 역할	• 서술어 수식 • 관형어나 다른 부사어 수식 • 문장 전체 수식
부사어의 종류	• 문장에서 반드시 필요로 하는 필수적 부사어와 그렇지 않은 수의적 부사어 • 특정 성분을 꾸미는 성분 부사어와 문장 전체를 꾸미는 문장 부사어

㉠ 방 안은 연기로 가득 차 있었다.
㉡ 매우 헌 책인데도 아주 잘 읽힌다.
㉢ 형은 학교에서 친구에게 돈을 빌렸다.
㉣ 그는 나와는 다르게 운동하기를 좋아한다.
㉤ 다행히 동생은 나보다 먼저 집에 도착했다.

① ㉠의 '가득'은 부사가, '연기로'는 체언에 부사격 조사가 결합하여 부사어로 쓰인 것이다.
② ㉡의 '매우'는 관형어를 수식하는, '아주'는 다른 부사어를 수식하는 부사어이다.
③ ㉢의 '친구에게'는 수의적 부사어이고, '학교에서'는 필수적 부사어이다.
④ ㉣의 '나와는 다르게'라는 절은 서술어를 수식하는 부사어이다.
⑤ ㉤의 '먼저'는 성분 부사어이고, '다행히'는 문장 부사어이다.

관련 기출▶ 2015 EBS 인터넷수능 A형

13 〈보기〉에 근거하여 제시된 자료를 설명한 내용으로 **잘못된** 것은?

▶ 보기 ◀

• 부사어의 개념
  – 용언의 내용을 한정하는 문장 성분
  – 부사와 부사의 구실을 하는 단어·어절·관용어, 그리고 체언에 부사격 조사가 붙은 말, 어미 '-게'가 붙은 형용사 따위가 있음.
• 부사어의 역할
  – 서술어, 관형어, 다른 부사어, 문장 전체 등을 수식
• 부사어의 종류
  – 서술어에 따라 문장에서 반드시 필요로 하는 '필수적 부사어'와 그렇지 않은 '수의적 부사어'
  – 문장 속의 특정한 성분을 꾸미는 '성분 부사어'와 문장 전체를 꾸며 주는 '문장 부사어'

ㄱ. 확실히 농구는 학생에게 아주 잘 어울리는 매우 좋은 운동이다.
ㄴ. 나는 아주 가깝게 지내는 친구들과 농구를 하는 것을 매우 좋아한다.

① ㄱ의 '매우'는 관형어를, ㄴ의 '매우'는 서술어를 수식한다.
② ㄱ의 '학생에게'와 ㄴ의 '친구들과'는 모두 수의적 부사어에 해당한다.
③ ㄱ의 '잘'은 부사가, ㄴ의 '가깝게'는 형용사의 부사형이 부사어 역할을 한다.
④ ㄱ의 '아주 잘'과 ㄴ의 '아주 가깝게'는 모두 부사어의 구실을 하는 구이다.
⑤ ㄱ의 '확실히'는 문장 부사어, ㄴ의 '매우'는 성분 부사어에 해당한다.

정답 ②

075

◐ 21270-0075

〈보기〉는 겹문장의 구조를 도식화한 것이다. 이에 대한 설명으로 적절하지 <u>않은</u> 것은?

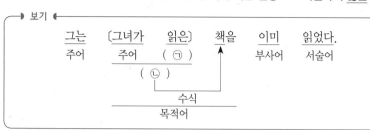

① 전체 문장의 주어는 '그는'이다.
② ㉠에 해당하는 문장 성분은 '서술어'이다.
③ ㉡에 해당하는 문장 성분은 '관형어'이다.
④ '그녀가 읽은'에는 부사어가 생략되어 있다.
⑤ '그녀가 읽은'은 관형사절로 '책'을 수식한다.

076

◐ 21270-0076

〈보기〉의 밑줄 친 내용에 해당하는 문장은?

> **보기**
>
> 인용 발화란 어떤 사람이나 매체로부터 직접적 혹은 간접적으로 듣거나 접한 말을 남에게 전달하는 말이다. 일반적으로 인용 발화는 특수한 형식을 취하고 있어서 일반 발화와 구별되지만, 간혹 <u>같은 형식이 일반 발화와 인용 발화 모두로 해석되는 경우</u>도 있다.

① 집에 좀 더 있다가 나간대.
② 이제 아침에 일찍 일어날 거래.
③ 수진이가 내일부터 열심히 공부한다네.
④ 감기에 걸려서 어제부터 잘 자지 못했대.
⑤ 우리 학교에서 동현이가 달리기를 제일 잘한단다.

077

○ 21270-0077

〈보기 1〉의 (가)와 (나)에 해당되는 문장을 〈보기 2〉에서 찾아 바르게 짝지은 것은?

▸보기 1◂

　관형사절은 문장에 안겨 관형어 역할을 하는 절을 말한다. 관형사절은 관형사형 어미 '-(으)ㄴ, -는, -(으)ㄹ, -던'에 의해 만들어진다. 관형사절을 가진 안은문장에서 관형사절에 있는 성분이 안은문장에도 있을 경우에는 안긴절의 문장 성분이 생략되는데, 주어가 생략되는 경우와 목적어가 생략되는 경우가 있다.

(가) 주어의 생략

　예 형이 나를 아껴줬다. + 형이 사라졌다.

　　→ 나를 아껴주던 형이 사라졌다.

(나) 목적어의 생략

　예 형이 빵을 먹었다. + 빵을 내가 샀다.

　　→ 형이 먹은 빵은 내가 산 빵이다.

▸보기 2◂

㉠ 학교로 가는 버스가 왔다.
㉡ 철수는 연주가 읽은 책을 빌렸다.
㉢ 도현이는 엄마가 준 용돈을 다 썼다.
㉣ 결혼을 한 누나가 올 초에 아이를 가졌다.
㉤ 이순신 장군이 만든 거북선을 실물 크기의 모형으로 만들었다.

	(가)	(나)
①	㉠, ㉡	㉢, ㉣, ㉤
②	㉠, ㉣	㉡, ㉢, ㉤
③	㉠, ㉡, ㉢	㉣, ㉤
④	㉠, ㉡, ㉤	㉢, ㉣
⑤	㉡, ㉣, ㉤	㉠, ㉢

관련 기출▶ 2015 EBS 인터넷수능 A형

05 〈보기〉의 ㉠에 해당하는 사례로 가장 적절한 것은?

▸보기◂

　한 문장이 관형사절로 다른 문장에 안길 때 원래 있었던 주어나 ㉠원래 있었던 목적어가 생략되는 경우가 있다.

예 • 주어의 생략
　　여자가 청바지를 입었다.
　　+ 여자가 우리 누나이다.
　　→ 청바지를 입은 여자가 우리 누나이다.
• 목적어의 생략
　　내가 책을 읽었다.
　　+ 도엽이는 책을 가져갔다.
　　→ 도엽이는 내가 읽은 책을 가져갔다.

① 나는 학교에 가는 그를 보았다.
② 나는 그가 그린 그림을 보게 되었다.
③ 그는 대학생이 된 동생과 여행을 했다.
④ 그는 이 영화를 촬영한 감독을 만났다.
⑤ 그는 시험에 낙방한 은혁이에게 위로의 말을 전했다.

답 ②

078

○ 21270-0078

〈보기〉의 설명에 따라 ㉠~㉤의 밑줄 친 문장을 분류한 것으로 적절한 것은?

→ 보기 ←

의문문은 그 성격에 따라 크게 판정 의문문, 설명 의문문, 수사 의문문으로 나눌 수 있다. 먼저 판정 의문문은 화자의 질문에 대해 그렇거나 그렇지 않다는 대답을 요구하는 의문문이다. 다음으로 설명 의문문은 의문사를 사용하여 그 의문사가 가리키는 부분에 대한 설명을 요구하는 의문문이다. 마지막으로 수사 의문문은 의문문 형식으로 되어 있으나 청자의 답변을 요구하지 않고 감탄, 강한 긍정 등을 나타내는 의문문이다.

- ┌ A: ㉠너 밥 먹었어?
  └ B: 아니, 아직 안 먹었어.
- ┌ A: ㉡왜 그렇게 화가 났어?
  └ B: 나도 몰라.
- ┌ A: ㉢이 아이가 네 동생이니?
  └ B: 네, 제 막냇동생이에요.
- ┌ A: ㉣누가 이 가게의 주인입니까?
  └ B: 저희 어머니가 경영하고 계십니다.
- ┌ A: ㉤그렇게만 되면 얼마나 좋을까?
  └ B: 그러게나 말입니다.

	판정 의문문	설명 의문문	수사 의문문
①	㉠, ㉡	㉢	㉣, ㉤
②	㉠, ㉡	㉢, ㉣	㉤
③	㉠, ㉢	㉡, ㉣	㉤
④	㉠, ㉢	㉡	㉣, ㉤
⑤	㉡, ㉣	㉠, ㉢	㉤

관련 기출▶ 2015 EBS 인터넷수능
문법다지기 B형

01 〈보기〉의 (가), (나)는 문장의 구조를 분석한 것이다. 적절하지 <u>않은</u> 설명은?

→ 보기 ←

의문문은 말하는 이가 말을 듣는 상대에게 문장의 내용에 대해 질문하고, 그 대답을 요구하는 문장 종결 방식이다. 의문문에는 설명 의문문, 판정 의문문, 수사 의문문 등이 있다.

ㄱ. 철수가 언제 집에 왔니?
ㄴ. 사람들은 왜 집에 갔느냐?
ㄷ. 그 물건을 당신들이 만들었습니까?
ㄹ. 너한테 장난감 하나 못 사 줄까?
ㅁ. 그렇게만 된다면 얼마나 좋을까요?

① ㄱ과 ㄴ은 청자에게 일정한 설명을 요구한다는 점에서 공통점을 지녔구나.
② ㄷ을 보니, 의문사 없이 단순히 긍정이나 부정의 대답을 요구하는 의문문도 있구나.
③ ㄹ을 보니, 의문문 중에는 청자의 대답을 요구하지 않는 경우도 있구나.
④ ㄹ과 ㅁ을 보니, 의문문이 명령이나 감탄의 의미를 지니기도 하는구나.
⑤ ㅁ을 보니, 보조사 '요'를 생략해도 문장이 성립하는구나.

답 ④

079

◎ 21270-0079

〈보기〉는 국어의 다양한 종결 어미의 의미를 탐구하기 위해 수집한 자료이다. ㉠~㉢에 대한 이해로 적절하지 <u>않은</u> 것은?

> 보기 ◀

㉠ 이 돈은 꼭 갚<u>으마</u>.
㉡ 그러다가 또 다칠<u>라</u>.
㉢ 몹시도 만나고 싶<u>어라</u>.

① ㉠은 종결 어미 '-으마'를 사용하여 상대편에게 약속하는 뜻을 나타내고 있어.

② ㉡은 종결 어미 '-ㄹ라'를 사용하여 혹 그렇게 될까 봐 염려됨을 나타내고 있어.

③ ㉡의 종결 어미가 사용된 문장으로 '시간이 늦었으니 집에 빨리 돌아가라.'를 들 수 있어.

④ ㉢은 종결 어미 '-어라'를 사용하여 감탄의 뜻을 나타내고 있어.

⑤ ㉢의 종결 어미가 사용된 문장으로 '아아, 딱하고 가엾어라.'를 들 수 있어.

관련 기출▶ 2015 EBS 인터넷수능
문법다지기 B형

02 수업 시간에 〈보기〉의 자료를 바탕으로 '문장의 종결 표현'에 대해 알아보았다. 탐구 결과로 적절하지 <u>않은</u> 것은?

> 보기 ◀

1-가. 오늘 오후에 시간이 있으세요?
　나. 너한테 그깟 책 한 권 못 사 줄까?
2-가. 날씨가 추울 테니 옷을 많이 입어라.
　나. 삼천리강산에, 아아, 우리들은 살았어라.
3-가. 얘야, 넘어질라.
　나. 자, 우리 함께 집에 가자.

① '1-가'는 단순히 긍정이나 부정의 대답을 요구하는 문장이구나.

② '1-나'는 답변을 요구하지 않고 강한 긍정을 내포하고 있는 문장이구나.

③ '2-가'는 말하는 이가 듣는 이에게 어떤 행동을 하도록 강하게 요구하는 문장이구나.

④ '2-나'에 쓰인 종결 어미 '-어라'는 명령의 의미가 아니라 감탄의 의미를 나타내는구나.

⑤ '3-가'와 '3-나'에서 문장의 주어는 듣는 이가 되고, 서술어로는 동사만 올 수 있구나.

답 ⑤

080

◎ 21270-0080

관련 기출▶ 2014학년도 대수능 A/B형

〈보기〉의 ㉠~㉣이 쓰인 문장으로 적절하지 <u>않은</u> 것은?

▶ 보기 ◀

　어미나 조사가 아닌 어휘를 통해서도 우리말 높임법을 실현할 수 있다. 높임 표현에 사용되는 어휘들은 크게 다음과 같이 나눌 수 있다.

㉠ 주체를 높이는 용언(예 주무시다)
㉡ 객체를 높이는 용언(예 모시다)
㉢ 높임의 대상을 직접 높이는 체언(예 사장님)
㉣ 높임의 대상과 관련된 것을 높이는 체언(예 댁)

① ㉠, ㉢이 모두 쓰인 문장: 선생님께서 아직까지 교무실에 계신다.
② ㉠, ㉣이 모두 쓰인 문장: 어머니께 선물을 드리자 아무 말씀이 없으셨다.
③ ㉡, ㉢이 모두 쓰인 문장: 형은 사무실로 가서 그분을 직접 찾아뵈었다.
④ ㉡, ㉣이 모두 쓰인 문장: 누나는 할머니께 연세를 여쭈어 보았다.
⑤ ㉢, ㉣이 모두 쓰인 문장: 나는 부모님의 성함을 한자로 적을 줄 안다.

15 〈보기〉의 ㉠, ㉡이 모두 사용된 문장은?

▶ 보기 ◀

　우리말에서는 일반적으로 선어말 어미나 종결 어미, 조사 등을 통해 높임을 표현하지만, **어휘를 통해 높임을 표현하는 경우**도 있다. 높임 표현에 쓰이는 어휘들은 다음과 같이 분류할 수 있다.

• 주체를 높이는 용언(예 계시다) ……… ㉠
• 객체를 높이는 용언(예 드리다)
• 높여야 할 인물을 직접 높이는 명사 (예 선생님)
• 높여야 할 인물과 관련된 것을 높이는 명사(예 진지) ………… ㉡

① 나는 아직 그분의 성함을 기억하고 있다.
② 누나는 여쭐 것이 있다며 할머니 댁에 갔다.
③ 연세가 많으신 할머니께서는 홍시를 잘 잡수신다.
④ 우리는 부모님을 모시고 바닷가로 여행을 떠났다.
⑤ 어머니께서는 몹시 피곤하셨는지 거실에서 주무신다.

답 ③

081

○ 21270-0081

〈보기〉는 상대 높임법과 관련한 학습지의 일부이다. 이에 대한 이해로 적절하지 <u>않은</u> 것은?

▶ 보기 ◀

높임의 등분		높임의 정도
격식체	하십시오체	청자를 가장 높여 대접함.
	하오체	자기와 비슷한 사람을 존중함. '하게체'보다 좀 더 상대방을 높이 대우하면서 말하거나 격식적 예의를 지키며 말함.
	하게체	자기와 비슷하거나 자기보다 낮은 사람을 존중하며 대우해 줌.
	해라체	자기와 비슷하거나 자기보다 낮은 사람을 확실히 낮추어 말함.
비격식체	해요체	상대를 두루 높임. 비격식적 상황에서 친밀감을 나타냄.
	해체(반말)	상대를 두루 낮춤. 비격식적 상황에서 친밀감을 나타냄.

① '이쪽으로 가십시오.'라고 했을 경우 공식적인 자리일 가능성이 높겠어.

② '이쪽으로 가라.'라고 했을 경우 화자는 청자를 낮추는 뜻을 분명히 드러낸 것으로 볼 수 있어.

③ 장인이 사위에게 '이쪽으로 가게.'라고 말했다면, 사위를 존중하여 대우해 준 것으로 볼 수 있어.

④ '이쪽으로 가십시오.'가 '이쪽으로 가요.'보다 청자를 더 높이면서 친밀하게 대하는 것으로 볼 수 있어.

⑤ 부부간에 '이쪽으로 가오.'라고 하지 않고 '이쪽으로 가요.'라고 한다면 서로 격식을 차리지 않는 것으로 볼 수 있어.

관련 기출 ▶ 2015 EBS 수능 만점마무리 봉투형 모의고사 B형

15 〈보기〉는 상대 높임 표현에 대한 설명이다. 이에 대한 이해로 적절하지 <u>않은</u> 것은?

▶ 보기 ◀

국어에서 말하는 이와 듣는 이의 높임 관계는 주로 종결 어미에 의해 표현되는데, 이를 '상대 높임' 표현이라 한다. 먼저 격식체를 높은 등급 순으로 살펴보면 '하십시오체'는 듣는 이를 가장 높여 대접하는 방식이다. '하오체'는 아랫사람이나 친구를 높여 대접하는 방식이다. '하게체'는 아랫사람이나 친구를 어느 정도 대접해 줄 때 쓰인다. '해라체'는 듣는 이를 높이지 않을 때 쓴다. 격식체가 의례적인데 반해 비격식체는 격식을 덜 차림으로써 친근감을 줄 수 있다. '해요체'는 듣는 이를 윗사람으로 대접하여 높이는 방식으로 가장 많이 쓰이고, '해체'는 '해라체'와 거의 같은 등급인데 '해라체'보다 덜 권위적이고 더 친밀한 느낌을 준다.

① '여기를 보아라.'라고 했을 경우 청자는 화자보다 낮은 상대겠군.

② '여기를 보십시오.'라고 했을 경우 공식적인 자리일 가능성이 높겠군.

③ '여기를 보게.'라고 했을 경우 화자는 청자를 어느 정도 예우하고 있는 것이로군.

④ '여기를 봐라.'라고 하는 것보다 '여기를 봐.'라고 하는 경우에 청자는 더 친밀감을 느끼겠군.

⑤ '여기를 보오.'라고 했을 경우 화자는 청자를 자신보다 윗사람으로 인식하여 높여 대접하는 것이군.

답 ⑤

O82

◎ 21270-0082

다음 문장에 쓰인 시간 표현에 대해 탐구한 내용으로 적절하지 <u>않은</u> 것은?

①	형은 중학교 때까지만 해도 모범생이었었다.	'-었었-'은 과거의 상황이 현재와 단절되어 있음을 나타낼 때에 쓰이는군.
②	우리 반은 다음 달에 제주도로 수학여행을 간다.	'다음 달에'와 함께 쓰인 것을 보아 '-ㄴ-'이 미래 사건을 표현할 때에 쓰이기도 하는군.
③	아까 출발한 아버지께서는 벌써 집에 가셨겠구나.	'-었-'과 함께 쓰인 것을 보아 '-겠-'이 가까운 과거를 나타낼 때에 쓰이기도 하는군.
④	나는 어제 이곳에서 고향으로 돌아온 친구를 만났다.	친구가 고향으로 돌아온 상황과 내가 친구를 만난 상황은 모두 발화시 이전에 일어난 것이군.
⑤	아직도 할 일이 이렇게 많으니 오늘 잠은 다 잤구나.	'-았-'을 통해 앞으로의 상황을 이미 정해진 사실인 것처럼 표현하고 있군.

관련 기출▶ 2014 EBS N제 A형

23 〈보기〉의 ㄱ~ㅁ에 대한 설명으로 적절하지 <u>않은</u> 것은?

→ 보기 ◀

ㄱ. 우리는 내일 가족 여행을 <u>간다</u>.
ㄴ. 날씨가 이렇게 안 좋으니 이번 농사는 다 <u>지었다</u>.
ㄷ. 철수는 이미 밥을 <u>먹었겠구나</u>.
ㄹ. 지금은 손님이 없지만 작년만 해도 이 식당엔 손님들이 장사진을 <u>쳤었다</u>.
ㅁ. 나는 어제 이 가게로 들어가는 사람을 <u>보았다</u>.

① ㄱ: '내일'이라는 시간 부사가 사용되었음을 고려할 때, '-ㄴ-'이 미래의 사건을 나타낼 때에도 쓰이는군.
② ㄴ: '-었-'은 발화시에서 볼 때 미래의 일을 이미 정해진 사실인 것처럼 표현하는 기능을 하고 있군.
③ ㄷ: '-었-'은 '-겠-'과 함께 사용된 것으로 보아 과거의 사건과 관련되는 것으로 볼 수 없겠군.
④ ㄹ: '쳤었다'는 '치었었다'의 줄임말로 '-었었-'은 작년의 일이 현재와 단절되어 있음을 나타내고 있군.
⑤ ㅁ: 사람이 가게로 들어가는 행위와 '나'가 그것을 본 행위는 모두 발화시 이전에 일어난 것이군.

답 ③

083

○ 21270-0083

〈보기〉를 참고할 때, ㉠~㉤에 들어갈 예문으로 적절하지 <u>않은</u> 것은?

→ 보기 ←

마르다 ① 물기가 다 날아가서 없어지다.
② 살이 빠져 야위다.
③ 돈이나 물건 따위가 다 쓰여 없어지다.

말다 ① 넓적한 물건을 돌돌 감아 원통형으로 겹치게 하다.
② 종이나 김 따위의 얇고 넓적한 물건에 내용물을 넣고 돌돌 감아 싸다.

말리다	'마르다 ①'의 사동	㉠
	'마르다 ②'의 사동	㉡
	'마르다 ③'의 사동	㉢
	'말다 ①'의 피동	㉣
	'말다 ②'의 피동	㉤

① ㉠: 누나는 비에 젖은 옷을 다리미로 급하게 말려 입었다.
② ㉡: 취객과의 잦은 상대는 사람을 바짝 말리는 일이다.
③ ㉢: 형은 그들의 술수에 말려서 재산을 모두 탕진했다.
④ ㉣: 부주의하게 앉으면 치마가 말려 올라가고는 한다.
⑤ ㉤: 나는 신문지에 말린 물건이 무엇인지 궁금했다.

관련 기출▶ 2011학년도 대수능 6월 모의평가

11 〈보기〉를 참고하여 작성한 ㉮~㉺의 예문 으로 알맞은 것은?

→ 보기 ←

부르다¹ 图 ① 말이나 행동으로 다른 사 람의 주의를 끌거나 오라 고 하다.
② 무엇이라고 가리켜 말하 거나 이름을 붙이다.
부르다² 图 먹은 것이 많아 속이 꽉 찬 느 낌이 들다.
붇다¹ 图 물에 젖어 부피가 커지다.
붇다² 图 분량이나 수효가 많아지다.

㉮ '부르다¹①' 의 피동	㉺ '붇다²'의 사동
	불리다
㉯ '부르다¹②' 의 피동	㉸ '붇다¹'의 사동
	㉱ '부르다²'의 사동

① ㉮: 그는 많은 사람들에게 천재라고 불렸다.
② ㉯: 반장이 가장 먼저 불려 갔다.
③ ㉱: 주먹밥 하나로 아이들의 주린 배 를 불릴 수는 없었다.
④ ㉸: 그는 요즘 재산을 불리는 재미에 빠져 있다.
⑤ ㉺: 메주를 쑤려면 콩을 물에 불려야 한다.

🔲 ③

084

◉ 21270-0084

〈보기 1〉의 (가)~(라)에 해당하는 사례를 〈보기 2〉의 ㉠~㉣에서 찾아 바르게 연결한 것은?

▶ 보기 1 ◀

　부정문은 그 쓰임에 따라 '안' 부정문과 '못' 부정문으로 나눌 수 있다. 일반적으로 '안' 부정문, '못' 부정문이 쓰이는 경우는 아래와 같다.

　(가) 어떤 동작이 일어나지 않는 것이 주어의 의지에 의할 때
　(나) 단순한 부정으로서 어떤 상태가 그렇지 않을 때
　(다) 주어의 능력이 부족할 때
　(라) 다른 상황 때문에 일이 일어나지 못할 때

▶ 보기 2 ◀

가람: 어제까지는 비 오더니 오늘은 비가 ㉠안 오네.
수진: 밖에서 농구할까?
가람: 음. 사실은 수학 숙제가 있어.
수진: 그럼 숙제부터 해. 난 숙제 매번 열심히 하는데도 방정식을 잘 ㉡못 풀어서 속상해. 저번에 팔 다쳐서 한동안 문제를 ㉢못 풀어서 그런지 수학이 어렵네.
가람: 그랬구나. 숙제하기 싫어서 여태 ㉣안 풀었더니 막상 마음이 불편하네. 지금 할게.

	(가)	(나)	(다)	(라)
①	㉠	㉢	㉡	㉣
②	㉠	㉣	㉡	㉢
③	㉣	㉠	㉡	㉢
④	㉣	㉡	㉢	㉠
⑤	㉣	㉡	㉠	㉢

관련 기출▶ 2016 수능특강 화법·작문·문법

04 〈보기 1〉의 ㉠, ㉡에 해당하는 사례를 〈보기 2〉에서 찾아 바르게 묶은 것은?

▶ 보기 1 ◀

　부정문은 '안' 부정문과 '못' 부정문으로 나눌 수 있다. 일반적으로 '안' 부정문은 주체의 의지를 부정할 때 사용하지만, ㉠단순한 부정을 나타낼 때도 사용된다. 한편, '못' 부정문은 주체의 능력이 부족할 때나 ㉡상황이 여의치 못해 어떤 행위를 할 수 없을 때 사용된다.

▶ 보기 2 ◀

혜수: 나 오늘 피아노 학원 @안 가.
지민: 왜? 벌써 싫증 났어?
혜수: 아니. 피아노 선생님이 아프셔서 오늘은 수업이 없대. 그래서 가고 싶은데도 ⓑ못 가는 거야.
지민: 그렇구나. 난 네가 피아노 치기 싫어서 일부러 ⓒ안 가려는 줄 알았지.
혜수: 그럴 리가 없지. 내가 피아노를 아직 잘 ⓓ못 치는데 더 열심히 해야지.
지민: 나는 생각만큼 잘 ⓔ못 쳐서 그만뒀는데, 다시 배워 볼까?

	㉠	㉡
①	@	ⓑ
②	@	ⓓ
③	@	ⓔ
④	ⓒ	ⓑ
⑤	ⓒ	ⓔ

답 ①

III 반복 풀이로 (확) 잡는 실전 문제

085 필수적 문장 성분
◐ 21270-0085

㉠에 해당하는 문장을 올바르게 짝지은 것은?

> ㉠형태가 동일한 서술어라도 문맥에 따라 필수적으로 요구하는 문장 성분이 다를 수 있다. 예를 들어, '그가 학교에 왔다.'의 서술어 '왔다'는 주어와 부사어를 필수적으로 요구하지만, '눈이 왔다.'의 서술어 '왔다'는 주어만을 필수적으로 요구한다.

① ┌ 담벼락에 금이 갔다.
　 └ 그녀의 옷에 주름이 갔다.

② ┌ 버스에 사람이 가득 찼다.
　 └ 그 강좌의 정원이 다 찼다.

③ ┌ 마당의 닭들이 모이를 쪼아 먹었다.
　 └ 새해부터는 운동을 하기로 마음을 먹었다.

④ ┌ 그의 얼굴에 깊은 흉터가 생겼다.
　 └ 역 주변에 새로운 가게가 생겼다.

⑤ ┌ 형은 이번 일로 큰 손해를 입었다.
　 └ 형은 이번에도 낡은 양복을 입었다.

086 · 필수적 문장 성분 ·

○ 21270-0086

〈보기〉를 참고할 때, 밑줄 친 서술어의 문형 정보로 적절하지 <u>않은</u> 것은?

> **보기**
>
> 사전은 서술어의 필수적 문장 성분을 문형 정보의 형태로 제공하고 있다. 문형 정보를 추출하는 과정을 서술어 '내리다'의 예로 제시하면 다음과 같다.
>
> ['내리다'의 문형 정보 추출 과정]
>
> | 예문 | • 우리는 서울역에 얼른 <u>내렸다</u>.
• 비행기가 활주로에 천천히 <u>내린다</u>. |
>
> ↓
>
> | 문장 성분
분석 | • 주어: 우리는, 비행기가
• 부사어: 서울역에, 얼른, 활주로에, 천천히 |
>
> ↓
>
> | 필수적
문장 성분 분석 | • 주어: 우리는, 비행기가
• 필수적 부사어: 서울역에, 활주로에 |
>
> ↓ ← 주어 제외
>
> | 문형 정보 | 【…에】 |

	예문		문형 정보
①	• 영업부로 가든지 말든지 결정해라. • 이번 인사 발령으로 총무 팀으로 <u>가게</u> 되었다.	→	【…으로】
②	• 친구와의 약속은 금과 <u>같은</u> 거야. • 아기 피부가 어찌나 부드러운지 솜털과도 <u>같네</u>.	→	【…과】
③	• 지후의 의견에 우리부터 나서서 <u>찬성하면</u> 어떨까? • 운동장을 아침부터 개방하는 것에 <u>찬성합니다</u>.	→	【…부터】
④	• 배고픈데 밥이 없으니 우유나 <u>마시자</u>. • 여유 있는 삶을 위해 차를 <u>마시는</u> 것은 필수이다.	→	【…을】
⑤	• 세민이는 깃발을 산 정상에 제일 먼저 <u>꽂았다</u>. • 옛날 여인들은 틀어 올린 머리에 비녀를 <u>꽂아</u> 기혼자임을 표시했다.	→	【…을 …에】

087 (문장 성분)

◉ 21270-0087

〈보기〉의 ㄱ~ㅁ의 문장 성분을 분석한 내용으로 적절하지 <u>않은</u> 것은?

> 보기 ◂

ㄱ. 서쪽 하늘을 보았다.
ㄴ. 지후는 벽의 시계만 본다.
ㄷ. 시곗바늘이 흐리게 보인다.
ㄹ. 지안이도 오뚝이를 계속 본다.
ㅁ. 지원이가 오늘따라 예쁘게 보인다.

① ㄱ의 주어는 ㄴ~ㅁ과 달리 생략되어 있다.
② ㄱ과 ㄴ에는 모두 필수적 성분인 목적어가 있다.
③ ㄴ의 관형어는 ㄱ의 관형어와 달리 관형격 조사와 함께 쓰이고 있다.
④ ㄷ은 필수적인 부사어를 포함하고 있다.
⑤ ㄹ과 ㅁ의 서술어는 두 자리 서술어이다.

문장 성분
문장 안에서 문장을 구성하면서 일정한 문법적인 기능을 하는 각 부분. 주성분, 부속 성분, 독립 성분이 있다.

088 (문장 성분의 분류)

◉ 21270-0088

〈보기〉의 밑줄 친 부분을 문장 성분에 따라 ㉠과 ㉡으로 나누었을 때, ㉠과 ㉡이 모두 쓰인 문장은?

> 보기 ◂

• 태훈이만 물 마셨어. ──────┐
• 너는 나마저 배신하는구나. ──┴─── ㉠
• 학교는 집이 아니다. ────────┐
• 지후가 어느새 어른 되었네. ──┴─── ㉡

① 하필 영후는 오늘 지각을 했다.
② 나와 그는 커피를 매우 사랑한다.
③ 가은이는 커서 선생님이 되고 싶대.
④ 나는 너뿐 아니라 지원이도 좋아해.
⑤ 겨울이 오자 강이 금방 얼음이 되었다.

089 〈 문장 성분 〉

○ 21270-0089

〈보기〉는 '문장 성분'을 탐구하기 위해 찾은 자료이다. ㉠~㉢에 대해 이해한 것으로 적절하지 <u>않은</u> 것은?

> ─→ 보기

㉠ ┌ A: 학교에서 운동회를 개최하였다.
   └ B: 학교에서 운동회가 개최되었다.

㉡ ┌ A: 인서는 장갑을 꼈다.
   └ B: *인서는 목도리를 꼈다.

㉢ ┌ A: 민수는 엄마와 닮았다.
   └ B: 민수는 까칠하게 굴었다.

*는 비문법적인 문장을 나타냄.

① ㉠: 똑같은 명사에 똑같은 형태의 격 조사가 결합한 말이 서로 다른 문장 성분이 될 수도 있구나.

② ㉠: A 문장의 '학교에서'는 생략할 수 있지만, B 문장의 '학교에서'는 생략할 수 없구나.

③ ㉡: 서술어가 특정 목적어만을 허용하는구나.

④ ㉢: 부사어 중에서도 필수적으로 요구되는 것이 있구나.

⑤ ㉢: A 문장에서 부사어를 목적어로 바꾸어도 문장이 성립하는구나.

090 ◀ 주어의 특징 ▶

○ 21270-0090

〈보기〉는 '주어'에 대한 학습지이다. ㉠~㉤에 대해 이해한 것으로 적절하지 <u>않은</u> 것은?

▶ 보기 ◀

주어의 개념	• 문장에서 동작이나 작용, 성질이나 상태의 주체를 나타내는 문장 성분 • 문장을 '무엇이 어떠하다/어찌하다/무엇이다'로 나타낼 때 '무엇이'에 해당함.
주어의 성립	• 체언 → 주어 • 체언 + 주격 조사('이/가', '께서', '에서') → 주어 • 체언 + 보조사 → 주어
주어의 의미적 특성	• '무엇이 어떠하다' → 주어는 상태나 성질의 대상 • '무엇이 어찌하다' → 주어는 행위의 주체 또는 행위의 대상 • '무엇이 무엇이다' → 주어는 정체 밝힘의 대상

• ㉠민수 도서관 갔어.
• ㉡이것은 책상입니다.
• ㉢가을 하늘은 정말 파랗다.
• ㉣선생님께서 출장을 가셨다.
• ㉤우리 학교에서 시화전을 열었다.

① ㉠은 체언이 조사 없이 주어로 실현된 예이다.
② ㉡은 체언에 보조사가 결합하여 주어로 실현된 예이다.
③ ㉤은 단체를 나타내는 체언에 '에서'가 결합하여 주어로 실현된 예이다.
④ ㉠, ㉣은 행위의 주체 또는 행위의 대상에 해당하는 예이다.
⑤ ㉢, ㉤은 상태나 성질의 대상에 해당하는 예이다.

091 [필수적 부사어]

○ 21270-0091

〈보기〉에서 ㉮~㉺의 밑줄 친 말이 ㉠에 해당하는 문장을 모두 골라 묶은 것은?

→ 보기 ←

　다른 말을 수식하는 성분 중 하나인 부사어는 일반적으로 문장의 구성에 반드시 필요하지는 않다. 그러나 서술어에 따라 부사어가 반드시 요구되는 경우도 있는데, 이와 같이 문장이 성립하기 위해 반드시 필요한 부사어를 가리켜 ㉠'필수적 부사어'라고 한다.

㉮ 우리는 드디어 <u>시험에서</u> 벗어났다.
㉯ 동생은 <u>아빠보다</u> 엄마와 더 닮았다.
㉰ 부모님께 드릴 용돈을 <u>봉투에</u> 넣었다.
㉱ 그가 쏜 화살이 과녁에 <u>정확하게</u> 맞았다.
㉲ 새로 산 양복이 <u>형에게</u> 정말 잘 어울린다.

① ㉮, ㉯, ㉱　　　　　② ㉮, ㉰, ㉲　　　　　③ ㉯, ㉰, ㉱
④ ㉯, ㉰, ㉲　　　　　⑤ ㉰, ㉱, ㉲

092 [조사로 인한 문장 성분의 차이]

○ 21270-0092

〈보기〉의 ㉠에 해당하는 예로 적절한 것은?

→ 보기 ←

　동일한 단어일지라도 어떠한 조사가 붙어 문장 안에서 쓰이는지에 따라 ㉠<u>문장 성분의 종류가 달라지는</u> 경우가 있다. 예를 들어, '금산에서는 인삼이 유명하다.'라고 하면 밑줄 친 말이 부사어가 되지만, '<u>금산의</u> 인삼이 유명하다.'라고 하면 밑줄 친 말은 관형어가 된다.

① ┌ 나는 <u>엄마를</u> 정말 닮았다.
　└ 나는 <u>엄마와</u> 정말 닮았다.

② ┌ 친구들이 <u>나를</u> 쳐다보았다.
　└ 친구들이 <u>나만</u> 쳐다보았다.

③ ┌ 철수는 매일 <u>도서관에</u> 간다.
　└ 철수는 매일 <u>도서관으로</u> 간다.

④ ┌ <u>철수가</u> 시험에서 만점을 받았다.
　└ <u>철수까지</u> 시험에서 만점을 받았다.

⑤ ┌ <u>정부가</u> 실업자를 위한 대책을 세웠다.
　└ <u>정부에서</u> 실업자를 위한 대책을 세웠다.

093 〔문장의 구조〕

○ 21270-0093

〈보기〉의 ㉠~㉤을 바탕으로 문장의 구조에 대해 탐구한 내용으로 적절하지 <u>않은</u> 것은?

▶ 보기 ◀

㉠ 모과차는 향이 참 좋다.
㉡ 나는 첫사랑을 만나기로 결심했다.
㉢ 지금은 집에 돌아가기에 아직 이르다.
㉣ 그는 자기 아들이 성적이 좋다고 자랑했다.
㉤ 우리는 아주 새콤달콤한 유자차를 두 잔이나 마셨다.

① ㉠: '모과차는'은 안은문장의 주어이고, '향이'는 서술절의 주어이다.
② ㉡: '첫사랑을 만나기'는 명사절로서 부사격 조사 '로'와 결합하여 부사어로 쓰였다.
③ ㉢: 안은문장과 안긴절의 주어가 모두 생략된 겹문장이다.
④ ㉣: '자기 아들이'는 인용절의 주어이고, '성적이'는 인용절 안에 있는 서술절의 주어이다.
⑤ ㉤: 관형사절을 가진 안은문장으로, 안긴절에 생략된 주어는 '유자차가'이다.

094 〔안은문장과 이어진문장의 구조〕

○ 21270-0094

〈보기〉의 ㉠~㉢에 대한 설명으로 적절하지 <u>않은</u> 것은?

▶ 보기 ◀

㉠ 효경이는 손가락이 길어서 피아노를 잘 친다.
㉡ 앞서가는 과학 기술이 항상 인간을 이롭게 하지는 않음을 깨달았다.
㉢ 가족이나 친구에 대한 사랑을 표현하는 방법을 떠올려 보자.

① ㉠은 ㉡과 달리 이어진문장이다.
② ㉠에는 ㉡과 달리 서술절이 안겨 있다.
③ ㉡에는 ㉢과 달리 명사절이 안겨 있다.
④ ㉡에는 ㉢과 달리 인용절이 안겨 있다.
⑤ ㉡과 ㉢에는 각각 관형사절이 안겨 있다.

095 이어진문장

⊙ 21270-0095

〈보기〉를 통해 '이어진문장'에 대해 탐구한 내용으로 적절하지 <u>않은</u> 것은?

▶ 보기 ◀

• 이어진문장: 둘 이상의 문장이 대등하거나 종속적으로 연결된 이어진문장

▶ **대등하게 연결된 이어진문장**
(철수는 국어는 좋아한다. 철수는 수학은 싫어한다.)
ㄱ. 철수는 국어는 좋아하지만, 수학은 싫어한다.
ㄴ. 철수는 수학은 싫어하지만, 국어는 좋아한다.
ㄷ. *수학은 철수는 국어는 좋아하지만, 싫어한다.

▶ **종속적으로 연결된 이어진문장**
(비가 오다. 땅이 질다.)
ㄹ. 비가 와서 땅이 질다.
ㅁ. 땅이 질어서 비가 오다.
ㅂ. 땅이 비가 와서 질다.

*는 비문법적인 문장을 나타냄.

① 이어진문장에서 중복된 성분은 생략할 수 있구나.
② 이어진문장은 대조나 원인 등 다양한 의미 관계로 연결되는구나.
③ 이어진문장은 앞뒤 문장의 순서가 바뀌어도 동일한 의미를 나타낼 수 있구나.
④ 이어진문장을 이루고 있는 앞뒤 문장의 주어는 같을 수도 있고 다를 수도 있구나.
⑤ 대등하게 연결된 이어진문장은 앞 절이 뒤 절 안으로 들어갈 수 없지만, 종속적으로 연결된 이어진문장은 앞 절이 뒤 절 안으로 들어갈 수 있구나.

대등하게 연결된 이어진문장
앞 절과 뒤 절의 의미가 대등한 관계에 있는 문장

종속적으로 연결된 이어진문장
앞 절의 의미가 뒤 절의 의미에 종속된 문장

096 이어진문장의 특징
○ 21270-0096

〈보기〉는 이어진문장의 특징을 추리한 것이다. A에 들어갈 말로 적절한 것은?

▶ 보기 ◀

　　이어진문장 중 일부는 문장 성분의 배열을 바꾸어도 의미가 변하지 않고 문장이 성립하지만, 일부는 의미가 변하거나 문장이 성립하지 않는다. 아래의 예에서 '⇒'는 (가)에서 (나)로 바꿀 수 있음을, '≠'는 (가)에서 (나)로 바꿀 수 없음을 뜻한다.

	(가)		(나)
ㄱ	여름이 와서 날씨가 덥다.	⇒	날씨가 여름이 와서 덥다.
ㄴ	물을 마시려고 컵을 꺼냈다.	⇒	컵을 물을 마시려고 꺼냈다.
ㄷ	여기는 높지만 저기는 낮다.	≠	저기는 여기는 높지만 낮다.
ㄹ	학교에 가는데 옛 친구를 봤다.	⇒	옛 친구를 학교에 가는데 봤다.
ㅁ	나는 숙제를 하고 동생은 그림을 그린다.	≠	동생은 그림을 나는 숙제를 하고 그린다. 동생은 나는 숙제를 하고 그림을 그린다.

→ ㄱ~ㅁ을 통해, (A)은 앞 절이 뒤 절 안으로 들어갈 수 있으나, (A)이 아닌 문장은 앞 절이 뒤 절 안으로 들어갈 수 없다는 점을 추리할 수 있다.

① 뒤 절에 목적어가 있는 문장
② 앞 절과 뒤 절의 주어가 같은 문장
③ 앞 절과 뒤 절의 의미가 상반되는 문장
④ 앞 절과 뒤 절이 종속적으로 이어진 문장
⑤ 앞 절과 뒤 절에 모두 두 자리 서술어가 쓰인 문장

097 안은문장

21270-0097

〈보기〉를 참조하여 제시된 문장을 도식화한 결과로 적절하지 <u>않은</u> 것은?

> **보기**
>
> 다른 문장 안에 들어가 하나의 성분처럼 쓰이는 홑문장을 안긴절이라고 하며, 이 홑문장을 포함한 문장을 안은문장이라고 한다. 이러한 관계를 효율적으로 파악하기 위해 주어와 서술어를 중심으로 도식화할 수 있는데, 예컨대 '지금은 학교에 가기에 늦었다.'라는 겹문장은 다음과 같이 도식화될 수 있다. 이때 생략된 성분은 점선으로 나타내고 문장의 의미에 따라 복원할 수 있다.
>
> 지금은 + [우리가] + 가기 + 늦었다

① 나는 다음 주에 읽을 책을 샀다.

나는 + [내가] + 읽을 + 샀다

② 동생은 교과서도 없이 학교에 갔다.

동생은 + 교과서도 + 없이 + 갔다

③ 철수는 이마에 흐르는 땀을 닦았다.

철수는 + 이마에 + 흐르는 + 닦았다

④ 정부에서 세금을 인상하겠다고 밝혔다.

정부에서 + [정부에서] + 인상하겠다고 + 밝혔다

⑤ 이 옷은 형이 중학교 때 입던 교복이다.

이 옷은 + 형이 + 입던 + 교복이다

III 반복 풀이로 **확** 잡는 실전 문제

098 ● 이어진문장의 유형 ●

⟶ 21270-0098

〈보기〉를 참조하여 ㉠~㉤을 판정한 결과로 적절하지 <u>않은</u> 것은?

→ 보기 ←

　이어진문장은 둘 이상의 홑문장이 이어지는 방법이 어떠한가에 따라 대등하게 연결된 이어진문장과 종속적으로 연결된 이어진문장으로 나뉜다. 대등하게 연결된 이어진문장은 앞 절이 뒤 절에 대해 나열, 대조 등의 의미를 지니며, 종속적으로 연결된 이어진문장은 앞 절이 뒤 절에 대해 원인, 조건, 의도, 양보 등의 의미를 지닌다.

㉠ 아무리 비가 와도 우리는 출발한다.
㉡ 형도 고향을 떠났고 누나도 떠났다.
㉢ 네가 오지 않으면 모임이 재미가 없다.
㉣ 나는 시험공부를 하려고 일요일에도 학교에 갔다.
㉤ 아침부터 비가 와서 가을 체육 대회가 연기되었다.

① ㉠: 대조의 관계로 대등하게 연결된 이어진문장
② ㉡: 나열의 관계로 대등하게 연결된 이어진문장
③ ㉢: 조건의 관계로 종속적으로 연결된 이어진문장
④ ㉣: 의도의 관계로 종속적으로 연결된 이어진문장
⑤ ㉤: 원인의 관계로 종속적으로 연결된 이어진문장

099 문장의 짜임

○ 21270-0099

〈보기〉는 문장의 짜임에 대한 탐구 과정이다. A와 B에 해당되는 예문으로 적절한 것은?

연결 어미
어간에 붙어 다음 말에 연결하는 구실을 하는 어미. '-게', '-고', '-(으)며', '-(으)면', '-(으)니', '-아/어', '-지' 따위가 있다.

보기

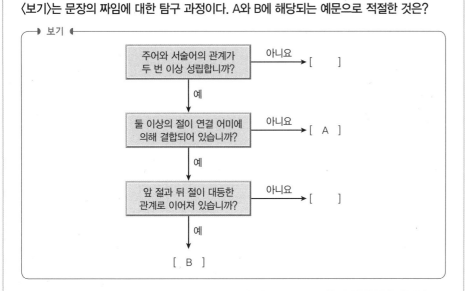

	A	B
①	슬비는 눈이 크다.	오늘은 비가 오고 바람이 많이 분다.
②	슬비는 눈이 크다.	열이 많이 나면 물수건으로 온몸을 닦아라.
③	민경이와 함께 산책을 갔다.	오늘은 비가 오고 바람이 많이 분다.
④	민경이와 함께 산책을 갔다.	나는 동생이 어머니를 도와드리기를 바랐다.
⑤	열이 많이 나면 물수건으로 온몸을 닦아라.	나는 동생이 어머니를 도와드리기를 바랐다.

100 `문장의 짜임`

⊙ 21270-0100

〈보기〉는 문장의 짜임에 대해 두 학생이 주고받은 온라인 대화의 일부이다. ㉠~㉢ 중, 적절하지 <u>않은</u> 것은?

→ 보기 ←

현우: 글에서 '전쟁으로 흩어진 가족을 희망도 없이 기다리기란 너무나 괴롭구나.'라는 문장을 보았는데, 문장의 짜임을 어떻게 분석해야 할지 잘 모르겠더라.

미소: 그 문장은 여러 개의 절을 포함하고 있는 안은문장이야. 먼저, ㉠'전쟁으로 흩어진'은 '가족이 전쟁으로 흩어지다.'라는 문장이 관형사절로 된 것이네. ㉡여기서 '가족이'의 생략은 이어지는 절에 '가족을'이 있어 '가족'이라는 말이 공통되기 때문에 가능하지.

현우: 그럼 관형사절 말고 또 다른 절은 뭐가 있어?

미소: ㉢'가족을 희망도 없이 기다리기'는 '가족을 희망도 없이 기다리다.'라는 문장이 명사절로 된 것이야. ㉣이것은 홑문장이 절이 되며 안은문장의 일부가 된 것이라 할 수 있지. ㉤'너무나 괴롭구나.'는 안은문장 전체의 부사어와 서술어이며 주어는 '내가' 정도가 생략되어 있는 것으로 볼 수 있어.

① ㉠   ② ㉡   ③ ㉢   ④ ㉣   ⑤ ㉤

101 `명사절의 기능`

⊙ 21270-0101

〈보기〉의 ㉠~㉤에 해당하는 예문으로 적절하지 <u>않은</u> 것은?

→ 보기 ←

명사와 마찬가지로 명사절 역시 문장에서 다양한 문장 성분으로 쓰일 수 있다. 다음의 구분에 따라 명사절을 활용하여 문장을 만들어 보자.

	주어로 쓰인 경우	목적어로 쓰인 경우	부사어로 쓰인 경우
조사와 결합한 경우	–	㉡	㉣
조사와 결합하지 않은 경우	㉠	㉢	㉤

※ 밑줄은 명사절 표시

① ㉠: <u>우리가 그 일을 하기</u> 쉽지 않다.
② ㉡: 아이들은 혼자 <u>자기를</u> 무서워한다.
③ ㉢: 학생들은 개별 행동을 <u>자제하기</u> 바랍니다.
④ ㉣: <u>그들이 출발하기에</u> 시간이 많이 늦었다.
⑤ ㉤: <u>눈이 오기</u> 때문에 길이 많이 막힌다.

102 명사와 명사절의 구분

○ 21270-0102

〈보기〉는 문법적 문제 해결 과정을 나타낸 것이다. ㉠에 들어갈 내용으로 가장 적절한 것은?

→ 보기 ◆

문제 발견	'죽음'은 사전에 등재되어 있는 데 반해 '높음'이 사전에 등재되어 있지 않은 이유는 무엇일까?
자료 수집 및 분석	1. '-음'을 사전에서 찾기 　• −음⁰⁹「어미」 　　('ㄹ'을 제외한 받침 있는 용언의 어간이나 어미 '-었-', '-겠-' 뒤에 붙어) 그 말이 명사 구실을 하게 하는 어미. 　• −음¹⁰「접사」 　　('ㄹ'을 제외한 받침 있는 용언의 어간 뒤에 붙어) 명사를 만드는 접미사. 2. '죽음'과 '높음'이 사용된 문장 분석하기 　• 그녀의 죽음은 우리 모두에게 충격이었다. 　• *백두산의 높음은 누구나 아는 사실이다. 　• 백두산이 높음은 누구나 아는 사실이다. 　　　　　　　　　　　　　*는 비문법적인 문장을 나타냄.
문제 해결	(　㉠　)으로 보아, '죽음'은 명사를 만드는 접미사 '-음'이 사용되어 새로운 단어가 형성된 것이므로 사전에 등재되고, '높음'은 명사 구실을 하게 하는 어미 '-음'이 사용된 용언의 활용형으로서 문장에서 명사처럼 사용되는 것이므로 사전에 등재되지 않는다.

① '죽음'과 '높음'이 모두 '-음'이 결합하여 만들어진 것
② '죽음'과 '높음'이 모두 문장 성분으로 사용될 수 있는 것
③ '죽음'은 관형어의 수식을 받는 반면, '높음'은 관형어의 수식을 받지 못하는 것
④ '죽음'과 관련되는 '죽다'는 동사인 반면, '높음'과 관련되는 '높다'는 형용사인 것
⑤ '죽음'은 어휘적 의미를 가지고 있는 반면, '높음'은 문법적 의미를 가지고 있는 것

103 · 인용 표현 ·

○ 21270-0103

다음 밑줄 친 말 중, ⓐ에 해당하지 <u>않는</u> 것은?

> 말하는 이는 자신이 전하는 정보뿐 아니라 ⓐ그 정보의 출처 역시 문장에 담아 표현하는 경우가 있다. 예를 들어, "눈이 많이 왔구나."의 '-구나'에는 '지금 내가 직접 봄.'이라는, "눈이 많이 왔겠다."의 '-겠-'에는 '나의 추측'이라는 출처와 관련된 내용이 담겨 있다. 이외에도, '과거의 특정한 때에 내가 직접 봄.', '다른 사람에게 전해 들음.' 등을 드러내는 다양한 표현이 존재한다.

① (일기 예보를 본 후) 누나, 오늘 날씨 춥<u>대</u>. 외투 입고 나가.
② (같이 퇴근하자는 동료에게) 나는 좀 더 있을<u>래</u>. 먼저 퇴근해.
③ (할머니를 기다리는 아들에게) 아직 멀었어. 지금쯤 버스 타셨<u>을걸</u>.
④ (집에 들어오며 딸에게) 영식이가 밖에서 기다리<u>더</u>라. 얼른 나가 봐.
⑤ (아이와 함께 문방구 앞에서) 아직 가게 문이 안 열렸<u>네</u>. 나중에 다시 오자.

104 · 시제의 표현 ·

○ 21270-0104

〈보기〉의 내용을 바탕으로 ㄱ~ㄷ을 설명한 것으로 적절하지 <u>않은</u> 것은?

> ▶ 보기 ◀
>
> 시제는 기본적으로 발화시와 사건시의 시간적 선후 관계에 따라 파악된다. 발화시란 화자가 말하는 현재 시점을 가리킨다. 사건시란 어떤 사건이나 상태가 나타나는 시점을 가리킨다. 발화시와 사건시의 선후 관계를 사건시가 발화시보다 앞서는 경우, 사건시와 발화시가 같은 경우, 발화시가 사건시보다 앞서는 경우로 나눌 수 있다. 이는 차례대로 과거, 현재, 미래가 된다. 시제는 대체로 선어말 어미, 관형사형 어미 등을 통해 나타난다.

> ㄱ. 세원이는 앞으로 훌륭하게 자랄 거야.
> ㄴ. 난 세민이와 도서관에 가는 꿈을 꿨어.
> ㄷ. 초등학교 졸업식에 왔던 사람이 누구인지 여전히 기억나네.

① ㄱ에는 시제를 나타내는 선어말 어미가 없다.
② ㄱ의 관형사형 어미 '-ㄹ'은 사건시가 발화시보다 먼저임을 나타낸다.
③ ㄴ에는 과거 시제를 나타내는 선어말 어미 '-었-'이 포함되어 있다.
④ ㄴ의 관형사형 어미 '-는'은 '꿈'을 꾸는 시점을 기준으로 현재 시제임을 나타낸다.
⑤ ㄷ에는 과거 시제를 나타내는 선어말 어미와 관형사형 어미가 모두 쓰였다.

선어말 어미
어말 어미 앞에 나타나 높임법, 시제, 상 등을 나타내는 어미

105 선어말 어미의 의미

○ 21270-0106

〈보기〉의 ㉠, ㉡에 대한 설명으로 적절한 것은?

→ 보기 ←

• 벌써 수업이 끝났㉠겠다.
• 나는 이번 방학에 꼭 여행을 가㉡겠다.

① ㉠은 주체의 의지나 의도를 나타낸다.
② ㉡은 추측이나 추정을 나타낸다.
③ ㉡은 문장이 미래 시제일 때는 쓰일 수 없다.
④ ㉠과 ㉡은 과거 시제를 나타내는 '-었-'과 결합할 수 있다.
⑤ ㉠은 3인칭 주어와 함께 쓰일 수 있으나, ㉡은 3인칭 주어와 함께 쓰일 수 없다.

주체
문장 내에서 서술어의 동작을 나타내는 대상이나 서술어의 상태를 나타내는 대상

3인칭
화자와 청자 이외의 사람을 가리키는 말

106 문장 종결 표현

○ 21270-0105

〈보기〉의 밑줄 친 말에 대한 대답으로 적절하지 않은 것은?

→ 보기 ←

선생님: 언어생활에서 말을 더 강하게 표현할지 부드럽게 표현할지 조절할 줄 아는 것은 매우 중요합니다. 예를 들어, "할머니, 저희 집에 한번 들르십시오."라는 말은 비교적 강한 느낌이 드는데, 다음과 같이 여러 가지 방법으로 부드럽게 표현할 수 있습니다. 다음 문장 ㄱ~ㅁ이 각각 어떠한 방법으로 부드러움을 표현하였는지 찾아보세요.

ㄱ. 할머니, 저희 집에 한번 들르시지요.
ㄴ. 할머니, 저희 집에 한번 들러 주십시오.
ㄷ. 할머니, 저희 집에 한번 들르시겠습니까?
ㄹ. 할머니, 저희 집에 한번 들르셨으면 합니다.
ㅁ. 할머니, 저희 집에 한번 들를 수 있으십니까?

① 지원: ㄱ은 제안의 의미를 나타내는 종결 어미를 사용하였습니다.
② 가은: ㄴ은 명령문이 되지 않도록 보조 용언을 사용하였습니다.
③ 지후: ㄷ은 의문문을 사용하였습니다.
④ 태훈: ㄹ은 평서문을 사용하였습니다.
⑤ 윤혁: ㅁ은 의존 명사를 포함한 구성을 사용하였습니다.

종결 어미
문장이 종결되게 만들어 주는 어미. 종결 어미를 통해 문장의 종류와 상대 높임의 등분이 결정된다.

107 ● 종결 어미의 활용 ●
○ 21270-0107

국어의 '종결 어미의 활용 양상'을 알아보기 위해 〈보기〉에 '먹다'의 활용형을 채워 넣으려고 한다. ㉠~㉤에 들어갈 수 있는 말로 적절하지 <u>않은</u> 것은?

┌ 보기 ┐

		평서문	의문문	명령문	청유문	감탄문
격식체	하십시오체	㉠				
	하오체			㉡		
	하게체					
	해라체					㉢
비격식체	해요체				㉣	
	해체(반말)		㉤			

① ㉠: 먹습니다.   ② ㉡: 먹는구려.   ③ ㉢: 먹는구나.
④ ㉣: 먹어요.   ⑤ ㉤: 먹어?

108 ● 직접 발화와 간접 발화 ●
○ 21270-0108

〈보기〉를 참고하여 설명할 수 있는 예로 적절하지 <u>않은</u> 것은?

┌ 보기 ┐

　화자가 청자에게 어떠한 행동을 요청하고자 할 때, 평서문과 의문문으로 표현할 수 있다. 이 경우 평서문은 일반적인 진술의 형식을 취하지만 실질적인 내용은 행위를 요청하는 것이고, 의문문은 질문의 형식으로 보이지만 실제로는 대답보다는 행동을 요구하는 것이다.

①┌ A: 방 안이 너무 더워.
　└ B: 응. 창문 좀 열어 줄게.

②┌ A: 혹시 네 숙제 좀 볼 수 있을까?
　└ B: 숙제가 어려웠나 보네. 여기 있어.

③┌ A: 오늘로 청소 당번이 끝나는 것이지?
　└ B: 응. 오늘이 마지막 날이야.

④┌ A: 자, 다 같이 큰 소리로 따라 읽습니다.
　└ B: 네, 선생님!

⑤┌ A: 물건이 너무 어질러져 있어서 발을 디딜 수가 없어.
　└ B: 아, 얼른 치울게요.

격식체
격식체는 의례적 용법으로 심리적인 거리감을 나타낸다.

비격식체
비격식체는 격식을 덜 차려 친근감을 느끼게 하는 표현이다.

109 청유문의 발화 기능

○ 21270-0110

다음 밑줄 친 말 중, 〈보기〉의 ㉠에 가장 가까운 것은?

┌─ 보기 ◀─

　청유문은 화자가 청자에게 청유형 어미 '-자', '-(으)ㅂ시다' 등이 붙는 서술어가 표현하는 행동을 함께하도록 요청하는 문장이다. 그러나 간혹 청유문은 ㉠청자만 행동하기를 바라는 경우를 나타낼 때나, 화자만 행하려 하는 행동을 나타낼 때에도 쓰인다.

① (아빠가 아기에게 약을 먹일 때) 자, 이제 약 <u>먹자</u>.
② (혼잡한 버스 안에서 내리는 문을 향해 가면서) 여기 좀 <u>내립시다</u>.
③ (토론장에서 상대방이 자신의 발언을 중간에 끊었을 때) 말 좀 <u>합시다</u>.
④ (반 대항 구기 대회 선수 대표가 나머지 선수들에게) 자, 우리 모두 <u>힘내자</u>.
⑤ (점심시간에 친구와 식당에 가면서) 밥 빨리 먹고 나서 같이 도서관에 <u>가자</u>.

110 문장 종결 표현

○ 21270-0109

다음 중 〈보기〉의 밑줄 친 ㉮의 예가 될 수 있는 문장끼리 바르게 묶은 것은?

┌─ 보기 ◀─

　우리말의 문장은 종결 표현 방식에 따라 평서문, 의문문, 명령문, 청유문, 감탄문으로 나눌 수 있다. 이때, 각각의 의미는 대개 특정한 종결 어미를 통해 실현된다. 평서문의 '-다', 의문문의 '-ㄹ까', 명령문의 '-아라/-어라', 청유문의 '-자', 감탄문의 '-구나'가 대표적인 예이다. 그런데 경우에 따라 ㉮동일한 형태의 종결 어미가 둘 이상의 의미를 실현하기도 한다.

①	나무가 정말 큰데.	어머니가 아주 미인이신데.
②	오늘은 내가 먼저 나갈게.	내가 나중에 다시 전화할게.
③	화단의 꽃들이 정말 탐스럽군.	올해도 과일이 많이 열리겠군.
④	우리 모두 지각을 하지 맙시다.	너무 힘드니까 천천히 좀 갑시다.
⑤	늦을 것 같으니까 어서 씻어라.	그 사람을 몹시도 만나고 싶어라.

111 〔 종결 어미의 특성 〕

○ 21270-0111

〈보기〉는 종결 어미의 특성을 파악하기 위해 찾은 자료이다. 〈보기〉를 바탕으로 '종결 어미'에 대해 탐구한 결과로 타당하지 <u>않은</u> 것은?

┌─▶ 보기 ◀─┐

(가) ┌ 우리도 가<u>니</u>?
    └ 우리도 갑<u>니까</u>?

(나) ┌ 자리에 앉<u>아라</u>.
    └ 빨리 숙제를 걸<u>어라</u>.

(다) ┌ *내일은 비가 오겠
    └ 내일은 비가 오겠<u>다</u>.

(라) ┌ 날씨가 정말 덥<u>다</u>.
    ├ 날씨가 정말 덥<u>니</u>?
    └ 날씨가 정말 덥<u>구나</u>!

(마) ┌ 행복을 어떻게 성취하느<u>냐</u>가 중요하다.
    └ 나는 행복이 가장 소중하<u>다</u>고 생각한다.

*는 비문법적인 문장을 나타냄.

① (가)를 보니, 종결 어미를 통해 청자에 대한 높임이 달리 실현될 수 있네.
② (나)를 보니, 앞말의 품사에 따라 동일한 종결 어미가 다른 형태로 실현되기도 하네.
③ (다)를 보니, 종결 어미가 없으면 문장이 성립되지 않네.
④ (라)를 보니, 종결 어미를 통해 진술, 의문, 감탄 등의 의미를 나타낼 수 있네.
⑤ (마)를 보니, 종결 어미 뒤에 조사가 연결될 수도 있네.

112 높임 표현

○ 21270-0112

〈보기〉를 바탕으로 ㉠~㉤을 탐구한 내용으로 적절하지 **않은** 것은?

→ 보기 ←

　　말하는 이가 높이려는 대상이 누구인가에 따라 우리말의 높임법은 주체 높임법, 상대 높임법, 객체 높임법으로 나눌 수 있다. 주체 높임법은 주어가 나타내는 대상인 주체를 높이는 것이고, 상대 높임법은 대화의 상대방인 듣는 이를 높이거나 낮추는 것이며, 객체 높임법은 문장의 부사어나 목적어가 나타내는 대상, 즉 객체를 높이는 것이다.

아버지: ㉠요즘 조부모 성함을 모르는 아이들이 많다더구나. 영식이는 알고 있니?
영식: 글쎄요. 지난번에 ㉡아버지께서 할머니 성함 알려 주신 것 같은데, 기억이 안 나요.
아버지: 이 녀석, 안 되겠다. ㉢인사도 드릴 겸 전화해서 할머니께 여쭈어 보아라.
영식: 네. 그런데 ㉣지금은 주무실 것 같으니까, 내일 전화 꼭 드릴게요.
아버지: 그럼, ㉤주말에 뵈러 간다는 말씀도 드려라.

① ㉠은 '-구나'를 사용하여 대화의 상대인 '영식'을 낮추고 있다.
② ㉡은 '께서'와 '-시-'를 사용하여 주체인 '아버지'를, '성함'을 사용하여 '할머니'를 높이고 있다.
③ ㉢은 '드리다'와 '여쭈다'를 사용하여 객체인 '할머니'를 높이고 있다.
④ ㉣은 '주무시다'를 사용하여 주체인 '할머니'를, '드리다'를 사용하여 객체인 '아버지'를 높이고 있다.
⑤ ㉤은 '뵈다'와 '말씀'을 사용하여 객체인 '할머니'를 높이고 있다.

객체
문장 내에서 동사의 행위가 미치는 대상

113 [높임 표현]

○ 21270-0113

다음 밑줄 친 말을 높임법에 맞게 수정한 내용으로 적절하지 않은 것은?

①	우리 학교 축제 때 부모님도 <u>오라고</u> 해도 될까?	→	주어의 대상이 '부모님'이므로 '오시라고'로 수정해야 한다.
②	손님께서 찾으시는 상품이 지금은 <u>없으십</u>니다.	→	주어의 대상이 '상품'이므로 '없습니다'로 수정해야 한다.
③	할머니께서 <u>자기가</u> 직접 기르신 것이라고 보내 주셨어.	→	'할머니'를 높여야 하므로 '당신께서'로 수정해야 한다.
④	할아버지, 언제 집에 도착하시는지 형이 <u>물어</u> 보래요.	→	'할아버지'를 높이는 것이므로 '여쭈어'로 수정해야 한다.
⑤	석호야, 선생님께서 숙제 걷어서 교무실로 <u>가져오라고</u> 하셨어.	→	주어의 대상이 '선생님'이므로 '가져오시라고'로 수정해야 한다.

114 높임법의 분류

◑ 21270-0114

〈보기〉의 밑줄 친 단어를 [탐구 과정]에 따라 분류할 때, A~C에 들어갈 말로 적절한 것은?

> 보기

[탐구 과정]

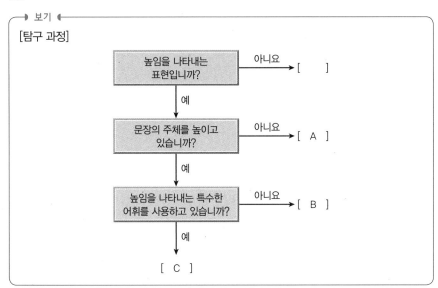

- 할아버지께서 진지를 <u>드신다</u>.
- 땀을 많이 흘릴수록 물을 많이 <u>마신다</u>.
- 할머니께서는 나와 언니를 진심으로 사랑해 <u>주신다</u>.
- 그는 형편이 어려운 이웃 분들께 마음을 담은 편지와 과일을 <u>드렸다</u>.

	A	B	C
①	마신다	드렸다	드신다
②	드신다	마신다	주신다
③	주신다	마신다	드렸다
④	드렸다	주신다	드신다
⑤	드렸다	주신다	마신다

115 ◀ 높임 표현의 활용 ▶

● 21270-0115

〈보기〉에서 (가)를 (나)로 고쳐 쓸 때 고려한 사항으로 적절하지 <u>않은</u> 것은?

▸ 보기 ◂

(가) 회사 직원용 내부 자료

㉠고객은 물건을 구입한 날짜로부터 14일 이내에 교환 및 환불을 요구할 수 있다. ㉡단, 영수증을 반드시 지참해야 한다. ㉢교환 및 환불 처리가 완료된 영수증은 확인 도장을 찍어 고객에게 다시 준다. ㉣교환 및 환불 접수된 물품은 타 고객에게 재판매 하지 않는다. ㉤이로써 고객의 신뢰를 확보하고자 한다.

(나) 고객용 배포 자료

고객은 물건을 구입하신 날짜로부터 14일 이내에 교환 및 환불을 요구하실 수 있습니다. 단, 영수증을 반드시 지참하셔야 합니다. 교환 및 환불 처리가 완료된 영수증은 확인 도장을 찍어 고객께 다시 드립니다. 교환 및 환불 접수된 물품은 타 고객께 재판매하지 않습니다. 이로써 고객의 신뢰를 확보하고자 합니다.

① ㉠에서 주어인 '고객'을 높이기 위하여 서술어에 선어말 어미 '-시-'를 붙인다.

② ㉡에서 주어가 누구인지 표면에 나타나 있지 않더라도 주체 높임법을 실현한다.

③ ㉢에서 생략된 주어인 '고객'을 높이기 위하여 높임법을 실현하는 특수한 어휘로 서술어를 바꾼다.

④ ㉣에서 서술어의 대상인 '고객'을 높이기 위하여 조사를 '께'로 바꾼다.

⑤ ㉤에서 목적어 및 생략된 주어는 높임의 대상이 되지 않으므로 독자만 높인다.

116  높임 표현

◐ 21270-0116

다음은 친구 간에 주고받은 휴대 전화 메시지 내용이다. 밑줄 친 ㉠~㉤에 나타난 높임법에 대해 설명한 내용으로 적절하지 <u>않은</u> 것은?

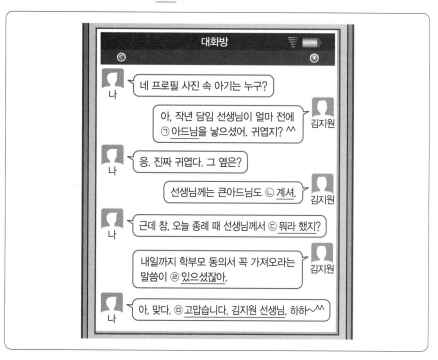

① ㉠: '담임 선생님'이 높임의 대상이므로 선생님의 '아들' 역시 '아드님'으로 높인 것이다.

② ㉡: '큰아드님'을 간접적으로 높여야 하므로 '있으셔'로 바꿔야 한다.

③ ㉢: 높임법상 잘못된 표현이므로 '뭐시라 했지'로 바꿔야 한다.

④ ㉣: 주어가 '말씀'이지만 '선생님'의 말씀이므로 주체 높임법의 선어말 어미 '-시-'를 사용한 것이다.

⑤ ㉤: 어법상 높여야 하는 대상이 아니지만 화자의 의도에 따라 높임이 실현된 것이다.

117 ▸ 높임 표현의 실현

● 21270-0117

〈보기〉의 ⊙~⑩에 들어갈 말로 적절하지 <u>않은</u> 것은?

▸ 보기 ◂

우리말의 높임법은 문장의 주체를 높이는 주체 높임과 문장의 객체를 높이는 객체 높임, 그리고 대화 상대방을 높이는 상대 높임으로 나눌 수 있다. 실제 언어생활에서는 이러한 높임이 복합적으로 실현되므로 이를 잘 파악하여야 한다. 주체 높임, 객체 높임, 상대 높임이 모두 실현된 아래 예문을 바탕으로 이에 대해 알아보자.

(학생이 선생님에게) <u>어머니께서 선생님께 여쭤 보라고 하셨어요.</u>

높임법의 분류	높임 대상	높임법을 나타내는 요소
주체 높임	어머니	©
객체 높임	⊙	②
상대 높임	©	⑩

① ⊙: 선생님
② ©: 선생님
③ ©: 께서, -시-
④ ②: 께, 여쭈다
⑤ ⑩: -시-, 요

118 ▸ 동작상의 구분

● 21270-0118

〈보기〉의 ⊙~©에 해당하는 예문으로 적절하지 <u>않은</u> 것은?

▸ 보기 ◂

시간의 흐름 속에서 동작이 일어나는 모습을 나타내는 시간 표현을 동작상이라고 한다. 동작상은 진행상과 완료상으로 구분할 수 있다. 진행상은 ⊙발화시를 기준으로 동작이 진행되고 있음을 나타낸다. 완료상은 ©발화시를 기준으로 동작이 이미 완료되었거나 ©완료된 후 그 결과 상태가 지속됨을 나타낸다.

① ⊙: 가은이가 이모와 그림을 그리고 있다.
② ⊙: 지원이는 아침 일찍 학교에 가는 중이다.
③ ©: 한밤중인데도 윤혁이가 깨어 있다.
④ ©: 지후는 쉬는 시간에 책을 다 읽었다.
⑤ ©: 길가에 코스모스가 피어 있다.

> **시제**
> 동작상 이외에도 시제로 시간 표현을 파악하는 방법이 있다. 시제란 어떤 사건이나 사실이 일어난 시간 선상의 위치를 표시하는 문법 범주로, 발화시와 사건시를 기준으로 과거, 현재, 미래로 나뉜다.

119 〈시간 표현〉

◎ 21270-0120

〈보기〉의 ㉠과 ㉡에 해당하는 예문을 올바르게 짝지은 것은?

→ 보기 ←

일반적으로 '-았-/-었-'은 과거 시제를 표현하는 선어말 어미로 알려져 있다. 그러나 '-았-/-었-'은 기본적으로 과거 시제를 나타내면서도, 상황에 따라서는 다양한 의미로 쓰일 수 있다. 예를 들어, ㉠사건이 완료된 후 그 결과의 상태가 현재까지 지속됨을 나타낼 때에도 '-았-/-었-'이 쓰인다. 또한 ㉡앞으로의 사건이나 일을 이미 정해진 사실인 것처럼 말을 할 때에도 '-았-/-었-'이 쓰인다.

	㉠	㉡
①	사흘 만에 물가가 두 배나 올랐다.	내가 너라면 동생은 안 울렸다.
②	우리는 작년만 해도 사이가 좋았다.	넌 저녁에 집에 가면 엄마한테 혼났다.
③	형은 어제 하루 종일 노래만 불렀다.	비가 이렇게 안 오니 올해 농사는 글렀다.
④	나는 지난여름부터 운동을 시작했다.	운동을 많이 하니 온몸이 무거웠다.
⑤	과수원의 사과가 탐스럽게 익었다.	발목을 다쳤으니 너는 수학여행은 다 갔다.

120 〈시간 표현〉

◎ 21270-0119

〈보기〉의 ㉮∼㉰에 들어갈 문장을 올바르게 짝지은 것은?

→ 보기 ←

우리말의 시제는 대체로 선어말 어미와 관형사형 어미를 통해 실현된다. 문장 ⓐ∼ⓔ에 쓰인 '-는-'이나 '(-으)ㄴ'을 다음의 표로 분류해 보자.

ⓐ 영수가 지금 도서관에서 책을 읽는다.
ⓑ 저쪽에서 손을 흔드는 사람이 영수이다.
ⓒ 동생은 자기가 먹은 것을 치우지 않았다.
ⓓ 아까 내가 만난 친구는 중학교 동창이다.
ⓔ 영수가 운동장에서 친구들과 축구를 한다.

	선어말 어미	관형사형 어미
현재 시제	㉮	㉯
과거 시제	㉰	㉱

	㉮	㉯	㉰	㉱
①	ⓐ, ⓑ	−	ⓒ	ⓓ, ⓔ
②	ⓐ, ⓑ	−	ⓒ, ⓓ	ⓔ
③	ⓐ, ⓔ	ⓑ	−	ⓒ, ⓓ
④	ⓐ, ⓔ	ⓑ	ⓒ	ⓓ
⑤	ⓐ, ⓔ	ⓒ	−	ⓑ, ⓓ

관형사형 어미
문장에서 용언의 어간에 붙어 관형사와 같은 기능을 수행하게 하는 어미

121 • 시간 표현 •

○ 21270-0121

〈보기 1〉은 시제에 관해 학습한 내용을 정리한 메모이다. 〈보기 1〉을 참고하여 〈보기 2〉의 ㉠~㉢을 설명한 내용으로 적절하지 <u>않은</u> 것은?

▶보기 1◀

- 시제: 발화시와 사건시의 관계에 따라 결정됨.
  – 발화시: 화자가 말을 하는 시점
  – 사건시: 동작이나 상태가 나타나는 시점

- 시제의 구분
  – 과거: 발화시보다 사건시가 선행
  – 현재: 발화시와 사건시가 동일
  – 미래: 발화시보다 사건시가 후행

- 시제의 구현 방법
  – 선어말 어미, 관형사형 어미 활용

▶보기 2◀

㉠ 가은이는 어제 지원이의 생일잔치에 갔다.
㉡ 검토할 원고가 이렇게 쌓인 것을 보니 오늘 잠은 다 잤다.
㉢ 지후는 작년에 선물로 받은 장난감을 지금도 잘 가지고 논다.

① ㉠의 '갔다'에는 과거 시제를 나타내는 선어말 어미 '-았-'이 사용되었다.
② ㉡의 '검토할'은 관형사형 어미 '-ㄹ'을 사용하여 미래 시제를 나타내고 있다.
③ ㉡의 '잤다'는 발화시보다 사건시가 앞선 시제를 나타내고 있다.
④ ㉡의 '쌓인'과 ㉢의 '받은'에는 과거 시제를 나타내는 관형사형 어미가 사용되었다.
⑤ ㉢의 '논다'는 발화시와 사건시가 일치하는 현재 시제를 나타내고 있다.

122 ◈ 어미의 용법 ◈

◐ **21270-0122**

〈보기〉는 형태가 비슷한 '–던지'와 '–든지'의 용법을 알기 위해 찾은 자료이다. 〈보기〉를 바탕으로 '–던지'를 올바르게 사용한 문장으로 적절하지 <u>않은</u> 것은?

> ▸ 보기 ◂
>
> • '–던지'
>   – 얼마나 <u>춥던지</u> 손이 꽁꽁 얼었다.
>   – 동생도 <u>피곤했던지</u> 벌써 잠이 들었다.
>   – 철수는 얼마나 <u>놀랐던지</u> 등에 땀이 흥건했다.
>
> • '–든지'
>   – 무엇을 <u>그리든지</u> 자유롭게 그려라.
>   – 집에 <u>가든지</u> 공부를 더 하든지 해라.
>   – 어디에 <u>있든지</u> 부모님을 잊지 말아야 한다.

① 나를 믿어 주신 어머니께 어찌나 <u>감사하던지</u> 눈물이 났다.
② 이번 주말에는 정원을 <u>가꾸던지</u> 뭐라도 하자고 다짐하였다.
③ 추위에 떨고 있는 내가 <u>가엾던지</u> 친구가 옷을 벗어 주었다.
④ 동생이 아이스크림을 얼마나 <u>먹던지</u> 결국 배탈이 나게 되었다.
⑤ 아버지께서는 등산을 하셔서 숨이 <u>가쁘셨던지</u> 한참을 쉬고 계셨다.

123 ● 피동 표현 ●

● 21270-0123

〈보기〉를 참고하여 ㉠~㉤을 탐구한 내용으로 적절한 것은?

> **보기**
>
> 능동(能動)은 주어가 서술어의 동작을 자신의 힘으로 하는 것을 말한다. 이에 반하여 피동(被動)이란 주어가 다른 주체에 의해서 동작을 당하게 되는 것을 말한다. 피동 표현은 피동 접미사에 의한 피동사 및 '-되다', '-어지다'를 통해 나타난다.

> ㉠ 들뜬 분위기가 정돈되었다.
> ㉡ 어디서 노랫소리가 들린다.
> ㉢ 이 건물은 벽돌로 지어졌다.
> ㉣ 창밖으로 파란 하늘이 보인다.
> ㉤ 드디어 범인이 밝혀졌다.

① ㉠의 피동 실현 방법으로 '어느덧 추운 겨울이 되었다.'와 같은 피동 표현을 만들 수 있다.

② ㉡을 통해 '들다'와 '들리다'는 능동 표현과 피동 표현의 관계에 있다는 점을 알 수 있다.

③ ㉢에서는 '빵은 밀가루로 만들어진다.'에서 사용된 피동 실현 방법을 찾아볼 수 있다.

④ ㉣을 통해 피동 접미사 없이도 피동 표현을 만들 수 있음을 알 수 있다.

⑤ ㉤을 통해 파생 접사에 의해 만들어진 피동사를 확인할 수 있다.

124 〔피동 표현과 사동 표현〕

◐ 21270-0124

〈보기〉는 '불리다'가 사용된 문장을 수집한 것이다. ㉠~㉤에 대한 설명으로 적절하지 <u>않은</u> 것은?

┌─── 보기 ────────────────────────────┐
㉠ 철수는 그 일로 경찰에 불려 갔다.
㉡ 그는 사람들에게 몽상가라고 불렸다.
㉢ 콩국수를 만들려고 콩을 물에 불렸다.
㉣ 철수는 요즘 재산을 불리느라 정신이 없다.
㉤ 김밥 한 줄로 아이들의 주린 배를 불릴 수는 없었다.
└────────────────────────────────────┘

① '경찰이 이번 일로 철수를 불러 왔다.'라는 문장과 비교해 보면, ㉠은 피동문이야.
② '사람들이 그를 몽상가라고 불렀다.'라는 문장과 비교해 보면, ㉡은 피동문이야.
③ '콩이 물에 불었다.'라는 문장과 비교해 보면, ㉢은 사동문이야.
④ '재산이 붇다.'라는 문장과 비교해 보면, ㉣은 사동문이야.
⑤ '김밥 한 줄로 아이들의 주린 배가 부를 수는 없었다.'라는 문장과 비교해 보면, ㉤은 피동문이야.

125 〔피동 표현〕

◐ 21270-0125

〈보기〉를 참조했을 때, '이중 피동'으로 볼 수 <u>없는</u> 것은?

┌─── 보기 ────────────────────────────┐
　　피동 접사 '-이-, -히-, -리-, -기-'가 결합된 피동사에 '-아/어지다'가 결합하여 피동이 중복되어 나타나는 피동이 있는데, 이들을 이중 피동이라고 한다. 이중 피동은 과도한 피동으로서 규범적으로 수정의 대상이 되기도 하지만, 이중 피동과 피동사만으로 실현된 피동의 의미가 서로 달라서 일괄적인 수정이 어려운 경우도 있다. 한편, 사동사에 '-아/어지다'가 결합한 경우에는 이중 피동이 아니므로 규범적으로도 문제가 없고, 이를 사동사에 의한 표현으로 고쳤을 경우에는 의미가 달라지게 된다.
└────────────────────────────────────┘

① 항소를 통해 누명이 <u>벗겨지게</u> 되었다.
② 나는 친구들에게 '곰탱이'로 <u>불려진다</u>.
③ 책이 너무 어려워서 잘 <u>읽혀지지가</u> 않는다.
④ 친구들이 영희 때문에 두 편으로 <u>나뉘어지게</u> 되었다.
⑤ 그가 교통사고를 당했다는 사실이 도무지 <u>믿겨지지가</u> 않았다.

피동문

주어가 남에 의해 동작을 당하게 되는 것을 나타내는 문장

사동문

주어가 남에게 동작을 하도록 시키는 것을 나타내는 문장

피동사

남의 행동을 입어서 행하여지는 동작을 나타내는 동사. 능동사에 피동 접미사 '-이-, -히-, -리-, -기-'가 결합하여 만들어진다.

사동사

문장의 주체가 자기 스스로 행하지 않고 남에게 그 행동이나 동작을 하게 함을 나타내는 동사. 주동사에 사동 접미사 '-이-, -히-, -리-, -기-, -우-, -구-, -추-'가 결합하여 만들어진다.

126   피동 표현   21270-0126

〈보기〉의 ㉠과 ㉡에 해당하는 예문을 올바르게 짝지은 것은?

→ 보기 ←

주어가 제힘으로 동작을 하는 것을 '능동'이라고 하고, 남의 행동을 입어서 동작을 당하게 되는 것을 '피동'이라고 한다. 예를 들어, '고양이가 쥐를 잡다.'는 능동문이고, '쥐가 고양이에게 잡히다.'는 이에 대응하는 피동문이다. 그런데 ㉠대응하는 피동문이 없는 능동문이나 ㉡대응하는 능동문이 없는 피동문도 있다.

	㉠	㉡
①	우리는 구름 사이로 달을 보았다.	지난 잘못이 마음에 걸렸다.
②	누나가 김장 김치의 맛을 보았다.	흉악범에게 현상금이 걸렸다.
③	길에서 양복 차림의 형을 보았다.	보름달이 산꼭대기에 걸렸다.
④	형은 지난주에 입사 시험을 보았다.	동생의 실수가 형에게 걸렸다.
⑤	그들은 다른 친구의 흉을 보았다.	낡은 자동차의 시동이 걸렸다.

127   사동문의 구성과 의미   21270-0127

〈보기〉의 ㉠~㉢에 해당하는 예로 적절하지 <u>않은</u> 것은?

→ 보기 ←

선생님: 남으로 하여금 어떤 동작을 하도록 시키는 것을 사동이라고 합니다. 사동 표현을 만드는 방법은 크게 두 가지로 나눌 수 있는데요, 하나는 ㉠사동사에 의한 사동법이고 나머지 하나는 '-게 하다'에 의한 사동법입니다. 사동사는 동사나 형용사의 어간에 사동 접미사인 '-이-, -히-, -리-, -기-, -우-, -구-, -추-' 등이 붙어서 파생된 동사입니다. ㉡사동문의 의미는, 시키는 행위를 하는 주체가 시킴을 받는 대상이 하는 행위에 함께 참여하는지 아니면 말로만 시키는지에 따라 중의성을 지닐 때가 있습니다. 한편, ㉢사동사의 형태를 보이지만 사동의 의미에서 멀어진 경우도 있습니다.

① ㉠: 입맛을 돋우는 별미가 필요해.
② ㉠: 시험의 난이도를 낮추기로 했다.
③ ㉡: 아이들에게 책을 큰 소리로 읽게 하자.
④ ㉡: 아이를 반듯하게 앉힌 후 사진을 찍어 줬다.
⑤ ㉢: 할아버지 농장에서 올해는 소를 먹인다고 하시더라.

128 ◉ 피동사와 사동사 ◉

◑ 21270-0128

〈보기〉의 ㉠과 ㉡에 해당하는 예문으로 적절하지 <u>않은</u> 것은?

→ 보기 ◀

  동사 중에는 피동사와 사동사의 형태가 같은 것이 있다. 예컨대, '업다'에 접미사 '-히-'가 결합한 '업히다'는 ㉠피동사로도 쓰이고, ㉡사동사로도 쓰인다. 이런 경우에는 문장에서의 쓰임을 통해 이 둘을 구별해야 한다.

  ┌ ㉠: 아기가 엄마 등에 업혔다.
  └ ㉡: 할머니에게 아이를 업혔다.

① ┌ ㉠: 어젯밤 모기에게 콧잔등을 물렸다.
　 └ ㉡: 형은 울고 있는 아이에게 사탕을 물렸다.

② ┌ ㉠: 책상 위의 원고들이 바람에 날렸다.
　 └ ㉡: 아이들은 옥상에서 종이비행기를 날렸다.

③ ┌ ㉠: 다른 때와는 달리 글의 초안이 쉽게 잡혔다.
　 └ ㉡: 감기가 낫자마자 아이에게 연필을 잡혔다.

④ ┌ ㉠: 식사 시간임을 알리기 위해 그녀는 종을 울렸다.
　 └ ㉡: 형이 장난감을 빼앗아서 아직 어린 동생을 울렸다.

⑤ ┌ ㉠: 딱딱하기만 하던 경제 기사가 그날따라 쉽게 읽혔다.
　 └ ㉡: 학교에서는 학생들에게 판소리계 소설을 읽혔다.

129 · 부정 표현의 특성 · ⊙ 21270-0129

〈보기〉를 바탕으로 '부정 표현'에 대해 탐구한 것으로 적절하지 <u>않은</u> 것은?

---- 보기 ----

ㄱ · 인서는 대학에 안 갔다.
  · 인서는 대학에 못 갔다.

ㄴ · 연주는 안 착하다.
  · *연주는 못 착하다.

ㄷ · *빨리 안 운전해라.
  · *빨리 못 운전해라.
  · 빨리 운전하지 말아라.

*는 비문법적인 문장을 나타냄.

① ㄱ을 보니 서술어가 동사인 경우 '안' 부정과 '못' 부정을 모두 사용할 수 있어.
② ㄱ을 보니 '안' 부정문은 주체의 능력과, '못' 부정문은 주체의 의지와 관련이 있어.
③ ㄴ을 보니 단형 부정에서 서술어가 형용사인 경우에는 '안' 부정만 사용할 수 있어.
④ ㄷ을 보니 명령문에서는 '안' 부정문과 '못' 부정문이 모두 사용되지 못해.
⑤ ㄷ을 보니 부정의 명령문에서는 '말다'를 사용해 부정문을 만들 수 있어.

130 · 부정 표현의 특징 ·
○ 21270-0130

다음 ㉮~㉺ 중, 〈보기〉에 제시된 부정 표현의 특징을 바탕으로 설명하기 <u>어려운</u> 것은?

→ 보기 ◀

ㄱ. 형용사를 부정할 때는 주로 '안' 부정문이 쓰인다.
ㄴ. 일부 부사들은 반드시 부정 표현을 포함한 서술어와 함께 쓰인다.
ㄷ. '어근 + -하다' 구성의 짧은 부정문에서는 어근과 '-하다' 사이에 부정 부사가 온다.

㉮ 그동안 얼굴이 그다지 안 변했네.
㉯ 앞으로 영화는 무조건 보지 않을래.
㉰ 촛불을 켰는데도 분위기가 안 사네.
㉱ 공부하거나 공부 안 하거나, 네가 선택해.
㉲ 지원이와 지후 없이는 하나도 기쁘지 않아.

① ㉮, ㉯
② ㉮, ㉰
③ ㉯, ㉰
④ ㉰, ㉱
⑤ ㉱, ㉲

131 · '안' 부정문과 '못' 부정문의 쓰임 ·
○ 21270-0131

〈보기〉를 참고하여 ㉠~㉤을 탐구한 내용으로 적절하지 <u>않은</u> 것은?

→ 보기 ◀

국어의 부정 표현은 두 가지로 나눌 수 있다. 하나는 '안'이나 '않다'로 표현되는 '안' 부정문이고, 다른 하나는 '못'이나 '못하다'로 표현되는 '못' 부정문이다.

㉠ 꽉 막힌 도로 탓에 제 시간에 도착하지 못했다.
㉡ 남부 지방의 가뭄이 극심한데도 비가 계속 오지 않는다.
㉢ 노래 연습을 열심히 했지만 고음 부분은 끝내 부르지 못했다.
㉣ 만화를 한 편 더 보고 싶었지만 쌓인 숙제 때문에 안 보기로 했다.
㉤ 앞으로 결코 똑같은 잘못을 저지르지 않겠다는 의지로 버릇을 고쳤다.

① ㉠: 주체의 힘이 아닌 외부적 상황이 원인일 때 '못' 부정문을 쓸 수 있군.
② ㉡: 객관적인 사실이 부정의 대상이 될 때 '안' 부정문을 쓸 수 있군.
③ ㉢: 주체의 능력 부족이 원인이 될 때 '못' 부정문을 쓸 수 있군.
④ ㉣: 주체의 의지가 반영되어 부정할 때 '안' 부정문을 쓸 수 있군.
⑤ ㉤: 주체의 기대와는 다른 상황을 나타낼 때 '안' 부정문을 쓸 수 있군.

132 직접 인용과 간접 인용의 차이

🔘 21270-0132

⟨보기⟩를 참고하여 ㉠~㉤을 탐구한 내용으로 적절하지 <u>않은</u> 것은?

> **보기**
>
> 다른 사람이 한 말을 옮기는 방식은 두 가지로 나눌 수 있다. 하나는 다른 사람이 한 말을 그대로 가져오는 직접 인용이고, 다른 하나는 다른 사람의 말을 고쳐서 옮겨 놓는 간접 인용이다. 직접 인용에서는 다른 사람의 말과 그것을 옮겨다 쓰는 사람의 말을 분명히 구별하기 위하여 따다 쓴 말 앞뒤에 따옴표를 찍는다. 간접 인용에서는 주어와 서술어, 몇몇 단어 등이 이야기하는 사람의 관점에서 바뀌고, 따옴표를 찍지 않는다.

	직접 인용의 예		간접 인용의 예
㉠	전화 통화 중 언니는 "거기에도 비가 와?"라고 물었다.	→	전화 통화 중 언니는 여기에도 비가 오는지 물었다.
㉡	단체 여행 중 혁진이는 "빨리 출발합시다."라고 재촉했다.	→	단체 여행 중 혁진이는 빨리 출발하자고 재촉했다.
㉢	태연이는 "모둠 활동에서 내가 발표를 맡을래."라고 외쳤다.	→	태연이는 모둠 활동에서 자기가 발표를 맡겠다고 외쳤다.
㉣	어제 윤영이를 만났는데, "어제 학교에서 승효를 봤어."라고 하더라.	→	어제 윤영이를 만났는데, 그저께 학교에서 승효를 봤다고 하더라.
㉤	상이는 새로 짝꿍이 된 친구에게 "우리 앞으로 친하게 지내자."라고 했다.	→	상이는 새로 짝꿍이 된 친구에게 앞으로 친하게 지내자고 했다.

① ㉠을 보니, 직접 인용절과 간접 인용절에서 각각 장소를 나타내는 말은 이야기하는 사람을 중심으로 다를 수 있다.

② ㉡을 보니, 직접 인용절과 간접 인용절에서 상대 높임의 표현이 다를 수 있다.

③ ㉢을 보니, 직접 인용절의 서술어와 간접 인용절의 서술어에서 시제가 다를 수 있다.

④ ㉣을 보니, 직접 인용절과 간접 인용절에서 각각 날짜를 나타내는 단어는 이야기하는 사람의 관점에서 다를 수 있다.

⑤ ㉤을 보니, 직접 인용절의 주어와 간접 인용절의 주어는 생략 여부가 다를 수 있다.

EBS 국어 문법의 원리 **수능 국어 문법 180제**

IV

의미, 담화와 텍스트

133

◎ 21270-0133

〈보기〉의 ㉠ ~ ㉢에 들어갈 내용을 올바르게 짝지은 것은?

→ 보기 ◀

　하나의 단어에 둘 이상의 의미가 있을 경우, 각각의 의미에 따라 유의어나 반의어가 달라질 수 있다. 예를 들어, '시계가 서다.'에서 '서다'의 유의어와 반의어는 각각 '멈추다'와 '가다'인데, '질서가 서다.'에서 '서다'의 유의어와 반의어는 각각 '잡히다'와 '무너지다'가 된다.

단어	예문	유의어	반의어
놓다	깜빡하고 지갑을 식당에 놓고 왔다.	㉡	챙기다
	㉠	치다	거두다
	한의사가 허리에 침을 놓아 주었다.	찌르다	㉢

	㉠	㉡	㉢
①	비단옷에 오색실로 수를 놓았다.	빠뜨리다	빼다
②	건강이 안 좋아서 잠깐 일을 놓았다.	흘리다	들다
③	마당에 커다랗게 모깃불을 놓았다.	잃다	뜨다
④	동네 사람들이 강에 그물을 놓았다.	두다	뽑다
⑤	이사를 하자마자 전화부터 놓았다.	주다	맞다

관련 기출 ▶ 2013학년도
대학수학능력시험

12 〈보기〉의 (가), (나)에 들어갈 내용으로 적절한 것은?

→ 보기 ◀

　어떤 단어가 여러 의미를 지녔을 경우, 각각의 의미에 따라 반의어도 달라질 수 있다. 가령 '시계가 서다'에서 '서다'의 반의어는 '가다'인데, '공연을 서서 보다'에서 '서다'의 반의어는 '앉다'가 된다.

단어	예문	반의어
빼다	주차장에서 차를 뺐다.	대다
	(가)	넣다
	적금을 빼서 빚을 갚았다.	(나)

	(가)	(나)
①	풍선에서 바람을 뺐다.	꽂다
②	설날이 다가와서 가래떡을 뺐다.	더하다
③	주머니에서 손을 뺐다.	찾다
④	새집 냄새를 뺐다.	박다
⑤	이번 경기에서는 그를 뺐다.	들다

답 ⑤

134

○ 21270-0134

〈보기〉의 ㉠~㉤에 대한 설명으로 적절하지 않은 것은?

> 보기 <

은주: 이번 조별 과제, 어떤 주제로 하면 좋을지 생각해 봤어?

선우: 글쎄, 나는 아직 잘 모르겠는데.

은주: 그래? 아까 공책에 열심히 적고 있길래 좋은 생각이 있나 했지.

선우: 아, ㉠그건 다른 과제에 대한 것이었어.

은주: 그러면 우리 지역의 사투리에 대해 조사해 보는 건 어떨까?

선우: ㉡좀 어렵지 않을까? 많은 사람들을 만나야 할 텐데, 시간도 부족하고.

은주: 아무래도 그렇겠지? 그러면 각자 주제를 정해서 내일까지 ㉢거기에 올리기로 하자.

선우: 어디? 아, 우리 단체 대화방 말이지?

은주: 어. 그리고 다른 애들한테도 알려 줘. ＼㉣／ 자기가 어떤 역할을 하고 싶은지도 올리라고 해 줘.

선우: 그런데 우리 조가 누구누구이지?

은주: 그것도 아직 모르니? ㉤여기에 적혀 있잖아.

① ㉠: 앞에서 언급된 내용을 가리키는 말로 담화의 응집성을 높여 주는 기능을 한다.

② ㉡: 주어가 생략되었지만 제시된 담화 맥락 내에서 충분히 추론할 수 있다.

③ ㉢: 청자도 지칭 대상을 알고 있을 것이라고 생각하여 사용한 말이다.

④ ㉣: '또'라는 담화 표지를 넣어 다른 내용이 첨가될 것임을 나타낼 수 있다.

⑤ ㉤: 청자는 볼 수 없지만 화자는 볼 수 있는 대상을 가리키기 위해 사용된 말이다.

관련 기출▶ 2014 EBS N제 B형

03 ㉠~㉤에 대한 설명으로 적절하지 않은 것은?

후배: 형, 오늘 동아리 시간에 뭐 하는지 아세요? 어, 손에 있는 종이 혹시 오늘 모임 자료인가요?

선배: ㉠그건 아니고, 이건 이번 축제 때 우리 동아리에서 어떤 전시를 하면 좋을지 내 생각을 적어 본 거야. 오늘 동아리 모임 때 정해야 할 내용이라서. 좋은 생각 있어?

후배: 전시보다는 마술 공연 같은 걸 하면 좋을 것 같아요.

선배: ㉡좀 곤란할 것 같은데, 우린 사진 동아리잖아.

후배: 음, 그러면 주제를 하나 정해서 각자 사진을 찍어 전시하는 건 어떨까요? ㉢그리고 '우정'이라는 주제로 각자 사진을 찍어 전시하는 거죠. ＼㉣／ 우리 동아리원이 아닌 학생들 사진도 함께 전시하면 더 좋을 것 같아요.

선배: 와, 나랑 같은 생각을 했네. 내가 ㉤이 종이에 적은 것도 비슷한 내용인데.

① ㉠은 앞서 언급된 '손에 있는 종이'를 가리키는 말로 앞 문장과의 응집성을 높여 준다.

② ㉡에서 앞서 언급된 내용에 대한 생략은 담화의 응집성을 실현하는 기능을 한다.

③ ㉢은 앞뒤 문장 간의 관계를 고려할 때 예시 기능을 하는 담화 표지로 바꾸는 것이 적절하다.

④ ㉣에 '또'라는 담화 표지를 넣어 사진전에 대한 추가적 내용이 첨가될 것임을 나타낼 수 있다.

⑤ ㉤은 수식 대상인 '종이'가 대화 상황에서 눈에 보이는 대상임을 나타낸다.

답 ①

135

● 21270-0135

〈보기〉의 ㉠~㉺에 대한 설명으로 적절하지 <u>않은</u> 것은?

> **보기**
>
> **[시은이가 아버지와 함께 외할머니 댁에 방문한 상황]**
>
> 외할머니: 시은이 ㉠아비 왔구나.
>
> 아버지: 네, ㉡어머님. 건강은 좀 어떠세요?
>
> 외할머니: ㉢아범이 보내 준 약 덕분에 많이 나아졌지. 고맙네.
>
> 시은: ㉣할머니, 저도 왔어요.
>
> 외할머니: 그래. ㉤아버지와 같이 왔구나. ㉥어머니는 무슨 일 있으시니?
>
> 시은: ㉦엄마는 오늘 갑자기 출근하셨어요.
>
> 아버지: 요즘 ㉧아내가 많이 바쁘네요.

① ㉠과 ㉢은 동일한 대상이지만 화자가 임의로 다른 말을 선택하여 다르게 표현되었다.

② ㉠과 ㉤은 동일한 대상이지만 청자가 달라서 다르게 표현되었다.

③ ㉡과 ㉣은 동일한 대상이지만 화자가 달라서 다르게 표현되었다.

④ ㉥과 ㉦은 동일한 대상이지만 청자의 관점에서 가리키는 말을 사용하여 다르게 표현되었다.

⑤ ㉦과 ㉧은 동일한 대상이지만 화자와 대상의 관계가 서로 달라서 다르게 표현되었다.

관련 기출▶ 2015학년도 대수능 6월
모의평가 A/B형

15 (가)에 들어갈 내용으로 적절하지 <u>않은</u> 것은?

탐구 목표	실제 담화를 분석하여, 화자와 청자가 누구인지에 따라 동일한 인물이 다르게 표현될 수 있음을 이해한다.
탐구 자료	**[은미의 고모가 은미 집을 찾아온 상황]** 할머니: 어서 와라. ㉠김 서방도 잘 지내지? 고모: 네, 엄마. ㉡그이도 잘 지내요 언니, 그동안 잘 지내셨어요? 엄마: 네, ㉢아가씨, 배고프실 텐데 과일 좀 드세요. 고모: 고마워요. 언니. 은미야. 공부하느라 힘들지? 은미: 아니에요. ㉣고모. 고모부는 같이 안 오셨어요? 고모: 응. ㉤고모부는 다른 약속이 있어서 못 왔어.
탐구 결과	(가)

① ㉠과 ㉡을 보면, 화자와 청자가 맞바뀌어 동일한 인물이 다르게 표현되고 있다.

② ㉠과 ㉢을 보면, 청자는 같지만 화자가 달라 동일한 인물이 다르게 표현되고 있다.

③ ㉠과 ㉣을 보면, 화자도 다르고 청자도 달라 동일한 인물이 다르게 표현되고 있다.

④ ㉡과 ㉤을 보면, 화자는 같지만 청자가 달라 동일한 인물이 다르게 표현되고 있다.

⑤ ㉢과 ㉣을 보면, 화자가 달라 동일한 청자가 다르게 표현되고 있다.

답 ②

136

○ 21270-0136

<보기 1>을 참고하여 <보기 2>에 대해 이해한 내용으로 적절한 것은?

▶보기 1◀

　　담화 표지는 담화 상황에서 화자의 발화 의도나 심리적 태도를 효과적으로 전달하기 위해 쓰인 연결어, 어미, 접속어 등을 의미한다. 글쓴이는 이러한 담화 표지를 사용함으로써 예고('다음과 같다' 등), 강조('강조하자면' 등), 정리('결론적으로' 등), 인과('그러므로' 등), 예시('예를 들어' 등), 열거('첫째, 둘째' 등), 비교와 대조('반면에' 등) 등의 의도를 효과적으로 드러낼 수 있다.

▶보기 2◀

　　오랫동안 인류는 동물의 희생이 수반된 육식을 당연하게 여겨 왔으며 이는 지금도 진행 중이다. ㉠그런데 이에 대해 윤리적 문제를 제기하며 채식을 선택하는 경향이 생겨났다. ㉡이러한 경향을 취향이나 종교, 건강 등의 이유로 채식하는 입장과 구별하여 '윤리적 채식주의'라고 한다. 그렇다면 윤리적 채식주의의 관점에서 볼 때, 육식의 윤리적 문제점은 ㉢무엇인가?

　　인간과 동물은 모두 존중받아야 할 '독립적 개체'이다. 동물도 인간처럼 주체적인 생명을 영위해야 할 권리가 있는 존재이다. ㉣또한 동물도 쾌락과 고통을 느끼는 개별 생명체이므로 그들에게 고통을 주어서도, 생명을 침해해서도 안 된다. ㉤요컨대 동물도 고유한 권리를 가진 존재이기 때문에 동물을 단순히 음식 재료로 여기는 인간 중심주의적인 시각은 윤리적으로 문제가 있다는 것이다.

① ㉠: 기존의 내용과 유사한 내용이 반복될 것임을 예고하는 담화 표지이군.

② ㉡: 앞에서 나오는 '지금도 진행 중'인 경향에 해당됨을 알려 주는 담화 표지이군.

③ ㉢: 독자의 이목을 끌면서 화제를 제시하기 위해 의문형으로 쓴 담화 표지이군.

④ ㉣: 앞 문장이 뒤 문장을 판단하는 근거가 됨을 암시하는 담화 표지이군.

⑤ ㉤: 글쓴이가 하고자 하는 말에 대한 새로운 근거를 강조하는 담화 표지이군.

189 (가)를 참고하여 (나)에 대해 이해한 내용으로 적절하지 <u>않은</u> 것은?

(가) 담화 표지는 글쓴이가 자신의 의도를 실현하기 위해 글에 마련해 놓은 여러 가지 장치이다. 담화 표지에는 접속어, 지시어, 단어 반복 등이 있는데, 글쓴이는 이러한 담화 표지를 사용함으로써 예고, 강조, 정리, 인과, 예시, 열거, 비교, 대조 등의 의도를 효과적으로 드러낼 수 있게 된다.

(나) ㉠이번에는 암석과 환경과의 관계에 대해 생각해 보자. ㉡우선 역암은 자갈 사이에 모래나 흙이 채워진 암석인데, 알갱이가 굵고 무거워서 멀리까지 이동하지 못한다. ㉢따라서 역암이 발견되는 장소는 육지와 가까운 선상지나 하천, 해안이었다. 빙퇴석의 경우도 마찬가지이다. 빙퇴석은 빙하가 녹으면서 그 안에 있던 물질들이 주변의 토양과 섞여서 만들어진 암석이다. 빙퇴석의 곁에 나 있는 긁힌 자국을 보면 빙하가 어느 방향으로 이동했는지 알 수 있다. 또한 응회암은 화산재가 쌓여서 만들어진 암석이므로, ㉣그것이 발견된 곳 주변에서 화산 활동이 있었다고 짐작할 수 있다. ㉤이렇게 볼 때 암석들을 연구하면 지층이 만들어지던 시기의 환경에 대한 자료를 얻을 수 있음을 알 수 있다.

① ㉠: 새로운 화제가 제시될 것임을 예고하는 담화 표지이군.

② ㉡: 열거되는 여러 내용 중에서 첫 번째로 제시되는 내용임을 알려 주는군.

③ ㉢: 앞 문장이 뒤 문장의 판단의 근거가 되고 있음을 보여 주는 담화 표지이군.

④ ㉣: 앞에 나오는 '응회암'을 지시하는 담화 표지이군.

⑤ ㉤: 글쓴이가 하고자 하는 말을 반복하여 강조할 수 있도록 이끌어 주는 말이군.

답 ⑤

137 ◦ 관용 표현의 특징 ◦

◎ 21270-0137

〈보기〉를 참고하여 관용 표현을 이해한 내용으로 적절하지 <u>않은</u> 것은?

> ▶ 보기 ◀
>
> 　둘 이상의 구성 요소가 결합하여 새로운 의미로 쓰이는 말을 관용 표현이라고 한다. 관용 표현은 습관적으로 굳어져 익숙하게 쓰이는 표현이라는 특징이 있다. 일반적으로 관용 표현은 비유적 사고를 바탕으로 하는데, 과장성, 완곡성, 반어성이 두드러지는 경우가 많다. 각각에 대한 설명은 다음과 같다.
>
> - **과장성**: 부풀려 표현하는 특성 **예** 간이 콩알만 해지다(매우 놀라다)
> - **완곡성**: 부드럽게 돌려 말하는 특성 **예** 눈을 감다(죽다)
> - **반어성**: 글자와 정반대의 의미를 나타내는 특성 **예** 꼴좋다(보기에 안 좋다)

① '똥을 누다'를 '뒷간 가다'와 같이 과장하여 나타낼 수 있군.
② '죽다'를 '유명을 달리하다'와 같이 완곡하게 나타낼 수 있군.
③ '매우 어려운 일'을 '하늘의 별 따기'와 같이 과장하여 나타낼 수 있군.
④ '아주 가까운 곳'을 '엎어지면 코 닿을 데'와 같이 과장하여 나타낼 수 있군.
⑤ '불행하기를 바란다'를 '잘 먹고 잘 살아라.'와 같이 반어적으로 나타낼 수 있군.

관용 표현
관용어(관용구), 속담, 격언 등을 포괄한다.

138 다의어와 동음이의어

○ 21270-0138

국어사전의 일부인 〈보기〉에 대해 탐구한 내용으로 적절하지 <u>않은</u> 것은?

⟶ 보기 ⟶

갈다¹ 〔갈아, 가니, 가오〕 통【…을 …으로】
　① 이미 있는 사물을 다른 것으로 바꾸다.
　　¶컴퓨터의 부속품을 좋은 것으로 갈았다.
　② 어떤 직책에 있는 사람을 다른 사람으로 바꾸다.
　　¶책임자를 전문가로 갈다.
유의어 ｜　　　　㉠　　　　｜

갈다² 〔갈:-〕〔갈아, 가니[가:-], 가오[가:-]〕통【…을】
　① 날카롭게 날을 세우거나 표면을 매끄럽게 하기 위하여 다른 물건에 대고 문지르다.
　　¶기계로 칼을 갈다.
　② 잘게 부수기 위하여 단단한 물건에 대고 문지르거나 단단한 물건 사이에 넣어 으깨다.
　　¶맷돌에 녹두를 갈다.

① '갈다¹'과 '갈다²'는 모두 다의어이다.
② '갈다¹'과 '갈다²'는 '갈'의 소리 길이에 의해 변별된다.
③ '갈다¹'의 ㉠에 '교체하다, 대체하다'를 넣을 수 있다.
④ '갈다¹'은 두 자리 서술어이고, '갈다²'는 한 자리 서술어이다.
⑤ '갈다²' ①의 용례로 '울퉁불퉁한 돌을 갈아서 둥글게 만들다.'를 추가할 수 있다.

139 ○ 상하 관계의 특징

○ 21270-0139

〈보기〉는 상하 관계의 특징을 알아보기 위해 찾은 자료이다. ㉠~㉢에 대해 이해한 내용으로 적절하지 <u>않은</u> 것은?

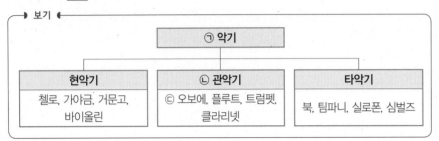

보기

㉠ 악기		
현악기	**㉡ 관악기**	**타악기**
첼로, 가야금, 거문고, 바이올린	㉢ 오보에, 플루트, 트럼펫, 클라리넷	북, 팀파니, 실로폰, 심벌즈

① ㉠에서 ㉢으로 갈수록 의미가 구체적이야.

② ㉠에서 ㉢으로 갈수록 단어의 의미 속성이 더 많아.

③ ㉠은 ㉡의 의미를, ㉡은 ㉢의 의미를 포함하고 있어.

④ ㉠의 상의어와 ㉡의 상의어는 언제나 ㉢의 상의어야.

⑤ ㉠ 위에 상의어를, ㉢ 아래에 하의어를 새로 추가할 수 있어.

상하 관계
한 단어가 의미상 다른 단어를 포함하거나 다른 단어에 포함되는 의미 관계. 의미상 다른 단어를 포함하는 단어를 상의어, 포함되는 단어를 하의어라고 한다.

140 유의어와 동사의 관계   ◎ 21270-0140

〈보기〉는 유의 관계에 있는 말들의 쓰임을 탐구한 것이다. 〈보기〉를 통해 이끌어 낼 수 있는 내용으로 적절하지 <u>않은</u> 것은?

> **보기**

탐구 주제	유의 관계에 있는 동사들을 대상으로 함께 쓰이는 단어들이 같은지 다른지 관찰한다.

탐구 과정	1. 서로 다른 말과 나란히 쓰이도록 예문을 수집한다. 2. 각각의 문장이 자연스럽게 느껴지면 'O', 부자연스럽게 느껴지면 'X'로 표시한다.

		기르다	키우다	양육하다
㉠	정성을 다해 꽃을	O	O	X
㉡	강아지를 뒤뜰에서	O	O	X
㉢	어머니가 아기를	O	O	O
㉣	미래가 요구하는 첨단 산업을	X	O	X
㉤	운동을 하며 건강을	O	X	X

탐구 결과	유의 관계에 있는 단어라도 어울려 쓰이는 말은 서로 다르다.

① ㉠을 보니, 식물이 목적어일 때 '키우다'는 '기르다'를 대신하여 쓸 수 있군.
② ㉡을 보니, '기르다'와 '키우다'는 동물을 목적어로 취할 수 있군.
③ ㉢을 보니, '기르다, 키우다, 양육하다' 모두를 서로 바꾸어 쓸 수 있는 경우가 있군.
④ ㉣, ㉤을 보니, 추상적인 대상에 대해서는 '기르다' 혹은 '키우다'를 대신하여 '육성하다'를 쓸 수 있겠군.
⑤ ㉠~㉤을 보니, '양육하다'는 사람만을 목적어로 취한다는 점에서 '기르다', '키우다'와 차이가 있군.

목적어

주요 문장 성분의 하나로, 타동사가 쓰인 문장에서 동작의 대상이 되는 말. '철수가 책을 읽는다.'에서 '책을' 따위이다.

141 `반의 관계` ● 21270-0141

〈보기〉의 ㉠, ㉡에 들어갈 말로 적절한 것은?

> **보기**
>
> 우리는 흔히 '열다'의 반의어를 '닫다'라고 생각하지만, '자물쇠를 열다.'와 같은 문장에서는 '열다'의 반의어로 '닫다'보다는 '잠그다'가 적절하다. 이처럼 여러 개의 뜻을 가진 다의어는 각각의 의미에 따라 대응되는 반의어도 상이함을 알 수 있다. '벗다'를 통해 이에 대해 자세히 살펴보자.

	반의어	예문
벗다 ⇔	입다	청년은 낡은 작업복을 입고 있었다.
	㉠	손에 장갑을 (㉠)
	쓰다	(㉡)
	신다	한복을 입을 때는 버선을 신는다.

	㉠	㉡
①	풀다	입에 쓴 약이 몸에 좋다.
②	풀다	머리에 면사포를 쓴 신부가 입장했다.
③	끼다	미세 먼지 때문에 마스크를 썼다.
④	끼다	영희는 조그마한 수첩에 일기를 쓴다.
⑤	넣다	빨래할 때 세제를 많이 쓰면 환경에 좋지 않다.

반의어
뜻이 서로 정반대의 관계에 있는 말. 공통된 의미 요소를 가지고 있으면서 하나의 의미 요소만을 달리하는 한 쌍의 말이다.

142 다의어와 동음이의어

○ 21270-0142

〈보기〉를 참고하여 ㉠~㉣을 다의어와 동음이의어로 나눈 것으로 적절한 것은?

→ 보기 ←

다의어와 동음이의어는 어떻게 구별할 수 있을까? 다의어와 동음이의어는 모두 말소리의 형태는 같지만, 의미적 연관성은 같지 않다. 다의어는 하나의 단어가 여러 의미를 가지고 있어, 이들 의미는 서로 관련을 맺는다. 반면에 동음이의어는 우연히 소리는 같지만, 의미적으로는 관련을 찾기 어렵다. 예를 들어 '철수는 인사성이 매우 밝다.'에 사용된 '밝다'와 '횃불이 밝게 타오르고 있었다.'에 사용된 '밝다'는 의미상 관련이 있지만, '두 손으로 깍지를 꼈다.'에 사용된 '끼다'와 '안개가 껴서 앞이 잘 보이지 않는다.'에 사용된 '끼다'는 의미상 관련이 없다.

㉠ ⓐ: 빨래를 할 때는 세제를 쓴다.
　 ⓑ: 공적인 말하기 상황에서는 정중한 표현을 쓴다.

㉡ ⓐ: 천둥 치는 소리에 잠에서 깼다.
　 ⓑ: 벽시계가 11시를 치자 그가 들어왔다.

㉢ ⓐ: 어머니의 손은 투박하고 거칠다.
　 ⓑ: 철수는 머릿속의 생각을 거칠게 문장으로 표현하였다.

㉣ ⓐ: 벽난로에서 장작이 활활 타고 있었다.
　 ⓑ: 썰매를 타려면 꼭 장갑을 끼어야 한다.

	다의어	동음이의어
①	㉠, ㉡	㉢, ㉣
②	㉠, ㉢	㉡, ㉣
③	㉡, ㉢	㉠, ㉣
④	㉡, ㉣	㉠, ㉢
⑤	㉢, ㉣	㉠, ㉡

143 유의어의 쓰임

21270-0143

〈보기〉를 참고하여 '느낌'을 다른 단어로 바꾸는 활동을 하였다. 활동 결과로 적절하지 <u>않은</u> 것은?

보기

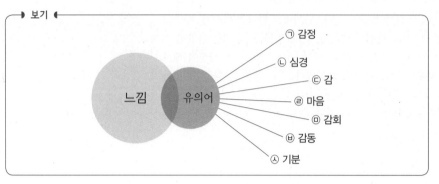

① '현도 마지못해 따라 웃다 말고 느닷없이 난감한 <u>느낌</u>에 사로잡혔다.'에서 '느낌'은 ㉠ 또는 ㉟으로 대체할 수 있군.
② '이 그림에는 복잡한 <u>느낌</u>이 표현되어 있다.'에서 '느낌'은 ㉡ 또는 ㉣로 대체할 수 있군.
③ '이 음악은 경쾌한 <u>느낌</u>을 준다.'에서 '느낌'은 ㉢으로 대체할 수 있지만 ㉡으로 대체할 수는 없군.
④ '20년 만에 조국 땅을 밟는 그의 <u>느낌</u>은 남달랐다.'에서 '느낌'은 ㉤으로 대체할 수 있지만 ㉥으로 대체할 수는 없군.
⑤ '소설 속 주인공이 마치 나 자신같이 느껴질 정도로 강한 <u>느낌</u>을 받았다.'에서 '느낌'은 ㉥으로 대체할 수 있지만 ㉟으로 대체할 수는 없군.

144 유의 관계 · 21270-0144

밑줄 친 말과 유의 관계를 이루는 한자어로 적절하지 <u>않은</u> 것은?

고유어	예문	한자어
내리다	비행기가 활주로에 내렸다.	㉠
	작전을 시작하라는 명령을 내렸다.	㉡
	전국에 태풍 경보를 내렸다.	㉢
오르다	새말을 국어사전에 올렸다.	㉣
	최고의 경지에 올랐다.	㉤

① ㉠: 착륙(着陸)하다
② ㉡: 하달(下達)하다
③ ㉢: 발령(發令)하다
④ ㉣: 게재(揭載)하다
⑤ ㉤: 도달(到達)하다

유의 관계
의미가 서로 비슷한 단어들의 관계

145 ◆ 다의어의 형성

○ 21270-0145

〈보기〉를 바탕으로 다의어의 중심 의미가 주변 의미로 확장되는 경로를 탐구할 때, 유형 ㉠ ~ ㉢에 해당하는 확장 경로의 예로 적절하지 않은 것은?

> **보기**
>
> 다의어는 중심 의미가 확장되어 주변 의미를 형성함으로써 생성된다. 중심 의미는 어떠한 맥락에서 무엇과 어울려 쓰이는지에 따라서 다양한 주변 의미를 만들어 낸다. 그 경로는 몇 가지로 정형화되는데, 자주 발견되는 유형을 예로 들면 다음과 같다.
>
> ㉠ 사람과 어울려 쓰이는 단어가 동물, 식물, 무생물과도 어울려 쓰이는 경우
>   : '사람 → 동물 → 식물 → 무생물'의 경로로 확장되는 유형
> ㉡ 공간에 관련된 말이 시간이나 추상적인 대상과 관련된 말로도 쓰이는 경우
>   : '공간 → 시간 → 추상'의 경로로 확장되는 유형
> ㉢ 물리적인 위치와 어울려 쓰이는 말이 사회적 위치(지위, 직업)나 심리적 위치와도 어울려 쓰이는 경우
>   : '물리적 위치 → 사회적 위치 → 심리적 위치'의 경로로 확장되는 유형

	유형	단어	확장 경로
①	㉠	눈	여자의 눈 → 고양이의 눈 → 새싹의 눈 → 안경의 눈
②	㉠	먹다	아이가 밥을 먹었다. → 볍씨가 물을 먹었다. → 소가 풀을 먹었다. → 종이가 기름을 먹었다.
③	㉡	깊다	계곡이 깊다. → 밤이 깊다. → 인연이 깊다.
④	㉡	틈	창문 틈으로 바람이 들어온다. → 쉴 틈이 없다. → 우정에 틈이 생겼다.
⑤	㉢	있다	그는 방에 있다. → 그는 공직에 있다. → 그는 내 가슴에 있다.

146 담화의 요소

◎ 21270-0146

〈보기〉의 ㉠ ~ ㉤의 기능에 대한 설명으로 적절하지 **않은** 것은?

보기

　　반려 동물을 존중하는 사회적 분위기가 확산되면서 반려 동물을 키우는 가구가 증가하고 있다. 특히 대도시에서는 더욱 ㉠그러한 경향을 보인다. 주거 환경과 가족 구성원에 따라 선호하는 반려 동물이 서로 다른 경우가 ㉡많은데, 반려 동물 선택 시에는 어떤 점을 고려해야 할까?

　　공동 주택에 사는 경우, 짖는 소리가 지나치게 큰 반려 동물은 키우기가 어렵다. 또한 집집마다 마당이 있는 경우는 거의 없으므로 실내에서 키울 수 있는 동물이 적합하다. 즉 실내 생활이 어려울 정도로 활발한 기질을 가진 동물이나 냄새가 많이 나는 동물은 ㉢피해야만 별 탈 없이 키울 수 있다.

　　그리고 가족 구성원의 연령도 반려 동물 선택에 큰 영향을 미친다. 아기를 키우는 집에서 털이 많이 날리는 동물을 키우면 ㉣호흡기 질환뿐 아니라 피부에 문제를 일으킬 수 있으므로 주의해야 한다. ㉤노인 가구의 경우에는 애교가 많고 다정한 성질을 가진 동물을 키우면 적막함을 덜 수 있다.

① ㉠의 '그러하-'는 앞에서 서술한 내용을 대신하여 쓴 말이다.

② ㉡의 '-은데'는 앞의 내용을 반복하여 강조할 것임을 나타낸다.

③ ㉢의 '-어야만'은 앞의 내용이 뒤에 이어지는 내용의 필수 조건임을 나타낸다.

④ ㉣의 '뿐 아니라'는 앞의 내용과 관련되는 내용이 더해질 것임을 나타낸다.

⑤ ㉤의 '는'은 앞의 내용과 대비되는 대상이 서술될 것임을 나타낸다.

147 담화의 요소

○ 21270-0147

〈보기 1〉의 ㉮와 ㉯를 참고하여 〈보기 2〉를 설명한 내용으로 적절한 것은?

▶보기 1◀

담화가 짜임새 있게 구성되기 위해서는 응집성을 갖추어야 한다. 응집성이란 담화를 이루는 발화나 문장들이 형식상 특정한 장치에 의해 연결되는 것을 뜻한다. 응집성은 주로 ㉮지시어, 접속 부사와 같은 연결어에 의해 표현되거나, ㉯'먼저', '이후' 등과 같이 순서나 과정을 직접적으로 드러내는 어휘로 표현되기도 하며, 유사한 어휘 또는 표현을 반복함으로써 표현되기도 한다.

▶보기 2◀

저는 국어 국문학을 전공하고 싶습니다. ㉠우리말과 우리글에 대한 관심도 크고, 국어 국문학을 전공하기 위한 준비도 착실하게 하고 있으며, 앞으로의 공부 방향에 대한 계획도 가지고 있습니다. ㉡그래서 저는 국어 국문학과에서 제 소질과 능력을 연마할 기회를 얻을 수 있기를 바랍니다.

제가 국어 국문학을 본격적으로 공부하고 싶다는 결심을 굳히게 된 데에는 몇 가지 계기가 있었습니다. ㉢저는 어려서부터 책을 읽고 글을 쓰는 것을 좋아했습니다. 동화책을 읽고 독후감을 쓰는 즐거움은 어린 저에게도 매우 인상적이었습니다. ㉣게다가 고등학교에 진학한 다음에는 문예반에서 적극적으로 활동했습니다. 우리 문학 작품을 읽고 제 자신이 직접 창작도 해 보면서 우리 문학의 우수성도 알게 되었습니다. 글을 읽고 쓰는 능력이 뛰어나다는 평가도 자주 받았습니다.

국어 국문학 공부를 위해서는 우리말이 가지는 고유한 특성도 잘 알아야 하고, 우리글이 배경으로 삼고 있는 역사와 사회에 대해서도 잘 알아야 한다고 생각합니다. 그래서 저는 이들 분야에 대한 교양서적들을 널리 읽었습니다. ㉤이처럼 저는 국어 국문학에 대해 깊은 관심을 가지며 국어 국문학을 전공하기 위해 철저한 준비를 했습니다. 국어 국문학을 전공하게 된다면 우리말과 우리글을 지키고 가꾸는 일에 크게 기여할 수 있을 것이라고 자부합니다.

① ㉠에서는 ㉯를 찾아볼 수 있다.
② ㉡에서는 ㉯를 찾아볼 수 있다.
③ ㉢에서는 ㉮를 찾아볼 수 있다.
④ ㉣에서는 ㉮와 ㉯를 모두 찾아볼 수 있다.
⑤ ㉤에서는 ㉮와 ㉯를 모두 찾아볼 수 있다.

응집성
담화를 구성하는 여러 요소들 사이의 표면적인 연결 관계. 예를 들어, '오늘 눈이 왔다. 그래서 아침에 지각을 했다.'에서 '그래서'라는 응집을 가능하게 하는 장치를 통해 두 문장은 원인과 결과라는 관계를 가진다.

148 　담화의 의미

〈보기〉의 ㉠으로 설명할 수 있는 예가 <u>아닌</u> 것은?

○ 21270-0148

> **보기**
>
> 　담화의 의미는 일차적으로는 담화에 제시된 언어적 맥락에 의해 형성되며, 경우에 따라서는 상황 맥락, 발화 의도와 같은 비언어적 맥락을 고려해야 한다. 비언어적 맥락 중 상황 맥락이란 담화의 수용이나 생산 활동에 직접적으로 개입하는 맥락을 말한다. 화자, 청자, 시간, 공간 등을 구성 요소로 들 수 있다. 발화 의도는 발화를 생성하는 의도를 말하는데, ㉠실제 표현된 발화에서는 발화 의도와 다른 문장 종결 형식을 사용하기도 한다. 따라서 상황 맥락과 발화 의도를 모두 고려해야 담화의 의미를 제대로 이해할 수 있다.

	상황 맥락	발화 의도	발화
①	회의에 늦게 도착한 동료에게	'너무 오래 기다려서 기분이 나쁩니다.'	"시계 없으세요?"
②	외출하려는 동생이 집에 있는 언니에게	'언니, 나갈 때 우산 챙겨.'	"언니, 밖에 비 온다."
③	점심 식사를 하러 가자는 부장에게 사원이	'부장님이 점심 사 주실 것인가요?'	"오늘 지갑을 깜빡했습니다."
④	수업 시간이 끝난 이후에도 계속 수업하시는 선생님께 학생이	'어서 끝내 주세요.'	"종 친 지 5분도 넘었어요."
⑤	가이드가 호텔에 도착한 단체 관광객에게	'오늘 일정은 여기서 끝입니다.'	"다음 일정은 내일 9시에 시작됩니다."

149 ◀ 담화의 유형 ▶

◎ 21270-0149

〈보기 2〉의 ㉠~㉤ 중 〈보기 1〉의 사례로 가장 적절한 것은?

▶보기 1◀

　　아침에 일어나서 집안 어른께 문안을 드리거나, 집 밖에서 친지를 만났을 때 피차에 건강하고 유쾌한 모습을 확인하고서도 "밤새 안녕하셨습니까?", "안녕히 주무셨습니까?"와 같은 의문 형식의 인사를 하는 경우가 있다. 이러한 발화 행위가 상황에 따라 의사와 환자의 사이에서처럼 애초부터 상대방의 상태를 확인하기 위한 목적으로 행해질 수도 있는 것은 물론이지만, 일상적인 인사의 경우에는 다만 친교를 확보하거나 확인하는 수단으로 이용되는 일이 많다.

▶보기 2◀

　　"㉠집주인 할아버지를 만나지 않으려면 이른 아침 나서야겠어."
　　남자는 혼잣말로 중얼거리며 대문을 열었다. 아무도 없는 것 같았다.
　　"김 군, ㉡자네 잘 만났네."
　　이 층 계단에서 들려온 목소리였다.
　　"아, 어르신. ㉢오늘도 아침 운동 가시는 길이에요?"
　　남자는 내키지는 않지만 운동복 차림의 그를 짐짓 반가운 목소리로 맞았다.
　　"㉣자네, 지난달 방값도 아직이라는 건 알고 있지?"
　　"네, 죄송해요. 빌려준 돈을 받을 게 있는데, 차일피일이네요. ㉤보름 정도만 더 기다려 주시면 안 될까요?"

① ㉠　　　　　② ㉡　　　　　③ ㉢　　　　　④ ㉣　　　　　⑤ ㉤

150 담화의 특징

○ 21270-0150

〈보기〉는 영미와 수지의 휴대 전화 대화이다. 〈보기〉의 담화에 대한 설명으로 적절하지 <u>않은</u> 것은?

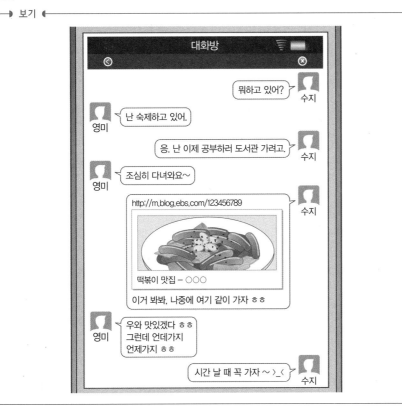

① 화제가 갑자기 전환되는 특성을 가지고 있다.

② 'ㅎㅎ', '>_<' 등의 표현을 통해 감정을 드러내고 있다.

③ 이미 일어난 입력 실수에 대한 수정이 즉각적으로 이루어지고 있다.

④ 문자 언어 외에도 사진과 같은 시각 자료를 통해 의사소통이 이루어지고 있다.

⑤ 같은 대화 상대방에게도 친소 관계의 변화에 따라 높임 표현을 달리 사용하고 있다.

담화
하나 이상의 문장이나 발화의 유기적 연결체

화제
이야기하는 중심 내용

151 담화의 유형별 특징

● 21270-0151

〈보기〉의 담화 (가)와 (나)에 대한 설명으로 적절하지 <u>않은</u> 것은?

▶ 보기 ◀

(가) 국립 국어원의 말다듬기 위원회가 한글날인 9일 '라인업(line-up)' 등 5개 단어를 우리말로 순화해 '9월의 다듬은 말'로 선정했다. 방송이나 영화에서 자주 쓰는 '라인업'은 '출연진' 혹은 '제품군', 길거리에서 하는 공연인 '버스킹(busking)'은 '거리 공연', 개인과 개인 간 또는 단말기와 단말기 간 정보를 교환하는 것을 뜻하는 '피투피(P2P)'는 '개인 간 공유', 외관이나 행위가 사람과 비슷한 로봇을 말하는 '휴머노이드 로봇(humanoid robot)'은 '인간형 로봇'으로 순화했다.

국어원은 또 오는 15일까지 10월의 다듬은 말 대상 단어를 공모한다. 대상 단어는 '페이백(payback)', '왜건(wagon)', '섬네일(thumbnail)', '비바크(Biwak)', '비투비(B2B)', '비투시(B2C)'이다. 순화어를 제안해 선정될 경우 상품권을 받을 수 있다. 현재까지의 다듬은 말들은 국어원 누리집(http://www.korean.go.kr)의 '다듬은 말'이나 공공 언어 통합 지원 누리집(http://www.publang.korean.go.kr) '우리말 다듬기'의 '이렇게 바꿨어요!'에서 찾아볼 수 있다.

– ○○ 신문

(나) 지원이에게

지원아, 한국에는 이제 겨울이 왔지? 날씨가 많이 추울 텐데 건강하게 잘 있는지 궁금하구나. 이모는 이곳에 잘 도착했고 이사도 다 마쳤단다. 다른 나라에서 집을 구하는 일이 쉽지는 않았지만, 이제 새 보금자리에서 새로운 분야의 일에도 도전하며 열심히 지내려 한단다. 이모가 끝까지 포기하지 않고 노력하여 성공하는 모습을 우리 지원이에게 보여 주고 싶구나. 지원이도 학생으로서의 본분에 충실하며 건강하게 지내면 좋겠다. 보고 싶구나. 사랑한다.

– 지원이를 많이 사랑하는 이모가

① (가)는 불특정 다수의 대중을 대상으로 한 담화이고 (나)는 특정한 개인을 대상으로 한 담화이다.

② (가)에서 누리집 주소를 알려 준 것은 (가)의 생산 목적인 정보 전달을 돕기 위한 것이다.

③ (가)에서 '국립 국어원'을 두 번째 문단부터 '국어원'으로 약칭한 것은 내용을 간결하게 전달하기 위해서이다.

④ (가)는 문어 담화적 속성뿐 아니라 구어 담화적 속성도 가지고 있기 때문에 핵심 정보를 담화의 맨 앞에 배치하고 있다.

⑤ (나)에서 담화 생산자의 감정이 노출된 것은 (나)의 기능과 관련이 있다.

구어
글에서만 쓰는 특별한 말이 아닌, 일상적인 대화에서 쓰는 말

문어
일상적인 대화에서 쓰는 말이 아닌, 주로 글에서 쓰는 말

152 ◆ 담화의 특성 ◆

○ 21270-0152

<보기>는 텔레비전 뉴스 제작을 위해 기자가 작성한 원고이다. 이 담화의 특성을 탐구한 내용으로 적절하지 <u>않은</u> 것은?

→ 보기 ◄

앵커: 막히는 도로에서 구급차나 소방차 등 긴급 출동하는 차량에 길을 비켜 주지 않는 세태를 꼬집는 뉴스를 그동안 많이 보아 왔는데요, 이번에는 좀 달랐습니다. 보도에 ○○○ 기잡니다.

기자: (사고 상황이 촬영된 동영상 재생) 오늘 오후 5시경, 사이렌을 울리며 갓길을 따라 빠르게 달리던 구급차가 꽉 막힌 터널 앞에 멈춰 섭니다. 터널 안에서 6중 추돌 사고가 발생해 급박했던 순간, 터널 안 2차선 도로를 꽉 메운 차량들이 구급차에 길을 터 주기 시작하더니, 마치 약속이라도 한 듯 양 갈래로 갈라지며 무려 1킬로미터 남짓한 거리를 양보합니다.

〈인터뷰〉 교통사고 피해자: "연기가 막 피어오르는 상태였어요. 근데 그게 부동액인지 아니면 연료가 전소돼서 그런지 상황을 모르니까, 막……."

(터널 입구에 서 있는 장면) 사고가 났던 터널 입굽니다. 비상 차량 등을 위한 갓길이 이어져 오다 터널 입구에서부터 끊겨 차량이 진입할 수 없는 구좁니다. 7킬로미터 떨어진 119센터에서 사고 현장까지 걸린 시간은 불과 7분. 자칫 대형 인명 피해를 부를 수도 있는 터널 안 사고가 성숙한 시민 의식으로 신속하게 수습된 보기 드문 모습이었습니다. 한국 뉴스 ○○○입니다.

① 기자는 뉴스 담화에 어울리는 격식적인 문장 종결 표현을 사용하고 있다.
② 기자는 뉴스 담화의 목적에 맞게 육하원칙에 따라 사실을 전달하고 있다.
③ 기자는 이미 일어난 과거의 사건을 현재 시제로 전달하여 현장감을 살리고 있다.
④ 앵커는 방송 매체의 특성을 고려하여 일관되게 격식적인 문장 종결 표현을 사용하고 있다.
⑤ 기자는 음성 언어로 발화할 것을 고려해 '입굽니다', '구좁니다' 등의 축약 표현을 사용하고 있다.

음성 언어
음성으로 나타내는 말로, 구어 또는 입말이라고도 한다.

153 담화의 표현 효과

 21270-0153

담화 상황을 고려할 때, 〈보기〉의 ㉠~㉤에 대한 이해로 적절하지 <u>않은</u> 것은?

보기

동생: 여기 있던 피자 누가 먹었어? ㉠오빠가 먹었지?
오빠: 식탁 위에 있으니까 당연히 먹었지.
동생: 뭐? 왜 허락도 없이 남의 걸 먹어? 와, ㉡오빠 진짜 착하다.
오빠: 뭐래. ㉢이거라도 먹고 저리 가라.
동생: 기분 나빠서 ㉣안 먹어.
오빠: 미안해. ㉤빨리 화 풀어 주라, 응?

① ㉠: '오빠가 먹었어?'와 비교했을 때, 피자를 오빠가 먹었을 것이라는 동생의 강한 추측이 담겨 있다.
② ㉡: 발화 맥락을 고려할 때, 반어적인 표현으로 볼 수 있다.
③ ㉢: '이거'는 오빠에게 가까운 것을, '저리'는 오빠에게 먼 곳을 가리킨다.
④ ㉣: 발화 맥락을 통해 화자와 청자 모두가 알 수 있는 주어와 목적어가 생략된 표현이다.
⑤ ㉤: 동생에게 답변을 요구하면서 상황을 해결하고자 하는 표현이다.

발화 맥락
발화가 이루어지는 상황을 뜻한다. 발화의 앞뒤 언어 표현 등을 가리키는 언어적 맥락, 화자와 청자를 포함한 시간과 공간 등의 물리적 상황인 상황 맥락, 그 밖에 언어 표현이 속한 사회적 맥락, 문화적 맥락 등이 있다.

154 지시 표현

⊙ 21270-0154

〈보기 1〉의 ㉠ ~ ㉢에 해당되는 예를 〈보기 2〉의 ⓐ~ⓔ에서 찾아 올바르게 짝지은 것은?

▶ 보기 1 ◀

'이, 그, 저' 계열의 지시 표현은 주로 다음과 같은 대화 상황에서 쓰인다. 첫째, ㉠청자가 대화의 장면에서 그 대상을 눈으로 확인하여 찾을 수 있는 경우가 있다. 둘째, ㉡앞서 말한 내용에서 그 대상을 확인할 수 있는 경우가 있다. 셋째, ㉢명시적으로는 드러나지 않지만 화자와 청자가 공유하는 경험이나 지식을 바탕으로 추론을 통해 해당 대상을 알 수 있는 경우가 있다.

▶ 보기 2 ◀

ⓐ	A: 빵이 어디 갔지? B: 그거 아까 동생이 먹었는데.
ⓑ	A: 점심은 뭐 먹을까? B: 어제 갔던 거기 또 가자.
ⓒ	A: 우리 어떤 영화 볼까? B: 이거 보자. 전부터 보고 싶었던 거야.
ⓓ	A: 중간고사 범위가 어디까지야? B: 아직 그것도 모르면 어떡하냐?
ⓔ	A: 우리 내일 어디서 만날까? B: 저기에서 만나자. 맛있는 집일 것 같아.

	㉠	㉡	㉢
①	ⓐ, ⓒ	ⓑ, ⓓ	ⓔ
②	ⓐ, ⓔ	ⓑ	ⓒ, ⓓ
③	ⓑ, ⓒ	ⓐ, ⓔ	ⓓ
④	ⓑ, ⓔ	ⓐ	ⓒ, ⓓ
⑤	ⓒ, ⓔ	ⓐ, ⓓ	ⓑ

IV 반복 풀이로 **확** 잡는 실전 문제

155 ◦ 담화 표지 ◦

◦ 21270-0155

〈보기〉는 이야기의 시작 부분이다. ㉠~㉤에 들어갈 조사를 선택하기 위하여 토의한 내용으로 적절한 것은?

> ─▶ 보기 ◀─
>
> 옛날에 깊은 산속에 호랑이 한 마리(㉠) 살고 있었습니다. 호랑이(㉡) 사람들이 사는 마을에 관심이 많았습니다. 특히 웃는 아이가 있는 집을 좋아했습니다. 그러나 우는 아이가 있는 집(㉢) 무척 싫어했습니다. 호랑이에게(㉣) 우는 아이네 집을 구경하다가 호되게 혼이 난 적이 있기 때문입니다. 우는 아이(㉤) 웃는 아이와 달리, 말로 표현할 줄을 모르고 그저 울기만 했습니다. 때로는 엄마가 곶감을 줄 때까지 울었습니다.

① ㉠에서는 '호랑이'가 이야기에 처음 나타난다는 점을 고려해서 '는'을 쓰는 것이 좋겠어.

② ㉡에서는 '호랑이'가 앞 문장에 나온 적이 있다는 점을 고려해서 '가'를 쓰는 것이 좋겠어.

③ ㉢에서는 '우는 아이가 있는 집'을 '웃는 아이가 있는 집'과 대조하고 있다는 점을 고려해서 '은'을 쓰는 것이 좋겠어.

④ ㉣에서는 '호랑이'가 '우는 아이가 있는 집'을 싫어한다는 내용이 앞 문장에 이미 나왔었다는 점을 고려해서 '도'를 쓰는 것이 좋겠어.

⑤ ㉤에서는 앞 문장에 '우는 아이'가 나오고 뒤 문장에 다른 대상과의 차이점이 나타난다는 점을 고려해서 '가'를 쓰는 것이 좋겠어.

EBS 국어 문법의 원리 **수능 국어 문법 180제**

V

국어의 변화와 변이

156

○ 21270-0156

〈보기 1〉과 같은 방식으로 〈보기 2〉의 영어와 로마자 표기법을 활용하여 '나는 강을 본다'를 적는 방법으로 적절한 것은?

▶보기 1◀

향찰에서는 어절을 단위로 하여 대체로 어휘적 의미가 중요한 명사나 용언 어간은 '훈차'를 하고, 문법적 의미가 중요한 조사나 어미는 '음차'를 함으로써, 한 어절의 표기가 '훈차 + 음차'라는 일반적인 원칙을 갖는다. 예를 들어, 향찰을 통해 '나는 너를 사랑하고'를 적는다면, '我汝愛'에 조사나 어미를 붙여 '我隱 汝乙 愛爲古'와 같이 표기한 것이다.

我 나 아 / 隱 숨을 은 / 汝 너 여 / 乙 새 을 / 愛 사랑할 애 / 爲 할 위 / 古 옛 고

▶보기 2◀

영어	로마자 표기법										
나: I	ㄱ	ㄴ	ㄷ	ㄹ	ㅂ	ㅅ	ㅇ	ㅎ	ㅏ	ㅗ	ㅡ
강: RIVER	g, k	n	d	r, l	b, p	s	ng		a	o	eu
보-: SEE											

① naneun gangeul bonda

② Ineun RIVEReul bonda

③ Ineun RIVEReul SEEda

④ Ineun RIVEReul SEEnda

⑤ naneun RIVEReul SEEda

관련 기출▶ 2005학년도 대수능 예비 평가

37 〈보기〉의 우리말을 영어와 국어 로마자 표기법을 활용하여 향찰과 같은 방식으로 적어서 읽는다고 할 때, 쓰기와 읽기의 방법이 올바른 것은?

▶ 보기 ◀

[나는 너를 사랑한다]

* 국어 로마자 표기법

ㄴ	ㄷ	ㄹ	ㅂ	ㅅ	ㅇ	ㅎ	ㅏ	ㅓ	ㅠ	ㅡ	ㅣ
n	d	r,l	b	s	ng	h	a	eo	yu	eu	i

① 〈쓰기〉 I-*neun* YOU-*reul* LOVE-*handa*.
　〈읽기〉 [na-*neun* neo-*reul* sarang-*handa*]

② 〈쓰기〉 na-*neun* neo-*reul* sarang-*handa*.
　〈읽기〉 [I-*neun* YOU-*reul* LOVE-*handa*]

③ 〈쓰기〉 I-*neun* LOVE-*handa* YOU-*reul*.
　〈읽기〉 [I-*neun* LOVE-*handa* YOU-*reul*]

④ 〈쓰기〉 ai-*neun* yu-*reul* reobeu-*handa*.
　〈읽기〉 [na-*neun* neo-*reul* sarang-*handa*]

⑤ 〈쓰기〉 I-*neun* YOU-*reul* LOVE-*handa*.
　〈읽기〉 [ai-*neun* yu-*reul* reobeu-*handa*]

답 ①

157

◎ 21270-0157

㉮에서 확인되는 훈민정음 표기 원리를 모두 고른 것은?

ᄆᆞᄎᆞᆷ내 제 ᄠᅳ들 시러 펴디 ㉮몯ᄒᆞᇙ 노미 하니라

	훈민정음 표기 원리	현대어 풀이
㉠	냉즁ㄱ 소리ᄂᆞᆫ 다시 첫소리ᄅᆞᆯ ᄡᅳᄂᆞ니라	종성 글자는 다시 초성 글자를 쓴다.
㉡	ㅇᄅᆞᆯ 입시울쏘리 아래 니ᅀᅥ 쓰면 입시울 가ᄇᆡ야ᄫᆞᆫ 소리 ᄃᆞ외ᄂᆞ니라	‘ㅇ’을 순음 아래 이어 쓰면 순경음이 된다.
㉢	첫소리ᄅᆞᆯ 어울워 ᄡᅮᆯ디면 ᄀᆞᆯ바 쓰라 냉즁ㄱ소리도 ᄒᆞᆫ가지라	초성 글자를 합하여 사용할 때에는 나란히 쓰라. 종성 글자도 마찬가지이다.
㉣	ㆍ와 ㅡ와 ㅗ와 ㅜ와 ㅛ와 ㅠ와란 첫소리 아래 브텨 쓰고	‘ㆍ, ㅡ, ㅗ, ㅜ, ㅛ, ㅠ’는 초성 글자 아래 붙여 쓰고
㉤	ㅣ와 ㅏ와 ㅓ와 ㅑ와 ㅕ와란 올ᄒᆞᆫ녀긔 브텨 쓰라	‘ㅣ, ㅏ, ㅓ, ㅑ, ㅕ’는 오른쪽에 붙여 쓰라.

① ㉠, ㉣　　② ㉡, ㉤　　③ ㉠, ㉢, ㉣
④ ㉠, ㉢, ㉤　　⑤ ㉡, ㉢, ㉣

관련 기출▶ 2014학년도 대수능 9월 모의평가 B형

16 〈보기 1〉의 (가), (나)에 따른 표기의 사례를 〈보기 2〉의 ㉠~㉣에서 찾아 바르게 짝지은 것은?

보기 1

(가) ㅇᄅᆞᆯ 입시울쏘리 아래 니ᅀᅥ 쓰면 입시울 가ᄇᆡ야ᄫᆞᆫ 소리 ᄃᆞ외ᄂᆞ니라
[풀이] ㅇ을 순음 아래 이어 쓰면 순경음이 된다.

(나) 첫소리ᄅᆞᆯ 어울워 ᄡᅮᆯ디면 ᄀᆞᆯ바 쓰라
[풀이] 초성 글자를 합하여 사용할 때에는 나란히 써라.

보기 2

나랏 말ᄊᆞ미 中듕國귁에 달아 文문字ᄍᆞᆼ와로 서르 ᄉᆞᄆᆞᆺ디 아니ᄒᆞᆯᄊᆡ 이런 젼ᄎᆞ로 어린 百ᄇᆡᆨ姓셩이 니르고져 홇 배 이셔도 ㉠ᄆᆞᄎᆞᆷ내 제 ᄠᅳ들 시러 펴디 몯ᄒᆞᇙ 노미 하니라 내 이ᄅᆞᆯ 爲윙ᄒᆞ야 어엿비 너겨 새로 스믈여듧 字ᄍᆞᆼᄅᆞᆯ ㉡ᄆᆡᇰᄀᆞ노니 사ᄅᆞᆷ마다 ᄒᆡᅇᅧ ㉢수ᄫᅵ 니겨 날로 ᄡᅮ메 便뼌安안킈 ᄒᆞ고져 ᄒᆞᇙ ㉣ᄯᆞᄅᆞ미니라

–『훈민정음』 언해

	(가)	(나)
①	㉠	㉡
②	㉠	㉢
③	㉡	㉣
④	㉢	㉡
⑤	㉢	㉣

답 ⑤

158

◑ 21270-0158

〈보기〉에 나타난 중세 국어와 현대 국어의 차이를 이해한 내용으로 적절하지 <u>않은</u> 것은?

→ 보기 ←

[15세기 국어 자료]

俱夷(구이)·쏘 :묻ᄌᆞ·ᄫᅡ샤·ᄃᆡ 부텻·긔 받ᄌᆞ·ᄫᅡ 므·슴 ·호려 ·ᄒᆞ·시ᄂᆞ·니 善慧(선혜) 對答(대답)·ᄒᆞ샤·ᄃᆡ 一切(일체) 種種(종종) 智慧(지혜)·를 일·워 衆生(중생)·ᄋᆞᆯ 濟渡(제도)·코져 ·ᄒᆞ노·라 俱夷(구이) 너·기샤·ᄃᆡ ·이 男子(남자)ㅣ 精誠(정성)·이 至極(지극)홀·씨 :보·빅·를 아·니 앗·기놋·다 ·ᄒᆞ·야 니ᄅᆞ·샤·ᄃᆡ ·내·이 고·ᄌᆞᆯ 나·소리·니 願(원)ᄒᆞᆫ·ᄃᆞᆫ ·내 生生(생생)·애 그딋 가·시 ᄃᆞ외·아지·라

— 『월인석보』, 1459년

[현대어 풀이]

구이가 또 **물으시되** "부처께 **바치어** 무엇 하려 **하시는고?**"

선혜가 **대답하시되** "모든 갖가지 깨달음을 이루어 중생을 제도하고자 한다."

구이가 생각하시되 '이 남자가 정성이 지극해서 보물을 안 아끼는구나.'

하여 **이르시되** "내가 이 **꽃을** 드리겠으니, 원컨대 나의 **세세생생***에 그대의 아내가 되고 싶다."

*세세생생: 몇 번이든지 다시 환생하는 일. 또는 그런 때.

	중세 국어에서 현대 국어로의 변화	중세 국어와 현대 국어의 차이
①	:묻ᄌᆞ·ᄫᅡ샤·ᄃᆡ → 물으시되 받ᄌᆞ·ᄫᅡ → 바치어	중세 국어는 현대 국어와 달리, 객체를 높이는 선어말 어미가 사용되었다.
②	·ᄒᆞ·시ᄂᆞ·니 → 하시는고 對答(대답)·ᄒᆞ샤·ᄃᆡ → 대답하시되	중세 국어에는 주체 높임 선어말 어미 '-시-'와 '-샤-'가 존재하였다.
③	니ᄅᆞ·샤·ᄃᆡ → 이르시되	중세 국어에는 두음 법칙이 적용되어 현대 국어와 다른 형태로 쓰였다.
④	고·ᄌᆞᆯ → 꽃을	중세 국어에서는 현대 국어와 달리, 체언과 조사가 결합할 때 모음 조화가 잘 지켜졌다.
⑤	生生(생생)·애 → 세세생생에	중세 국어에는 모음 조화에 따라 현대 국어와는 다른 형태의 부사격 조사가 쓰였다.

관련 기출▶ 2013년 고2 국가수준 학업성취도 평가

27 (가)와 (나)에서 알 수 있는 중세 국어와 현대 국어의 차이점으로 적절하지 <u>않은</u> 것은?

(가) 俱夷(구이) 쏘 :묻ᄌᆞ·ᄫᅡ샤·ᄃᆡ 부텻·긔 받ᄌᆞ·ᄫᅡ 므·슴 ·호려 ·ᄒᆞ·시ᄂᆞ·니 善慧(선혜) 對答(대답)·ᄒᆞ샤·ᄃᆡ 一切(일체) 種種(종종) 智慧(지혜)·를 일·워 衆生(중생)·ᄋᆞᆯ 濟渡(제도)·코져 ·ᄒᆞ노·라 俱夷(구이) 너·기샤·ᄃᆡ ·이 男子(남자)ㅣ 精誠(정성)·이 至極(지극)홀·씨 :보·빅·를 아·니 앗·기놋·다 ·ᄒᆞ·야 니ᄅᆞ·샤·ᄃᆡ ·내·이 고·ᄌᆞᆯ 나·소리·니 願(원)ᄒᆞᆫ·ᄃᆞᆫ ·내 生生(생생)·애 그딋 가·시 ᄃᆞ외·아지·라

— 『월인석보(月印釋譜)』, 1459년

(나) 현대어 풀이

구이가 쏘 물으시되 "부처께 드려 무엇 하려 하시는고?"

선혜가 대답하시되 "모든 갖가지 깨달음을 이루어 중생을 제도하고자 한다."

구이가 생각하시되 '이 남자가 정성이 지극해서 보물을 아끼지 않는구나.'

하여 이르시되 "내가 이 꽃을 드리겠으니, 원컨대 나의 세세생생에 그대의 아내가 되고 싶다."

자료 항목	중세 국어	현대 국어
① 방점	있음 예 ·쏘	없음 예 또
② 원순 모음화	나타나지 않음 예 므·슴	나타남 예 무엇
③ 모음 조화	지켜짐 예 ·ᄒᆞ·야	지켜지지 않음 예 하여
④ 두음 법칙	있음 예 니ᄅᆞ·샤·ᄃᆡ	없음 예 이르시되
⑤ 표기법	이어 적기가 사용됨 예 고·ᄌᆞᆯ	끊어 적기가 사용됨 예 꽃을

답 ④

159

21270-0159

〈보기〉에 제시된 선생님의 마지막 말에 따라 국어의 변화를 정리한 내용으로 적절하지 않은 것은?

보기

선생님: 16세기 초 문헌인 『번역노걸대』와 17세기 후반 문헌인 『노걸대언해』를 비교함으로써 국어의 변화에 대해 탐구해 봅시다. 이 둘은 모두 『노걸대』를 당시의 우리말로 번역하여 한글로 적은 문헌인데, 『노걸대』는 외국어 교육 기관에서 사용하던 중국어 교과서입니다. 두 문헌이 약 150년의 차이를 보이기 때문에 국어의 변화가 잘 드러납니다. 자, 그럼 (가) 『번역노걸대』와 (나) 『노걸대언해』에서 확인할 수 있는 변화를 정리해 볼까요?

(가)

너·ᄂᆞᆫ 高麗ㅅ ㉠:사·ᄅᆞ·미어시·니 ·ᄯᅩ :엇·디 漢語 닐·오·미 잘 ·ᄒᆞ·ᄂᆞ·뇨
·내 漢兒人의:손·ᄃᆡ ·글 ᄇᆡ·호·니 ·이·런 젼·ᄎᆞ·로 :져·그·나 漢語 ·아·노·라
:네 :뉘·손·ᄃᆡ ·글 ㉡ᄇᆡ·혼·다
·내 :되 ㉢·ᄒᆞᆨ당·의·셔 ·글 ᄇᆡ·호·라
:네 ㉣므·슴 ·그·를 ᄇᆡ·혼·다
論語 孟子 小學·을 닐·고라

(나)

너ᄂᆞᆫ 高麗ㅅ ⓐ사ᄅᆞᆷ이어니 ᄯᅩ 엇디 漢語 니ᄅᆞᆷ을 잘 ᄒᆞᄂᆞ뇨
내 漢ㅅ 사ᄅᆞᆷ의손ᄃᆡ 글 ᄇᆡ호니 이런 젼ᄎᆞ로 져기 漢ㅅ 말을 아노라
네 뉘손ᄃᆡ 글 ⓑᄇᆡ혼다
내 漢 ⓒᄒᆞᆨ당의셔 글 ᄇᆡ호라
네 ⓓ므슴 글을 ᄇᆡ혼다
論語 孟子 小學을 닐그롸

	항목	확인할 수 있는 변화
①	방점	성조를 표기하던 방점이 없어진 것을 확인할 수 있다.
②	표기법	㉠과 ⓐ를 비교해 보니, 연철에서 분철로 변화되었다는 것을 확인할 수 있다.
③	문법	㉡과 ⓑ를 비교해 보니, 2인칭 주어에 대한 평서문을 나타내는 종결 어미가 그대로 유지되고 있음을 알 수 있다.
④	문자	㉢과 ⓒ를 비교해 보니, 종성 위치에 쓰이는 문자가 달라졌다는 것을 확인할 수 있다.
⑤	음운	㉣과 ⓓ를 비교해 보니, 원순 모음화가 일어나지 않음을 확인할 수 있다.

관련 기출▶ 2015 EBS N제 B형

90 〈보기〉에 제시된 선생님의 질문에 대한 학생의 대답으로 적절하지 않은 것은?

보기

선생님: 지난 시간에 『두시언해(杜詩諺解)』에 실려 있는 「춘망(春望)」이라는 작품을 배웠지요? 오늘은 이 작품의 언어 변화에 대해 탐구해 봅시다. 『두시언해』는 1481년에 초간(初刊), 1632년에 중간(重刊)됩니다. 초간과 중간이 약 150년의 차이를 보이기 때문에 언어 변화를 탐구하는 데 좋은 자료가 될 수 있는 것이지요. 자, 그럼 다음 자료를 보고 어떠한 언어 변화가 있었는지 발표해 볼까요?

「춘망(春望)」(1481년)	「춘망(春望)」(1632년)	「춘망(春望)」(현대어 역)
:뫼·콰ᄀᆞ·ᄅᆞᆷ ·ᄲᅮᆫ잇고	뫼카ᄀᆞᄅᆞᆷ ᄲᅮᆫ 잇고	산과 강만은 여전하고
:새ᄆᆞᅀᆞ·ᄆᆞᆯ :놀·래ᄂᆞ·다	새ᄆᆞᄋᆞᄆᆞᆯ 놀래노다	새조차 마음을 놀라게 한다
:석·ᄃᆞᄅᆞᆯ니 ·ᅀᅦ시·니	석ᄃᆞᆯ ᄅᆞᆯ 니어시니	석 달이나 이어졌으니

*글자 왼편의 ':', '·'은 방점을 나타냄.

학생: ______________

① 성조를 나타내는 방점은 15세기와 17세기 사이에 없어졌음을 알 수 있어요.
② 17세기 이후 고유어 중 일부는 한자어로 바뀌어 사용되었음을 알 수 있어요.
③ 현대어 '마음'은 15세기에 'ᄆᆞᅀᆞᆷ', 17세기에 'ᄆᆞᄋᆞᆷ'으로 쓰였음을 알 수 있어요.
④ 15세기와 17세기에는 현대와 다르게 두음 법칙이 적용되지 않았음을 알 수 있어요.
⑤ 15세기에는 17세기와 달리 소리 나는 대로 이어 적는 표기법이 쓰였음을 알 수 있어요.

답 ⑤

160 ● 향찰 표기 ●

21270-0160

〈보기〉의 자료에 나타난 글자의 표기 방식에 대해 설명한 내용으로 적절한 것끼리 바르게 묶은 것은?

▶ 보기 ◀

(가) 善花公主㉠主㉡隱 — 「서동요」

[참고]

한자	善	花	公	主	主	隱
뜻	착하다	꽃	귀인	임	임	숨다
음	선	화	공	주	주	은

[현대어 풀이]
선화 공주님은

(나) 生死路㉢隱 — 「제망매가」

[참고]

한자	生	死	路	隱
뜻	삶	죽음	길	숨다
음	생	사	로	은

[현대어 풀이]
생사 길은

ⓐ ㉠과 ㉡은 모두 조사를 표기한 것이다.
ⓑ ㉠은 훈차한 것이고 ㉡, ㉢은 음차한 것이다.
ⓒ ㉡과 ㉢은 모두 형식 형태소를 표기한 것이다.
ⓓ ㉢은 관형사형 어미 '—은'을 표기한 것이다.

① ⓐ, ⓑ ② ⓐ, ⓒ ③ ⓑ, ⓒ ④ ⓑ, ⓓ ⑤ ⓒ, ⓓ

훈차
차자 표기에서, 한자의 뜻을 빌려 우리말을 표기하는 일

음차
차자 표기에서, 한자의 음을 빌려 우리말을 표기하는 일

161

◎ 21270-0161

〈보기〉에서 탐구 문제에 해당하는 자료를 찾을 때 적절하지 <u>않은</u> 것은?

> 보기 ◀

孔·공子·ㅣ 曾증子·자ᄃ·려 닐·러골ᄋ·샤ᄃ]
·몸·이며 얼굴·이며 머·리털·이·며 ·슬·흔 父·부母:모·ᄭ 받ᄌ·온 거·시·라 敢:감
·히 헐·워샹히·오·디 아·니:홈·이 :효·도·의 비·르·소미·오
·몸·을 세·워 道:도·를 行ᄒᆡᆼ·ᄒ·야 일:홈·을 後:후世:셰·예 :베퍼 ·뻐 父·부母:모롤
:현·뎌케 :홈·이 :효·도·의 ᄆ·ᄎᆞᆷ·이니·라

— 「소학언해」

[현대어 풀이]
　　공자가 증자에게 일러 말씀하시기를, 몸과 형체와 머리털과 살은 부모님께 받은 것
이라, 감히 헐게 하여 상하게 하지 아니함이 효도의 시작이고, 입신하여 도를 행하여
이름을 후세에 베풂으로써 부모를 드러나게 함이 효도의 끝이니라.

	탐구 문제	찾은 자료
①	주격 조사가 음운 환경에 따라 형태가 달라진 예를 찾아보자.	孔·공子·ㅣ, 아·니:홈·이
②	서술격 조사가 앞말로부터 연철된 예와 분철된 예를 찾아보자.	비·르·소미·오, ᄆ·ᄎᆞᆷ·이니·라
③	부사격 조사가 음운 환경에 따라 형태가 달라진 예를 찾아보자.	後:후世:셰·예, :효·도·의
④	목적격 조사가 모음 조화를 지킨 예와 그렇지 않은 예를 찾아보자.	父·부母:모롤, 일:홈·을
⑤	부사격 조사가 높임을 표현하며 쓰인 예와 그렇지 않은 예를 찾아보자.	父·부母:모·ᄭ, 曾증子·자ᄃ·려

연철
한 음절의 종성을 다음 자의 초성으로 내려서 쓰는 방법. '이어 적기'라고도 한다.

분철
여러 형태소가 연결될 때 그 각각을 음절이나 성분 단위로 밝혀 적는 방법. '끊어 적기'라고도 한다.

162 중세 국어 음운의 변화

○ 21270-0162

〈보기〉를 바탕으로 알 수 있는 사실로 적절하지 **않은** 것은?

⟶ 보기 ⟵

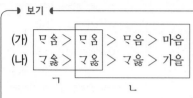

(가) ᄆᄉᆞᆷ > ᄆᄋᆞᆷ > ᄆᄋᆞᆷ > 마음

(나) ᄀᄉᆞᆶ > ᄀᄋᆞᆶ > ᄀᄋᆞᆶ > 가을

     ㄱ   ㄴ

(다) 덥- + -어 → 더버 > 더워

(라) 곱- + -아 → 고바 > 고와

           ㄷ

① (가), (나)로 보아, 음운이 완전히 없어지기도 하고 다른 음운으로 대치되기도 하였다.

② (다), (라)로 보아, 자음의 변화가 모음 조화에 영향을 끼쳤다.

③ ㄱ으로 보아, 'ㅿ'이 'ㆍ'보다 먼저 소실되었다.

④ ㄴ으로 보아, 'ㆍ'는 몇 번째 음절에 있는지에 따라 소실 시기가 달랐다.

⑤ ㄷ으로 보아, 'ㅸ'은 반모음으로 변화하였다.

반모음

모음과 같이 발음하지만 음절을 이루지 못하는 아주 짧은 모음. 'ㅑ', 'ㅒ', 'ㅕ', 'ㅖ', 'ㅘ', 'ㅙ', 'ㅛ', 'ㅝ', 'ㅞ', 'ㅠ', 'ㅢ' 따위의 이중 모음에서 나는 'j', 'w' 따위이다.

163 ◆ 중세 국어 의문문의 특징 ◆

○ 21270-0163

〈보기 1〉은 의문문에 대하여 학습한 내용을 정리한 메모의 일부이다. 〈보기 1〉을 참고하여 〈보기 2〉를 이해한 내용으로 적절한 것은?

> 보기 1

- 의문문의 종류
  - 판정 의문문: 의문사의 실현 없이 긍정이나 부정의 대답만을 요구하는 의문문
  - 설명 의문문: 의문사가 실현되어 구체적인 설명을 요구하는 의문문

- 중세 국어의 의문문 실현
  - 판정 의문문의 실현: '-아' 계열의 의문형 종결 어미('-가', '-녀', '-려' 등) 또는 의문 보조사 '가/아'가 쓰임.
  - 설명 의문문의 실현: '-오' 계열의 의문형 종결 어미('-고', '-노', '-료', '-오' 등) 또는 의문 보조사 '고/오'가 쓰임.

- 의문형 종결 어미와 의문 보조사의 구별
  - 의문형 종결 어미: 용언의 어간에 붙어서 의문문을 만듦.
  - 의문 보조사: 체언 뒤에 직접 붙어서 의문문을 만듦.

> 보기 2

ㄱ. 이 엇던 사르고 [현대어 풀이] 이 어떤 사람이냐?
ㄴ. 이 쓰리 너희 종가 [현대어 풀이] 이 여자가 너희의 종이냐?
ㄷ. 이 이리 어려우녀 쉬우녀 [현대어 풀이] 이 일이 어렵냐 쉽냐?
ㄹ. 太子ㅣ 이제 어듸 잇ᄂ뇨 [현대어 풀이] 태자가 이제 어디 있냐?
ㅁ. 어마니ㅁ 아라보리로소니잇가 [현대어 풀이] 어머님을 알아보겠습니까?

		판정 의문문 또는 설명 의문문	의문형 종결 어미 사용 또는 의문 보조사 사용
①	ㄱ	판정 의문문	의문형 종결 어미 사용
②	ㄴ	설명 의문문	의문 보조사 사용
③	ㄷ	판정 의문문	의문 보조사 사용
④	ㄹ	설명 의문문	의문형 종결 어미 사용
⑤	ㅁ	판정 의문문	의문 보조사 사용

용언의 어간
동사와 형용사가 활용할 때에 변하지 않는 부분이다.

체언
명사, 대명사, 수사를 이른다.

164 ● 중세 국어의 관형격 조사 ●

○ 21270-0164

〈보기〉를 참조할 때, 밑줄 친 말의 관형격 조사로 적절하지 <u>않은</u> 것은?

▶ 보기 ◀

현대 국어에서는 '의'로 실현되는 관형격 조사가 중세 국어에서는 '이, 의, ㅅ, ㅣ'로 다양하게 존재하였다. 이 중 '이, 의, ㅅ'은 결합하는 명사의 특성에 따라 다음과 같이 달리 사용되었다.

관형격 조사	결합하는 명사의 특성		사례	
	의미	끝 음절 모음	중세 국어	현대어 풀이
이	사람이나 동물	양성 모음	<u>도조기</u> 알픨 (도족 + 이)	도적의 앞을
의	사람이나 동물	음성 모음	<u>大衆의</u> 疑心 (대중 + 의)	대중의 의심
ㅅ	높임의 대상인 사람	양성 모음/ 음성 모음	<u>부텻</u> 모미 (부텨 + ㅅ)	부처의 몸이
	사람도 아니고 동물도 아님.	양성 모음/ 음성 모음	<u>나랏</u> 말씀 (나랗 + ㅅ)	나라의 말씀

	중세 국어	현대어 풀이
①	<u>거부븨</u> 털 (거붑 + 의)	거북의 털
②	<u>술윗</u> 바회 (술위 + ㅅ)	수레의 바퀴
③	<u>사스미</u> 갗 (사슴 + 이)	사슴의 가죽
④	<u>나못</u> 불휘 (나모 + ㅅ)	나무의 뿌리
⑤	<u>둘긔</u> 소리 (둙 + 의)	닭의 소리

관형격 조사
문장 안에서, 앞에 오는 체언이 뒤에 오는 체언의 관형어임을 보이는 조사

165 ○ 중세 국어의 특징 ○ 21270-0165

15세기 국어의 특징에 따라 〈보기〉에서 사례를 찾은 것으로 옳지 <u>않은</u> 것은?

> ▶ 보기 ◀
>
> **나랏 말쓰**미 中듕國귁에 달아 文문字쫑와로 서르 스뭇디 아니훌씨 이런 젼ᄎ로 어린 百빅姓셩이 니르고져 홅 **배** 이셔도 ᄆᆞᄎᆞᆷ내 **제 ᄠᅳᆮ**을 시러 펴디 몯홅 **노미** 하니라 내 이를 爲윙ᄒᆞ야 어엿비 너겨 새로 스믈여듧 字쫑를 **밍ᄀᆞ노니** 사름마다 ᄒᆡ여 수비 니겨 날로 **뿌메** 便뼌安한킈 ᄒᆞ고져 홅 ᄯᆞᄅᆞ미니라
>
> – 『훈민정음』 언해본

	15세기 국어의 특징	〈보기〉에서 찾은 사례
①	연철 표기(이어 적기)를 하였음.	말쓰미, 노미
②	'ㅣ'가 주격 조사로 사용되기도 하였음.	배, 제
③	관형격 조사로 'ㅅ'이 사용되기도 하였음.	나랏
④	어두에 서로 다른 자음자가 병기되기도 하였음.	ᄠᅳᆮ, 뿌메
⑤	주어가 1인칭임을 표현하는 선어말 어미가 쓰였음.	밍ᄀᆞ노니

166 근대 국어와 현대 국어의 비교

21270-0166

〈보기〉의 (가)와 (나)를 활용하여 국어의 변화를 탐구할 때, 탐구 결과로 적절하지 <u>않은</u> 것은?

◆ 보기 ◆

(가) 근대 국어 자료

가디간숫는법

팔구월에늙쟈닌가지를곡지재흔치남죽식칼로그처밀을녹여그출 <u>볼라</u> 한열이적듕흔딕두고쓰라 <u>쏘</u> 가지를깁흔광주리예직를흔볼만 <u>질고</u> 가지흔볼 <u>녀코</u> 쏘지질고쏘가지녀혜 <u>그루시</u> 츳거든두터이 <u>더퍼</u> 닌업는딕두고 <u>겨을헤</u> 쁘면됴흔니라쏘뽕나모직롤독의녀코가지롤서리젼에싸고지롤직예고자반만무드면변치아녀새로쓴듯흐니라

— 『음식디미방』 (1670년경)

(나) 현대 국어 자료

가지 간수하는 법

팔구월에 늙지 않은 가지를 꼭지째 한 치 남짓씩 칼로 끊어 밀랍을 녹여 끝에 <u>발라</u> 한열(寒熱)이 적당한 데 두고 써라. <u>또</u> 가지를 깊은 광주리에 재를 한 겹만 <u>깔고</u>, 가지 한 겹을 <u>넣고</u> 또 재 깔고 또 가지 넣어, <u>그릇이</u> 차거든 두껍게 <u>덮어</u> 연기 없는 데 두고 <u>겨울에</u> 쓰면 좋으니라. 또 뽕나무 재를 독에 넣고 가지를 서리 전에 따, 꼭지를 재에 꽂아 반만 묻으면 변치 않아 새로 딴 듯하니라.

— 『음식디미방』 현대어 풀이

	(가)	(나)	탐구 결과
①	볼라, 그루시	발라, 그릇이	음운 'ㆍ'의 변화: 첫 번째 음절에 있을 때와 두 번째 음절에 있을 때 서로 다르게 변함.
②	쏘, 질고	또, 깔고	'ㅅ'으로 시작하는 합용 병서의 표기 변화: 된소리를 나타내는 각자 병서('ㄲ', 'ㄸ' 등)로 바뀜.
③	녀코	넣고	음운 변동을 표기에 반영하는 방식의 변화: 'ㅎ'이 다른 자음과 축약되는 현상이 표기에 반영되지 않다가 반영됨.
④	더퍼	덮어	표기법의 변화: 연철에서 분철로 바뀌어 감.
⑤	겨을헤	겨울에	어말에 'ㅎ'을 가지고 있는 명사의 변화: 'ㅎ'이 표기상 나타나는 경우가 있었다가 사라짐.

축약

두 형태소가 서로 만날 때에 앞뒤 형태소의 두 음운이 한 음운으로 줄어드는 현상. '좋고'가 [조코]로, '국화'가 [구콰]로 되는 것이 그 예이다.

167 의미의 변화

◎ 21270-0167

〈보기 1〉을 바탕으로 〈보기 2〉를 분류한 것으로 적절한 것은?

▶ 보기 1 ◀

　언어는 사회적인 약속에 의해 정해진 기호이지만 오랜 시간이 흐르는 동안에 단어와 의미 사이의 관계가 변할 수 있다. 중세 국어에서의 단어의 의미와 현대 국어에서의 단어의 의미를 비교해 보면, 단어는 의미가 축소되거나 확대되거나 아니면 이동하는 등 여러 가지 방식으로 변화했음을 알 수 있다. 이때 의미의 축소는 단어가 가리킬 수 있는 개념의 범위가 이전보다 작아지는 현상을, 의미의 확대는 반대로 단어가 가리킬 수 있는 개념의 범위가 이전보다 커지는 현상을 말한다. 또한 의미의 이동은 단어의 의미가 다른 것으로 바뀌게 되는 현상을 말한다.

▶ 보기 2 ◀

단어	중세 국어에서의 의미	현대 국어에서의 의미
㉠ 계집	'여자'를 일반적으로 가리키는 말	'여자' 또는 '아내'를 낮추어 가리키는 말
㉡ 어리다	'어리석다'와 '나이가 적다'를 가리키는 말	'나이가 적다'를 가리키는 말
㉢ 바가지	'박을 쪼개어 물을 푸거나 물건을 담는 데 쓰는 도구'를 가리키는 말	'박을 쪼개거나 나무나 플라스틱 등으로 그와 비슷하게 만들어 물을 푸거나 물건을 담는 데 쓰는 도구'를 가리키는 말
㉣ 어여쁘다	'불쌍하다'를 가리키는 말	'예쁘다'를 예스럽게 가리키는 말
㉤ 세수하다	'손을 씻는 행위'를 가리키는 말	'손이나 얼굴을 씻는 행위'를 가리키는 말

	의미의 축소	의미의 확대	의미의 이동
①	㉠, ㉡	㉢, ㉤	㉣
②	㉠, ㉢	㉤	㉡, ㉣
③	㉡, ㉢	㉠, ㉤	㉣
④	㉢, ㉣	㉤	㉠, ㉡
⑤	㉣, ㉤	㉠, ㉢	㉡

168 북한어의 특징

21270-0168

〈보기 1〉은 북한에서 쓰이는 말의 특징을 정리한 것이다. ㉠∼㉤의 예를 〈보기 2〉에서 골라 바르게 연결한 것은?

▶ 보기 1 ◀

(1) 발음
 • 두음 법칙을 적용하지 않는다.
 • 비음화된 발음을 표준적인 발음으로 인정하지 않는다. ⋯⋯⋯⋯⋯⋯⋯⋯ ㉠

(2) 어휘
 • 외래어를 최대한 고유어로 다듬어 수용한다. ⋯⋯⋯⋯⋯⋯⋯⋯⋯⋯⋯⋯⋯ ㉡
 • 상당수의 한자어를 고유어로 바꾸어 사용한다. ⋯⋯⋯⋯⋯⋯⋯⋯⋯⋯⋯ ㉢

(3) 문법
 • 남한과 다른 용법으로 조사를 사용하는 경우가 있다. ⋯⋯⋯⋯⋯⋯⋯⋯ ㉣
 • 사동형과 피동형을 만드는 접미사를 남한보다 폭넓게 적용한다. ⋯⋯⋯ ㉤

▶ 보기 2 ◀

ⓐ '월급' 대신 '달품'을 사용한다.
ⓑ '대장님과'가 아니라 '대장님께서와'를 쓴다.
ⓒ '심리'를 [심니]로 말하지 않는다.
ⓓ '노크' 대신 '손기척'을 사용한다.
ⓔ '놀라게 하다'를 뜻하는 말로 '놀래우다'를 쓴다.

	㉠	㉡	㉢	㉣	㉤
①	ⓐ	ⓒ	ⓑ	ⓓ	ⓔ
②	ⓐ	ⓓ	ⓒ	ⓑ	ⓔ
③	ⓒ	ⓐ	ⓓ	ⓔ	ⓑ
④	ⓒ	ⓑ	ⓐ	ⓔ	ⓓ
⑤	ⓒ	ⓓ	ⓐ	ⓑ	ⓔ

169 〔 한국어 음운의 특징 〕

◐ 21270-0169

〈보기〉를 바탕으로 영어 모어 화자가 한국어를 배울 때 느낄 수 있는 어려움을 추론한 것으로 적절한 것은?

→ 보기 ◄

한국어 음운의 특징

• 자음이 '예사소리-된소리-거센소리'로 대립되어 '울림소리-안울림소리'로 대립하는 영어와 대조적이다.

• 마찰음이 'ㅅ, ㅆ, ㅎ'밖에 존재하지 않아 'f, v, θ' 등을 더 가지고 있는 영어 등과 대조적이다.

• 음절 끝 위치에 오는 파열음들이 파열되지 않고, '밭'이 [받]으로 발음되거나 '꽃'이 [꼳]으로 발음되어, 영어의 'stop[stɑːp]'의 발음과 대조적이다.

• 첫소리에 올 수 있는 자음이 제한되어 둘 이상의 자음이나 'ㄹ'이 잘 오지 못해, 'spring'처럼 여러 개의 자음이 첫소리로 오거나 'route'처럼 'ㄹ'과 유사한 음운이 첫소리로 올 수 있는 영어와 대조적이다.

① '빵'과 '방'을 구별해서 발음하기 어려울 것 같아.

② '안'처럼 초성이 없는 단어를 발음하기 어려울 것 같아.

③ '새'처럼 마찰음 'ㅅ'이 들어간 단어를 발음하기 어려울 것 같아.

④ '라디오'처럼 초성에 'ㄹ'이 오는 단어를 발음하기 어려울 것 같아.

⑤ '꽃이'를 발음할 때 [꼬치]와 같이 연음 법칙에 따라 발음하기 어려울 것 같아.

모어 화자

'모어'는 한자 그대로 풀이하면, '엄마에게 배운 말'이라는 뜻으로, 자라나면서 배운 말을 뜻한다. '모어 화자'는 특정한 언어를 모어로 사용하는 화자를 말한다.

울림소리

발음할 때 목청이 떨려 울리는 소리로, 한자어로는 유성음이라고 한다.

안울림소리

발음할 때 목청이 떨리지 않는 소리로, 한자어로는 무성음이라고 한다.

170 · 말뭉치의 활용

○ 21270-0170

〈보기〉는 동사의 다양한 의미를 알기 위해 컴퓨터로 말뭉치를 구축한 결과의 일부이다. 〈보기〉에서 확인되는 '쓰다'의 의미가 <u>아닌</u> 것은?

> 보기

⋮

온몸에 먼지를 {쓰는} 때가 잦았던 그에게 ……
그녀는 식비로 {쓰는} 비용까지 아까워할 만큼 ……
성실하게 소설을 {쓰는} 일은 매우 힘든 작업인데 ……
뇌물 수수 혐의를 {쓰는} 경우에 어떻게 행동해야 하는지를 ……
형은 작은 부분도 신경을 {쓰는} 성격이어서 늘 피곤한 상태로 ……

⋮

① 합당치 못한 일을 강하게 요구하다.
② 어떤 일에 마음이나 관심을 기울이다.
③ 어떤 일을 하는 데 시간이나 돈 따위를 들이다.
④ 먼지나 가루 따위를 몸이나 물체 따위에 덮은 상태가 되다.
⑤ 머릿속의 생각을 종이 혹은 이와 유사한 대상 따위에 글로 나타내다.

EBS 국어 문법의 원리 **수능 국어 문법 180제**

VI

특별 부록

[171~172] 다음 글을 읽고 물음에 답하시오.

　음운이 놓이는 환경에 따라 다른 음운으로 바뀌어 소리 나는 현상을 음운 변동이라 한다. 음운 변동은 음운의 '수적 변동'과 '질적 변동'의 두 가지 측면으로 나누어 살펴볼 수 있다. 전자는 음운 수의 변동을 말하고 후자는 어떤 음운이 완전히 다른 음운으로 바뀌는 변동을 말한다.

　'국물'은 'ㄱ'이 후행하는 'ㅁ'의 영향을 받아 'ㅇ'으로 바뀌어 [궁물]로 발음된다. 이 경우는 음운 수가 변동하지 않고 'ㄱ'이 'ㅇ'으로 바뀌었으므로 ㉠음운의 질적 변동이 확인된다. 용언 어간 '크-'에 연결 어미 '-어서'가 결합하면 [커서]로 발음되는데, 이 경우는 음운의 질적인 변동이 일어나지 않고 'ㅡ'가 없어졌으므로 ㉡음운의 수적 변동이 확인된다. '좋다'와 같은 경우, 'ㅎ'과 'ㄷ'이 만나 'ㅌ'이라는 하나의 음운으로 바뀌어 [조타]로 발음된다. 'ㅎ'과 'ㄷ' 두 개의 음운이 'ㅌ' 하나의 음운으로 바뀐다는 점에서 음운의 수적 변동이 확인되고, 'ㅌ'이 'ㅎ'이나 'ㄷ'과 다른 제3의 음운이라는 점에서 음운의 질적 변동이 확인된다. 이 경우는 ㉢음운의 수적 변동과 질적 변동 양쪽 모두 확인된다. 이를 표로 정리하면 다음과 같다.

	음운의 수적 변동 여부	음운의 질적 변동 여부
㉠	×	○
㉡	○	×
㉢	○	○

[A]

　한편, 음운 변동은 시간의 흐름에 따라 변화를 겪을 수 있다. 이전 시기에는 없던 음운 변동이 새롭게 나타나기도 하고 존재하던 음운 변동이 그 세력을 잃어 사라지기도 한다. 예를 들어 구개음화는 'ㄷ, ㅌ' 등의 자음이 모음 'ㅣ' 또는 반모음 'j' 앞에서 각각 'ㅈ, ㅊ'으로 바뀌는 현상인데 이는 근대 국어 시기에 새롭게 나타난 음운 변동이다. '天'의 중세 국어 시기 한자음은 '텬'이었으나 근대 국어 시기에 '천'으로 바뀐다. 또한 '때리다'의 의미를 갖는 동사 '치다(打)'는 원래 '티다'였는데 근대 국어 시기 이후 지금과 같은 형태로 변하였다. 이들은 모두 구개음화를 겪은 예들이다.

　또한 이전 시기에 존재하던 음운 변동이 특정 시기 이후 그 세력을 잃어 매우 약화되거나 사라지는 경우도 있다. 이러한 음운 변동으로 모음 조화를 들 수 있다. 모음 조화는 한 단어 내에서 같은 성질의 모음들끼리 어울려 나타나는 현상이다. 국어에서는 같은 성질의 모음들을 양성 모음과 음성 모음이라는 용어로 묶는데 중세 국어 시기에는 양성 모음의 수와 음성 모음의 수가 비슷하여 모음 조화 현상이 꽤 잘 지켜지는 모습을 보이지만, 중세 국어에서 음성 모음 'ㅡ'에 대응되었던 양성 모음 'ㆍ'가 근대 국어 시기에 소실되어 모음 체계가 변화함으로써 양성 모음의 수가 줄었고 이 때문에 모음 조화 현상도 그 세력이 매우 약화되었다.

171

○ 21270-0171

윗글의 ㉠~㉢과 관련한 설명으로 적절하지 <u>않은</u> 것은?

① '봄'과 '비'가 결합한 '봄비[봄삐]'는 'ㅂ'이 'ㅃ'으로 바뀌어 발음되므로 ㉠의 예이다.
② 어간 '낳-'과 어미 '-아'가 결합한 '낳아[나아]'는 모음과 모음 사이에서 'ㅎ'이 탈락하였으므로 ㉡의 예이다.
③ 어간 '배우-'와 어미 '-어'가 결합한 '배워[배워]'는 '우어'가 '워'로 줄어들었으므로 ㉢의 예이다.
④ '물'과 '약'이 결합한 '물약[물략]'은 'ㄴ'이 첨가되고 그 'ㄴ'이 'ㄹ'로 교체되므로 ㉠의 예도 있고 ㉡의 예도 있다.
⑤ '밭을[바틀]'은 앞 음절의 종성이 뒤 음절의 초성으로 발음되는 것으로서 음운에는 아무 변동이 없으므로 ㉠~㉢과 관련이 없다.

172

○ 21270-0172

윗글의 [A]와 관련하여 〈보기〉의 (가)~(마)를 이해한 것으로 적절하지 <u>않은</u> 것은?

→ 보기 ←

	중세 국어	현대 국어
(가)	나 + 는 → [나는]	나 + 는 → [나는]
(나)	쓸 + -님 → [쓰님]	달 + -님 → [달림]
(다)	귿 + 이 → [그티]	끝 + 이 → [끄치]
(라)	붉- + -히- + -는 → [불키는]	밝- + -히- + -는 → [발키는]
(마)	잇- + -는 → [인는]	있- + -는 → [인는]

① (가)는 'ㆍ'의 소실로 인해 현대 국어에서 모음 조화 현상이 약화되었음을 보여 준다.
② (나)는 'ㄹ' 탈락 현상의 예로서 중세 국어의 적용 환경과 현대 국어의 적용 환경이 다름을 보여 준다.
③ (다)는 구개음화가 현대 국어에서는 일어나지만 같은 조건의 중세 국어에서는 일어나지 않았음을 보여 준다.
④ (라)는 중세 국어에서 축약이 일어나던 것이 현대 국어에서는 'ㄱ' 탈락이 일어나 자음군 단순화가 적용됨을 보여 준다.
⑤ (마)는 중세 국어에서 일어났던 음운 변동인 비음화가 현대 국어에서도 똑같이 일어남을 보여 준다.

[173~174] 다음 글을 읽고 물음에 답하시오.

소리는 같지만 의미가 서로 다른 단어들의 의미 관계를 동음이의 관계라 하고 이러한 관계에 있는 단어들을 동음이의어라 한다. '사람이나 동물의 몸통 아래 붙어 있는 신체의 부분'이라는 의미의 '다리'와 '한편의 높은 곳에서 다른 편의 높은 곳으로 건너다닐 수 있도록 만든 시설물'이라는 뜻의 '다리'는 동음이의 관계에 있다. 이 단어들은 단어의 소리만 우연히 같을 뿐, 서로 의미적 유사성이 없기 때문에 별개의 단어로 처리된다.

둘 이상의 여러 가지 의미를 가진 단어를 다의어라 하는데, 이 의미들끼리의 관계를 다의 관계라 한다. '발'이란 단어는 '사람이나 동물의 다리 맨 끝부분'이라는 의미와 함께 '가구 따위의 밑을 받쳐 균형을 잡고 있는, 짧게 도드라진 부분'이라는 의미, '걸음을 비유적으로 이르는 말' 등의 의미를 갖는 다의어이다. 다의 관계에 있는 의미들은 서로 의미적 연관성을 가진다는 면에서 동음이의 관계와 구별된다.

동음이의 관계와 다의 관계는 서로 상이한 방식으로 사전에 반영되어 있다.

다리¹ [명사]
「1」 사람이나 동물의 몸통 아래 붙어 있는 신체의 부분. 서고 걷고 뛰는 일 따위를 맡아 한다.
「2」 물체의 아래쪽에 붙어서 그 물체를 받치거나 직접 땅에 닿지 아니하게 하거나 높이 있도록 버티어 놓은 부분
「3」 안경의 테에 붙어서 귀에 걸게 된 부분

⋮

다리² [명사]
「1」 물을 건너거나 또는 한편의 높은 곳에서 다른 편의 높은 곳으로 건너다닐 수 있도록 만든 시설물
「2」 둘 사이의 관계를 이어 주는 사람이나 사물을 비유적으로 이르는 말
「3」 중간에 거쳐야 할 단계나 과정

⋮

동음이의 관계는 '다리¹', '다리²'와 같이 서로 다른 표제어로 사전에 등재하여 반영하고 있고, 다의 관계는 한 표제어 안에서 「1」, 「2」, 「3」과 같이 순서를 매겨 구분하고 있다.

한편, 사전에 실린 단어의 다의 관계에서 첫 번째로 제시되는 의미를 ㉠ 중심 의미라 하고 나머지 의미들을 ㉡ 주변 의미라 한다. 위에 제시된 '다리²'의 「1」 한편의 높은 곳에서 다른 편의 높은 곳으로 건너다닐 수 있도록 만든 시설물'이란 의미가 중심 의미이고 「2」, 「3」의 의미가 주변 의미이다.

주변 의미들은 중심 의미에서 의미가 파생되거나 확장되어 형성된다. 이때 단어의 중심 의미를 비유적으로 사용하는 것이 그 의미 확장의 방식 중 하나이다. '다리²'의 중심 의미는 '장소 A와 장소 B를 이어 주는 구체적 연결에 사용되는 것'인데, '사람 A', '사람 B'를 '장소 A'와 '장소 B'로 비유하여 표현하게 되면 '사람 A와 사람 B를 이어 주는 추상적 연결에 사용되는 것'이라는 '다리²'의 두 번째 의미로 확장된다. 이러한 비유 표현이 더 추상화되면 '다리²'의 세 번째 의미인 '단계 A와 단계 B를 이어 주는 추상적 연결에 사용되는 것'으로 확장된다.

173

◐ 21270-0173

윗글을 읽고 이해한 내용으로 적절하지 <u>않은</u> 것은?

① 동음이의 관계는 우연에 의해 형성될 수 있다.
② 다의 관계는 단어의 비유적 사용 방식에 의해 형성될 수 있다.
③ 사전을 찾아보면 다의어와 동음이의어를 분명히 구분할 수 있다.
④ 동음이의 관계와 다의 관계 모두 둘 이상의 사전 표제어들과 관련된 문제이다.
⑤ 동음이의 관계와 다의 관계는 모두 하나의 소리에 여러 개의 의미가 연결되어 있다.

174

◐ 21270-0174

윗글의 ㉠, ㉡에 해당하는 예를 바르게 짝지은 것은?

	㉠	㉡
①	책상이 <u>낮고</u> 작아서 불편하다.	물은 <u>낮은</u> 곳으로 흐른다.
②	그는 씀씀이가 <u>큰</u> 편이다.	힘든 일일수록 보람도 <u>크게</u> 마련이다.
③	우리는 학교 <u>앞</u>에서 만나기로 했다.	술값은 내 <u>앞</u>으로 달아 두세요.
④	저기 있는 키 <u>작은</u> 꽃의 이름이 뭐지?	깨알처럼 <u>작은</u> 글씨를 누가 읽을 수 있겠니?
⑤	우리 집 <u>뒤</u>에는 큰 산이 있었다.	그녀는 한발짝 <u>뒤</u>로 물러섰다.

[175~176] 다음 글을 읽고 물음에 답하시오.

일반적으로 둘 이상의 발화가 연속해서 이루어지는 말의 단위를 담화라 한다. 그러나 발화가 모여 있다고 해서 모두 적절한 담화가 되는 것은 아니다. 발화의 연쇄가 적절한 담화를 이루기 위해서는 내용적·형식적으로 갖추어야 할 특성들이 있다.

담화가 내용적 측면에서 일관된 주제나 내용으로 연결되어 있는 특성을 담화의 ㉠통일성이라고 한다.

> 윤수: 오늘 본 공연 어땠어? 나는 가수의 노래도 좋았지만 뒤에서 연주하는 밴드도 좋았어. 특히 드럼 연주자가 너무 잘하더라. 이런 재미가 있어서 콘서트를 보러 가는 건가 봐.
>
> 정희: 오늘 본 공연 나는 괜찮았어. 물론 지난번 공연이 더 좋았지만. 아, 저번에 인준이랑 보러 가기로 했었는데. 다음에는 인준이랑 가야겠다. 정말 나는 왜 이렇게 약속을 잘 잊어버리는지 모르겠네.

위 대화에서 '윤수'는 오늘 본 공연에 대하여 일관성 있게 말하고 있는 데 반해, '정희'는 오늘 공연에 대하여 말하다가 지난번 공연과 인준이와의 약속에 대해 이야기하고, 다시 자신의 단점에 대해 말하고 있다. '정희'의 발화는 너무 다양한 내용을 다루고 있고 주제가 일관되지 않으므로 통일성을 갖추었다고 보기 어렵다.

담화를 유기적으로 연결하기 위해 여러 가지 형식적 장치를 사용하기도 한다. 이에 사용되는 형식적 장치로는 지시 표현과 접속 표현 등이 있다. 지시 표현에는 '이', '그', '저'와 같은 지시 관형사, '이것', '그것', '저것'과 같은 지시 대명사, '이렇다', '그렇다', '저렇다'와 같은 지시 형용사, '이리', '그리', '저리'와 같은 지시 부사 등이 있다. 접속 표현은 발화 간의 연결 관계를 분명하게 보여 주는 역할을 한다. '그리고', '그래서', '하지만' 등의 접속 부사들이 대표적이다. 지시 표현과 접속 표현이 적절하게 사용될 때, 담화 전체의 유기적인 관계가 분명하게 드러나고 이를 통해 담화의 ㉡응집성을 높일 수 있다. 통일성과 응집성은 각각 담화의 내용적 측면, 형식적 측면과 관련된다는 점에서 개념적으로 분명히 구분된다. 그러나 이 둘은 서로 밀접한 관계를 맺으며 적절한 담화를 구성하는 데 기여한다.

실제 의사소통 상황에서 쓰이는 담화에는 화자와 청자를 둘러싼 맥락이 존재한다. 맥락은 크게 언어적 맥락과 비언어적 맥락으로 나뉜다. ⓐ언어적 맥락은 담화를 구성하는 발화에 사용된 언어 표현으로 실현되는 담화의 맥락으로, 문맥이라고도 한다. ⓑ비언어적 맥락 중 상황 맥락은 담화를 생산하고 수용하는 활동에 직접 영향을 끼치는 맥락으로, 의사소통이 이루어지는 시간적·공간적 배경을 말한다. 화자, 청자, 주제, 목적 등도 담화 상황의 일부가 되므로 상황 맥락에 포함한다. 사회·문화적 맥락은 담화를 생산하고 수용하는 활동에 간접적으로 영향을 끼치는 맥락으로, 역사적·사회적 상황, 공동체의 이념이나 가치 등을 포함한다. 만약 언어 공동체의 사회·문화적 맥락을 고려하지 않고 발화의 의미를 있는 그대로 해석한다면 적절한 담화가 이루어질 수 없다.

175

◉ 21270-0175

윗글의 ㉠과 ㉡에 대한 설명으로 적절한 것은?

① ㉠은 다양한 형식적 장치들로 실현된다.
② ㉡이 실현되었는지 확인할 수 있는 형식적 장치는 거의 없다.
③ ㉠이 실현되었는지 확인하기 위해서는 내용 파악이 먼저 이루어져야 한다.
④ ㉠은 ㉡에 비해, 적절한 담화를 구성할 때 필수적으로 실현되어야 하는 것은 아니다.
⑤ ㉡은 ㉠에 비해, 적절한 담화를 구성할 때 ㉠과 관련 없이 독자적으로 실현될 수 있다.

176

◉ 21270-0176

윗글의 ⓐ, ⓑ와 관련하여 〈보기〉의 자료를 탐구한 내용으로 적절하지 않은 것은?

> ▶ 보기 ◀
>
> **(가) 민소가 영수의 집에 놀러 가서 저녁 식사를 하는 상황**
>
>   영수 어머니: 차린 건 없지만 많이 먹어라.
>   민소: 네, 국이 아주 시원하고 맛있네요.
>   영수: 국이 시원하다니, 너무 뜨거운 거 같은데.
>   영수 어머니: 친구가 뜨끈한 된장국을 좋아하는구나. 맛있게 먹어.
>
> **(나) 어머니가 어린아이에게 감기약을 먹이는 상황**
>
>   어머니: 이쪽으로 와. 얼른 약 먹자.
>   아이: 엄마랑 같이 먹는 거예요?
>   어머니: 그건 아니고, 엄마가 약 먹는 거 도와줄게.
>   아이: 그럼 나 혼자만 약 먹는 거예요?

① (가)에서 '영수'는 '민소'의 발화를 ⓐ를 중심으로 이해했군.
② (가)에서 '영수 어머니'는 '민소'의 발화를 ⓑ를 중심으로 이해했군.
③ (나)에서 '아이'는 '어머니'의 발화를 ⓐ를 중심으로 이해했군.
④ (나)에서 '어머니'의 첫 발화는 ⓑ를 중심으로 해야 적절하게 이해할 수 있겠군.
⑤ (가)의 '민소'와 (나)의 '아이'는 모두 ⓐ, ⓑ를 고려하여 대화에 참여하고 있군.

[177~178] 다음 글을 읽고 물음에 답하시오.

　말하는 사람이 어떤 대상이나 상대를 높이거나 낮추는 정도를 언어적으로 구별하여 표현하는 방식이나 체계를 높임법이라고 한다. 높임법은 높이거나 낮추는 대상에 따라 주체 높임법, 객체 높임법, 상대 높임법으로 나뉜다.

　주체 높임법은 주어가 가리키는 대상을 높이는 방법으로, 말하는 이보다 서술어의 주체가 나이나 사회적 지위 등이 높을 때 사용한다. '어머니께서 방에 들어오셨다.'와 같은 문장에서 주체인 '어머니'를 높이기 위해, 동사 '들어오-'에 선어말 어미 '-시-'가 결합되었다. 객체 높임법은 주어의 행위가 미치는 대상인 목적어나 부사어를 높이는 방법이다. '모르는 것은 선생님께 여쭈어봐라.'와 같은 문장에서 '선생님'은 높임의 대상이 되는 객체이기 때문에 특수한 어휘 '여쭈다'를 사용하여 객체 높임을 나타내었다. 상대 높임법은 화자가 청자를 높이거나 낮추어 표현하는 방법이다. '지우야, 버스 왔어.', '할아버지, 버스 왔습니다.' 등의 예를 보면, 청자가 누구인지에 따라 종결 어미가 달리 사용되는 것을 확인할 수 있다. 청자가 높임의 대상이 아닌 '지우'일 때, 동사 어간에 해체 종결 어미 '-어'가 결합했고, 청자가 높임의 대상인 '할아버지'일 때, 하십시오체 종결 어미 '-습니다'가 결합했다. 현대 국어의 높임법은 그 실현 방식이 서로 다르다. 주체 높임법은 선어말 어미를 통해 실현되고 객체 높임법은 주로 높임의 의미를 갖는 특수한 어휘를 통해 실현된다. 상대 높임법은 종결 어미나 보조사 '요'를 통해 실현된다. 주체 높임과 객체 높임은 대상을 높이는 범주이지만, 상대 높임은 대상을 어느 정도 대우하느냐에 따라 여러 등급으로 나뉜다. 한 문장 안에서 주체, 객체, 상대를 다 높이는 경우가 있고, 셋 중 하나만 높이는 경우도 있고, ⑦셋 중 둘을 높이는 경우도 있다.

　한편, ⑥중세 국어 시기에는 이러한 높임법들이 모두 선어말 어미를 통해 실현될 수 있었다. 중세 문헌 『월인석보』에 실린 문장인 '부톄 百億(백억) 世界(세계)예 化身(화신)ᄒᆞ야 敎化(교화)ᄒᆞ샤미(부처가 백억 세계에 화신하여 교화하심이)'에서는 주체인 부처를 높이기 위해 동사 '敎化ᄒᆞ-'에 선어말 어미 '-시-'가 결합하였다. 또 같은 시기 문헌인 『석보상절』에 '내 王(왕) 말ᄊᆞᆷ 듣ᄌᆞᆸ고ᅀᅡ 내 ᄆᆞᅀᆞ미 ᄭᆡᄃᆞᆫ과이다(내가 왕 말씀 듣고서야 내 마음이 깨달았습니다)'라는 문장이 있는데, '듣다'의 목적어인 '王 말씀'이 높임의 대상이 되기 때문에 동사 '듣-'에 선어말 어미 '-ᄌᆞᆸ-'이 결합하였고 문장을 듣는 청자를 높이기 위해 동사 'ᄭᆡᄃᆞ-'에 선어말 어미 '-이-'가 결합하였다. 선어말 어미 '-시-'는 중세 국어 시기부터 현대 국어 시기에 이르기까지 주체 높임의 기능을 지니고 있지만 선어말 어미 '-ᄌᆞᆸ-'과 '-이-'는 근대 국어 시기를 거치면서 상대 높임의 종결 어미 '-습니다'에 흡수되었다. 이 때문에 현대 국어의 상대 높임법은 종결 어미로 실현되고 객체 높임법은 특수한 어휘 형태를 사용하여 나타내게 되었다.

177

21270-0177

〈보기〉 중 ㉠에 해당하는 문장을 모두 고른 것은?

> 보기 <

ㄱ. 어머니께서 영희에게 과자를 주셨다.
ㄴ. 영희가 할머니께 과자를 드렸습니다.
ㄷ. 어머니께서 형에게 빵을 주셨습니다.
ㄹ. 형님께서 할머니께 과자를 드리신다.
ㅁ. 형이 할머니께 과자를 드리셨습니다.

① ㄱ, ㄴ   ② ㄱ, ㄷ   ③ ㄱ, ㄷ, ㄹ
④ ㄴ, ㄷ, ㄹ   ⑤ ㄴ, ㄹ, ㅁ

178

21270-0178

윗글의 ㉡과 관련된 현상에 대한 설명으로 적절한 것은?

① 중세 국어의 선어말 어미 '-시-'는 현대 국어의 '-시-'와 주된 기능이 같다.
② 중세 국어의 선어말 어미 '-�-'은 그 높임의 대상이 사람일 경우에만 사용되었다.
③ 중세 국어의 선어말 어미 '-이-'는 현대 국어의 '하오체'와 그 높임의 등급이 비슷하다.
④ 중세 국어의 높임법과 달리 현대 국어의 높임법 중 주체 높임법만 문법 형식으로 실현된다.
⑤ 현대 국어의 '-습니다'에는 중세 국어 '-�-'의 기능과 '-이-'의 기능이 모두 들어 있다.

[179~180] 다음 글을 읽고 물음에 답하시오.

한글 맞춤법은 우리말을 한글로 적을 때 지켜야 할 기준을 정해 놓은 규정이다. 그 총칙에는 소리대로 적는 것을 원칙으로 하되, 어법에 맞도록 적는다는 또 하나의 원칙이 덧붙어 있다. 예를 들어 '꽃을', '꽃도'를 '꼬츨', '꼳또'로 소리대로 적게 되면 이들이 '꽃'이라는 단어를 공통적으로 가지고 있다는 점을 알기 어려워진다. 이를 해결하기 위해 '어법에 맞도록'이라는 원칙을 추가하여 같은 말을 동일한 형태로 적도록 규정하고 있다. 이 원칙은 복합어를 적을 때도 적용된다. 따라서 합성어인 '꽃잎'이나 파생어인 '놀이' 등도 모두 어법에 맞도록 그 구성 성분의 형태를 밝혀 적는다.

한편, 소리대로 적는 원칙이 우선되는 경우도 있다. ㉠ 복합어를 이루는 성분인 어근이나 접사가 새로운 단어를 만드는 데 더 이상 사용되지 않는 경우, 또는 ㉡ 복합어의 의미가 그 구성 성분의 의미에서 매우 달라진 경우에는 소리대로 적는 원칙을 적용한다. 전자의 예로 '무덤', '지붕' 등이 있고 후자의 예로 '노름' 등이 있다. '무덤'은 '묻 + 엄'으로 분석할 수 있고 '지붕'은 '집 + 웅'으로 분석할 수 있다. 이때 접사 '-엄', '-웅' 등은 더 이상 새로운 단어를 형성하는 데 사용되지 않으므로 이들이 참여한 단어들은 소리대로 적는다. '노름'은 '놀 + 음'으로 분석할 수 있으나 단어의 의미가 구성 성분인 '놀다'의 의미에서 벗어나 '돈이나 재물 따위를 걸고 서로 내기를 하는 일'로 바뀌었다. 따라서 이러한 단어들은 소리대로 적는다.

한글 맞춤법이 우리말을 한글로 적는 방법을 정해 놓은 것이라면 로마자 표기법은 우리말을 로마자로 적는 방법을 규정해 놓은 것이다. 로마자 표기법은 표준 발음법에 따라 적는 것을 원칙으로 하며, 다양한 음운 변동이 적용된 발음을 로마자로 옮겨 적는다. 이렇게 소리를 옮겨 적는 것을 전사(轉寫)라고 한다. 예를 들어 '신라'와 같은 단어는 역행적 유음화를 겪어 [실라]로 발음된다. '로마자 표기법'에서는 이를 'Silla'로 적는다. 한글 맞춤법에 비해 로마자 표기법은 소리대로 적는 원칙이 좀 더 널리 적용됨을 알 수 있다.

한글 철자를 그대로 로마자로 옮겨 적어야 하는 경우도 있다. 예를 들어, 이중 모음 'ㅢ'가 'ㅣ'로 소리 나더라도 로마자로 적을 때에는 항상 'ui'로 적어야 한다. 한글 철자 'ㅢ'는 그 실제 발음과 상관없이 항상 로마자 'ui'로 고정하여 적는 것이다. 된소리되기 또한 표기에 반영하지 않는다. '압구정'은 [압꾸정]으로 발음되지만 로마자 표기법에 따르면 'Apgujeong'이라 적어야 한다. 초성의 'ㄱ' 철자를 로마자 'g'로 고정하여 적는 방식이다. '철자를 그대로 옮겨 적는다' 하여 이를 전자(轉字)라고 한다. ⓐ 국어를 로마자로 표기하는 방법에는 전사법(轉寫法)과 전자법(轉字法)의 두 가지가 있다. 현행 규정에서는 대체로 전사법에 따라 표기해야 하며 예외적으로 전자법이 적용됨을 알 수 있다.

179

◐ 21270-0179

윗글의 ㉠, ㉡에 해당하는 예로 적절하지 <u>않은</u> 것은?

	㉠		㉡	
	단어	분석	단어(구성 성분)	의미
①	자주	잦- + -우	어리숙하다(어리다)	어리석다
②	지팡이	짚- +´-앙이	길이(길다)	오랜 세월 동안
③	군이	군- + -이	높이(높다)	높은 정도
④	바가지	박 + -아지	미루다(밀다)	일을 나중으로 넘기다
⑤	너무	넘- + -우	고이(곱다)	편안히

180

◐ 21270-0180

윗글의 ⓐ에 대한 설명으로 적절하지 <u>않은</u> 것은?

① 전사법은 소리를 옮겨 적는 방법이고 전자법은 철자를 옮겨 적는 방법이다.

② 국어의 로마자 표기법은 전사법을 원칙으로 하며 모든 음운 변동이 표기에 반영된다.

③ 국어의 로마자 표기법에서 우리말 모음자의 일부는 전자법을 사용하여 그 로마자 표기가 고정되어 있다.

④ 국어의 로마자 표기법은 전사법을 원칙으로 하여 소리대로 적으려 하지만 우리말의 모든 소리를 로마자로 옮기지는 않는다.

⑤ 한글 맞춤법이 소리대로 적는 원칙과 어법에 맞도록 적는 원칙이 공존하는 것처럼 국어의 로마자 표기법은 전사법과 전자법이 공존한다.

MEMO

윤혜정 선생님 직접 집필, 강의

윤혜정의
나비효과
입문편

비 문 학	소 설 문 학	시 문 학
3권	2권	1권

국어 공부를 시작하는
학생들에게 방향을 잡아주는
국어 입문 교재

윤혜정 선생님의 베스트셀러,
"개념의 나비효과" &
"패턴의 나비효과"의 입문편
개념과 패턴을 중심으로 한 체계적인
정리를 통해 국어 공부의 밑바탕이 되는
기본 지식 UP↑

EBS 대표 강사 윤혜정 선생님의
입담이 생생하게 살아있는 교재

중요한 부분은 더 자세하게~
어려운 부분은 더 쉽게~
음성지원 되는 듯한 선생님의
친절한 설명이 가득 윤혜정 선생님이
직접 집필하여 강의와 함께하면 **시너지 UP↑**

시 문학, 소설 문학, 비문학(독서)이
영역별로 15강씩!
3책 분권으로 더 가볍고 부담 없이!

STEP 1 개념 설명 ▷ **STEP 2** 개념 QUIZ ▷ **STEP 3** 기출문제

영역별로 확실히 알아야 할 내용들을 15강으로 정리, 국어 공부에 필요한 알짜 지식들을 모두 습득
· 다양한 예문과 문항들, 기출문제를 통해 지문 독해에서 실전 수능까지 유기적으로 연결 OK!

정답과 해설

정답과 해설

I 언어의 특성, 음운

001	⑤	002	④	003	④	004	③	005	④
006	⑤	007	②	008	③	009	④	010	⑤
011	④	012	⑤	013	④	014	②	015	⑤
016	②	017	③	018	⑤	019	③	020	④
021	⑤	022	④	023	②	024	③	025	④
026	③	027	⑤	028	④	029	①		

001 언어의 특성 　　　　　답 ⑤

〈보기〉의 ㅁ은 언어의 자의성과 관련이 있다. 뜻과 소리의 대응은 자의적이기 때문에, 동일한 의미를 나타내는 사물이나 개념이 필연적인 이유 없이 언어마다 다른 음성으로 대응되거나 한 언어 안에서 방언마다 다른 음성으로 대응된다.

오답 피하기
① 언어의 분절성에 대한 설명이다.
② 언어의 역사성에 대한 설명이다.
③ 언어의 체계성에 대한 설명이다.
④ 언어의 규칙성에 대한 설명이다.

002 언어의 특성 　　　　　답 ④

〈보기〉의 (가), (나), (다)는 모두 언어의 창조성과 관련이 있는 설명이다. 언어의 창조성이란 한정된 언어 자원을 가지고 무한히 새로운 언어 형식을 만들어 내는 것을 말한다.

오답 피하기
① 언어의 분절성과 관련된 설명이다.
② 언어의 역사성과 관련된 설명이다.
③ 언어의 자의성과 관련된 설명이다.
⑤ 언어의 사회성과 관련된 설명이다.

003 모음 체계 　　　　　답 ④

'ㅣ'와 'ㅟ'는 모두 전설 모음에 속하므로 혀의 최고점 위치에

는 변동이 없다. 'ㅣ'는 평순 모음, 'ㅟ'는 원순 모음이므로 'ㅣ'는 'ㅟ'를 발음할 때보다 입술을 평평하게 하면 된다.

오답 피하기
① 'ㅟ'는 고모음, 'ㅚ'는 중모음이므로 적절하다.
② 'ㅐ'는 저모음, 'ㅔ'는 중모음이므로 적절하다.
③ 'ㅜ'는 원순 모음, 'ㅡ'는 평순 모음이므로 적절하다.
⑤ 'ㅗ'는 후설 모음, 'ㅚ'는 전설 모음이므로 적절하다.

004 음운의 변동 　　　　　답 ③

ⓐ의 '막일 → [막닐]'의 과정에서는 앞말의 자음 'ㄱ'과 뒷말의 모음 'ㅣ' 사이에 새로운 음운 'ㄴ'이 '첨가(ⓒ)'되었다. ⓑ의 '[막닐] → [망닐]'의 과정에서는 'ㄴ'의 영향으로 'ㄱ'이 [ㅇ]으로 '교체(ㄱ)'되었다. 또한 ⓒ의 '값하다 → [갑하다]'의 과정에서는 'ㅄ' 중 'ㅅ'이 '탈락(ⓒ)'하였으며, ⓓ의 '[갑하다] → [가파다]'의 과정에서는 'ㅂ'과 'ㅎ'이 합쳐져서 제3의 음운인 'ㅍ'으로 '축약(ㄹ)'되었다.

005 음운의 교체 　　　　　답 ④

'낯빛'의 경우 ㄱ이 적용되어 [낟빋]이 된 후 ㄹ이 적용되어 [낟삗]이 된다. 따라서 ㄱ와 ㄹ만이 일어나는 예이다. ㄴ은 'ㄱ, ㄷ, ㅂ'이 비음 'ㄴ, ㅁ' 앞에서 비음 'ㅇ, ㄴ, ㅁ'으로 바뀌는 현상으로 '낯빛[낟삗]'에서는 나타나지 않는다.

오답 피하기
① '잎만'의 경우 ㄱ이 적용되어 [입만]이 된 후 ㄴ이 적용되어 [임만]이 된다. 따라서 ㄱ과 ㄴ이 모두 일어나는 예이다.
② '옷도'의 경우 ㄱ이 적용되어 [옫도]가 된 후 ㄹ이 적용되어 [옫또]가 된다. 따라서 ㄱ과 ㄹ이 모두 일어나는 예이다.
③ '줄넘기'의 경우 ㄷ이 적용되어 [줄럼기]가 된 후 ㄹ이 적용되어 [줄럼끼]가 된다. 따라서 ㄷ과 ㄹ이 모두 일어나는 예이다.
⑤ '삳삳이'의 경우 ㄱ이 적용되어 [삳사티]가 된 후 ㅁ이 적용되어 [삳사치]가 되고, 여기에 ㄹ이 적용되어 [삳싸치]가 된다. 따라서 ㄱ, ㄹ, ㅁ이 모두 일어나는 예이다.

006 모음의 변동 답 ⑤

'피 - + -어서'가 [펴:서]가 되는 것은 'ㅣ'와 'ㅓ'가 합쳐져 이중 모음 'ㅕ'가 된 것이므로 ㉠이 일어나는 것이다.

오답 피하기

① 어간의 단모음 'ㅗ'와 어미의 단모음 'ㅏ'가 합쳐져 이중 모음 'ㅘ'가 되었다.

② 어간의 단모음 'ㅏ'와 어미의 단모음 'ㅏ'가 만나면서 하나가 탈락되었다.

③ 어간의 단모음 'ㅡ'가 어미의 단모음 'ㅓ'를 만나면서 'ㅡ'가 탈락되었다.

④ 어간의 단모음 'ㅣ'와 어미의 단모음 'ㅓ'가 만나면서 'ㅓ'가 'ㅕ'로 되었으므로 반모음 'ㅣ[j]'가 첨가된 것이다.

007 언어의 특성 답 ②

'나무'는 '소나무'의 상위어로, '나무'가 '소나무'에 비해 더 추상적인 의미를 지니고 있으며, 반대로 하위어인 '소나무'는 '나무'에 비해 더 구체적인 의미를 지니고 있다. 따라서 ㉡은 보다 구체적인 의미를 전달하기 위해 언어의 형식이 길어진 경우이다.

오답 피하기

① 복합어는 단일어보다 복잡한 개념을 전달하기 위해 단일어 및 접사가 결합하여 이루어진 단어이므로 언어의 형식도 길어진다.

③ 현재 시제는 발화의 기본이 되는 시제인 반면 과거 시제나 미래 시제는 현재 시제보다 복잡한 개념을 담고 있으므로 언어의 형식도 길어진다.

④ 부정문은 긍정문과 동일한 내용에 부정의 의미가 더해지는 것이므로 언어의 형식도 길어진다.

⑤ '어디 가십니까?'의 경우 '어디 가?'가 전달하는 의미에 공손성의 의미가 더해지는 것이므로 언어의 형식도 길어진다.

008 자음 체계 답 ③

'ㄱ, ㄲ, ㅋ'은 여린입천장소리이자 파열음이다. 또한 'ㅈ, ㅉ, ㅊ'은 센입천장소리이자 파찰음이다. 마지막으로, 'ㅅ, ㅆ'은 잇

몸소리이자 마찰음이다. 따라서 영호의 자음 분류 과정에 적용된 기준은 조음 위치(㉠)와 조음 방법(㉡)이다. 만일 소리의 세기(㉢)를 분류 기준으로 적용한다면, 'ㄱ, ㅈ, ㅅ', 'ㄲ, ㅉ, ㅆ', 'ㅋ, ㅊ'이 각각 예사소리, 된소리, 거센소리로 달리 분류되어야 한다.

009 음절의 개념과 특성 답 ④

이중 모음은 발음할 때 입술이나 혀가 고정되어 있지 않고 움직이는 11개 모음으로, 'ㅑ, ㅕ, ㅛ, ㅠ, ㅐ, ㅖ, ㅘ, ㅝ, ㅙ, ㅞ, ㅢ'가 있다. 첫 번째 유형으로 제시된 '중성으로만 이루어진 음절' 중 '야, 워'는 이중 모음이 하나의 음절을 이룬 경우이다. 따라서 ④는 잘못된 설명이다.

오답 피하기

① 〈보기〉에서 음절을 네 가지 유형으로 나누어 설명한 예를 통해 볼 때, 제시된 네 유형 모두에서 모음은 항상 중성에만 올 수 있음을 확인할 수 있다.

② 첫 번째 유형으로 제시된 '중성으로만 이루어진 음절' 중 '오, 이'는 하나의 음운으로만 이루어진 음절이다. 이때 하나의 자음만으로는 음절을 이루지 못하는 반면 하나의 모음은 하나의 음절을 이루기도 한다.

③ 초성을 포함하는 음절은 두 번째 유형과 네 번째 유형인데, 두 경우 모두 초성에는 하나의 자음만 올 수 있다. 영어와 달리 현대 국어에서는 초성에 둘 이상의 자음이 오지 못한다.

⑤ 〈보기〉에 제시된 음절의 네 가지 유형은 '중성', '초성 + 중성', '중성 + 종성', '초성 + 중성 + 종성'이므로 네 가지 유형 모두에 중성이 포함되어 있음을 확인할 수 있다.

010 비분절 음운의 개념 답 ⑤

'거짓말'의 '말'은 비어두이므로 장음이 실현되지 않는다고 하였는데, 장음으로 발음하지 않아도 되는 단어를 장음으로 발음한다고 하여 단어의 뜻이 달라지지는 않는다.

오답 피하기

① 장단은 음운 중 하나이므로 음운의 기능, 즉 단어의 뜻을 구별해 주는 역할을 한다.

② 〈보기〉의 '장단은 한국어 단어에서 의미에 따라 달라지는 모

음의 길이이다.'라는 진술을 통해 장음이 실현될 때에는 모음을 길게 발음한다는 것을 알 수 있다.
③ 〈보기〉의 '운소는 분절 음운에 얹혀 실현되고 분절하기가 어렵기 때문에 비분절 음운이라고도 한다.'라는 진술을 통해 비분절 음운은 항상 분절 음운과 함께 실현됨을 알 수 있다.
④ 〈보기〉의 '"거짓말'과 같은 비어두에서는 장음이 실현되지 않는다.'라는 진술을 통해 비어두에서는 장음이 실현되지 않음을 알 수 있다. 따라서 '함박눈'에서 '눈'은 단음으로 실현됨을 알 수 있다.

011 음운 변동 답 ④

'잃 + 지'가 [일치]가 되는 과정에서는 'ㅎ'과 'ㅈ'이 축약되어 'ㅊ'이 되는 음운 변동이 일어난다. 그러나 ㉠과 ㉡에서는 이러한 음운 축약이 일어나지 않으므로 적절하지 않은 설명이다.

오답 피하기

① ㉠의 '굳이'가 [구디]가 아닌 [구지]로 발음되는 것은 구개음화로서, 잇몸소리(치조음, 'ㄷ'과 'ㅌ')가 경구개음('ㅈ'과 'ㅊ')으로 바뀐 변동을 보여 준다. ①의 '같 + 이'가 [가치]가 되는 것 역시 구개음화에 해당한다.
② ㉡의 '값 + 도'가 [갑또]가 되는 과정에서는 음절 끝에 놓인 겹받침 중 하나가 탈락하는 자음군 단순화가 일어난다. 즉 'ㅄ' 중 'ㅅ'이 탈락하여 'ㅂ'이 되는 것이다. 이는 국어에서는 음절 끝에서 둘 이상의 자음이 발음되는 것이 허용되지 않기 때문이다. ②의 '앉 + 는'이 [안는]이 되는 과정에서도 겹받침 'ㄵ' 중 'ㅈ'이 탈락하여 'ㄴ'이 되는 음운 변동이 일어난다.
③ ㉢의 '팥 + 밥'이 [판빱]이 되는 과정에서는 음절 말에서 발음될 수 없는, 즉 'ㄱ, ㄴ, ㄷ, ㄹ, ㅁ, ㅂ, ㅇ' 이외의 자음이 대표음으로 바뀌는 음운 변동이 일어난다. 즉 'ㅌ'이 'ㄷ'으로 바뀐다. ③의 '닭 + 지'가 [닥찌]가 되는 과정에서도 'ㄲ'이 'ㄱ'으로 바뀌는 음운 변동이 일어난다.
⑤ ㉡의 '값 + 도'가 [갑또]가 되는 과정과 ㉢의 '팥 + 밥'이 [판빱]이 되는 과정에서는 예사소리 'ㄷ'과 'ㅂ'이 각각 된소리 'ㄸ'과 'ㅃ'으로 바뀌는 음운 변동이 일어난다. ⑤의 '덮 + 지'가 [덥찌]가 되는 과정에서도 예사소리 'ㅈ'이 된소리 'ㅉ'으로 바뀌는 음운 변동이 일어난다.

012 음운 변동의 유형 답 ⑤

'다행히도'는 글자 그대로 [다행히도]로 발음되므로 탈락이 일어나지 않는다.

오답 피하기

① '같이'는 [가치]로 발음되므로, 'ㅌ'이 'ㅊ'으로 바뀌는 교체가 일어난 것이다.
② '극장[극짱]'에서는 'ㅈ'이 'ㄱ' 뒤에서 'ㅉ'으로 바뀌는 교체가 일어난다.
③ '놓고'는 [노코]로 발음되므로, 'ㅎ'과 'ㄱ'이 합쳐져 'ㅋ'으로 바뀌는 축약이 일어난 것이다.
④ '갑자기[갑짜기]'에서는 'ㅈ'이 'ㅂ' 뒤에서 'ㅉ'으로 바뀌는 교체가 일어난다.

013 음운 변동의 특성 답 ③

〈보기 1〉에 제시된 단어들은 다양한 종성을 가지고 있다. 〈보기 2〉에서 A의 단어들은 종성이 'ㄱ, ㄷ, ㅂ'으로 종성의 발음이 바뀌지 않으나, B의 단어들은 종성이 'ㅊ, ㄲ, ㅋ, ㅅ, ㅍ'으로 종성의 발음이 각각 'ㄷ, ㄱ, ㄱ, ㄷ, ㅂ'으로 바뀌게 된다. 따라서 A와 B는 음절 끝 자음의 발음이 바뀌느냐의 여부를 기준으로 두고 분류한 것이라고 할 수 있다.

오답 피하기

① A의 단어들과 B의 단어들 모두 겹받침을 가지고 있지 않으므로 적절한 진술이 아니다.
② A와 B의 단어들 모두 음절 끝의 자음이 탈락하지 않으므로 적절한 진술이 아니다.
④ A에 속한 단어들의 음절 끝 자음의 발음은 모두 예사소리이고, B에 속한 단어들 역시 음절 끝 자음의 발음이 음절의 끝소리 규칙에 따라 모두 예사소리로 발음되므로 적절한 진술이 아니다.
⑤ A와 B의 단어들 모두 음절 끝의 자음이 파열음으로 발음되므로 적절한 진술이 아니다.

014 음절의 끝소리 규칙과 연음 법칙 답 ②

㉠ 실질 형태소란 구체적인 대상이나 상태와 같은 실질적인 의

미를 나타내는 형태소이다. 'ㄱ, ㄴ, ㄷ, ㄹ, ㅁ, ㅂ, ㅇ' 이외의 받침이 모음으로 시작하는 실질 형태소와 결합한 예를 〈보기〉에서 찾으면 '팥알[파달]'과 '밑알[미달]'이 있다. 이 예를 살펴보면, 'ㅌ'이 대표음 'ㄷ'으로 교체된 후 뒤 음절 초성으로 옮겨 발음됨을 알 수 있다.

ⓒ 문법 형태소란 실질 형태소의 뒤에 붙어 말과 말 사이의 관계를 표시하는 형태소로, 조사, 어미, 접사가 이에 해당한다. 'ㄱ, ㄴ, ㄷ, ㄹ, ㅁ, ㅂ, ㅇ' 이외의 받침이 모음으로 시작하는 문법 형태소와 결합한 예를 〈보기〉에서 찾으면 '옷이[오시]', '암탉이[암탈기]'가 있다. 이 예를 살펴보면, 받침이 교체되지 않고 그대로 뒤 음절 초성으로 옮겨 발음됨을 알 수 있다.

015 자음 동화의 개념　답 ⑤

'맏형'이 [마텽]으로 발음되는 것은 'ㄷ'과 'ㅎ'이 만나 제3의 음운인 'ㅌ'으로 축약되는 거센소리되기에 따른 것이다. 따라서 ⑤는 〈보기〉에서 설명하는 동화의 예가 아니다.

오답 피하기

① '설날'의 'ㄴ'은 인접한 음운인 'ㄹ'의 영향으로 동일한 소리인 'ㄹ'로 동화된다.

② '겹말'의 'ㅂ'은 인접한 음운인 'ㅁ'의 영향으로 동일한 소리인 'ㅁ'으로 동화된다.

③ '묻는'의 'ㄷ'은 인접한 음운인 'ㄴ'의 영향으로 동일한 소리인 'ㄴ'으로 동화된다.

④ '쪽문'의 'ㄱ'은 인접한 음운인 'ㅁ'의 영향으로 'ㅁ'과 조음 방식이 같은, 즉 비음인 'ㅇ'으로 동화된다.

016 음운 변동의 유형　답 ②

ㄱ. '천리마[철리마]'에서 '천'의 'ㄴ'은 '리'의 'ㄹ'을 만나 'ㄹ'이 되는 유음화를 겪는다. 즉 음운 변동의 유형 중 교체에 해당한다.

ㄷ. '갑옷[가볻]'에서 '옷'의 'ㅅ'은 음절의 끝소리 규칙에 의해 'ㄷ'으로 바뀐다. 즉 교체에 해당한다.

오답 피하기

ㄴ. '않고[안코]'에서는 앞 음절 말의 'ㅎ'과 뒤 음절의 'ㄱ'이 합

쳐져 'ㅋ'이 된다. 즉 축약에 해당한다.

ㄹ. '낳아서[나아서]'에서 'ㅎ'은 탈락하여 발음이 되지 않는다. 즉 탈락에 해당한다.

ㅁ. '솜이불[솜:니불]'은 본디 없던 음운 'ㄴ'이 덧나는 현상을 보여 준다. 즉 첨가에 해당한다.

017 비음화의 원인　답 ③

비음화는 비음이 아닌 소리가 비음으로 바뀌는 동화이다. 〈보기〉를 통해 이를 살펴보면 '밥물[밤물]', '굳는다[군는다]', '녹는다[농는다]'는 각각 'ㅂ, ㄷ, ㄱ'이 'ㅁ, ㄴ, ㄴ' 앞에서 'ㅁ, ㄴ, ㅇ'으로 바뀐다. 이를 제시된 자음 분류표에서 찾아보면, 파열음이 비음 앞에서 비음으로 변동했음을 확인할 수 있다. 따라서 비음화는 파열음이 비음의 영향을 받을 때, 본래의 자음이 발음되는 위치(양순음, 치조음, 연구개음)는 그대로 유지한 채 조음 방식만 파열음에서 비음으로 바뀌는 것이라는 결론을 도출할 수 있다.

018 동화의 종류　답 ⑤

'곤란'은 [골:란]으로 발음된다. 즉 'ㄴ + ㄹ → ㄹ + ㄹ'이 되므로 뒤 자음의 영향을 받아 앞 자음이 바뀌는 역행 동화가 일어난 것이다.

오답 피하기

① '밥만'은 [밤만]으로 발음되므로 'ㅂ + ㅁ → ㅁ + ㅁ'의 역행 동화가 일어난다.

② '닫는'은 [단는]으로 발음되므로 'ㄷ + ㄴ → ㄴ + ㄴ'의 역행 동화가 일어난다.

③ '실내'는 [실래]로 발음되므로 'ㄹ + ㄴ → ㄹ + ㄹ'의 순행 동화가 일어난다.

④ '강릉'은 [강능]으로 발음되므로 'ㅇ + ㄹ → ㅇ + ㄴ'의 순행 동화가 일어난다.

019 'ㅣ' 모음 역행 동화　답 ③

'보이다'를 [뵈다]로 발음하는 현상은 'ㅗ + ㅣ → ㅚ'에 따른 모음 축약이지 'ㅣ' 모음 역행 동화에 따른 것이 아니다.

정답과 해설

오답 피하기

① 'ㅣ' 모음의 영향으로 후설 모음 'ㅏ'를 전설 모음 'ㅐ'로 발음하는 경우이다.
② 'ㅣ' 모음의 영향으로 후설 모음 'ㅓ'를 전설 모음 'ㅔ'로 발음하는 경우이다.
④ 'ㅣ' 모음의 영향으로 후설 모음 'ㅡ'를 전설 모음 'ㅣ'로 발음하는 경우이다.
⑤ 'ㅣ' 모음의 영향으로 후설 모음 'ㅜ'를 전설 모음 'ㅟ'로 발음하는 경우이다.

020 음운 변동의 조건 　답 ④

(가)에서는 뒤에 오는 말이 각각 '앞, 어미, 이불'로 모두 어휘적인 뜻을 가진 실질 형태소임을 알 수 있다. 반면 (나)에서는 뒤에 오는 말이 각각 조사 '이', 접미사 '-이'로 문법적인 뜻을 가진 문법 형태소임을 알 수 있다.

오답 피하기

① (가)에서 뒤에 오는 말은 어근으로 조사 또는 어미가 아니고 (나)에서 뒤에 오는 말은 조사와 접사가 섞여 있으므로 적절하지 않은 진술이다.
② (가)에서 뒤에 오는 말은 모두 어근이지만, (나)에서 뒤에 오는 말은 조사와 접사가 섞여 있으므로 적절하지 않은 진술이다.
③ (가)와 (나) 모두 뒤에 오는 말이 모음이므로 적절하지 않은 진술이다.
⑤ (가)에서 뒤에 오는 말은 양성 모음 'ㅏ'와 음성 모음 'ㅓ, ㅣ'가 섞여 있고, (나)에서 뒤에 오는 말은 모두 음성 모음 'ㅣ'이므로 적절하지 않은 진술이다.

021 음운의 탈락 　답 ⑤

'그리다'의 '그리-'가 '-어'와 만나 '그려'가 되는 것은 어간의 말음 'ㅣ'와 어미 'ㅓ'가 만나 'ㅕ'로 된 것이므로, 어간 말 'ㅡ' 탈락 현상과는 관계가 없다.

오답 피하기

① '쓰- + -어서'가 '써서'가 될 때 어간 '쓰-'의 말음 'ㅡ'가 탈락하였다.

② '담그- + -았-'이 '담갔-'이 될 때 어간 '담그-'의 말음 'ㅡ'가 탈락하였다.
③ '아프- + -아'가 '아파'가 될 때 어간 '아프-'의 말음 'ㅡ'가 탈락하였다.
④ '크- + -었-'이 '컸-'이 될 때 어간 '크-'의 말음 'ㅡ'가 탈락하였다.

022 자음 축약 　답 ④

'낳으셨어[나으셔써]'에서는 'ㅎ'이 탈락되었으므로 자음 축약이 아니다. 참고로 'ㅎ' 탈락은 모음과 모음 사이에서 혹은 비음, 유음과 모음 사이에서 'ㅎ'이 탈락하는 현상을 말한다.

오답 피하기

① '대답하지[대:다파지]'에서 'ㅂ + ㅎ → ㅍ'으로 자음 축약이 나타난다.
② '않고[안코]'에서 'ㅎ + ㄱ → ㅋ'으로 자음 축약이 나타난다.
③ '맏형[마텽]'에서 'ㄷ + ㅎ → ㅌ'으로 자음 축약이 나타난다.
⑤ '놓지[노치]'에서 'ㅎ + ㅈ → ㅊ'으로 자음 축약이 나타난다.

023 음운 변동의 유형 　답 ②

'읊고[읍꼬]'에서는 겹받침 'ㄿ' 중 'ㄹ'이 탈락하는 현상(ⓓ)과 'ㅍ'이 'ㅂ'으로 바뀌는 교체(ⓐ), 그리고 예사소리 'ㄱ'이 된소리 'ㄲ'으로 바뀌는 교체(ⓐ)가 일어난다.

오답 피하기

① '물약[물략]'에서는 'ㄴ'이 첨가되는 현상(ⓑ)과 'ㄴ'이 'ㄹ'로 바뀌는 교체(ⓐ)가 일어난다.
③ '뜻깊다[뜯낍따]'에서는 음절 끝에서 'ㅅ', 'ㅍ'이 각각 'ㄷ', 'ㅂ'으로 바뀌는 교체(ⓐ)와 초성의 예사소리 'ㄱ', 'ㄷ'이 각각 된소리 'ㄲ', 'ㄸ'으로 바뀌는 교체(ⓐ)가 일어난다.
④ '꽂히다[꼬치다]'에서는 'ㅈ'과 'ㅎ'이 'ㅊ'으로 축약되는 현상(ⓒ)이 일어난다.
⑤ '놓이다[노이다]'에서는 'ㅎ'이 탈락하는 현상(ⓓ)이 일어난다.

024 음운의 변동 　답 ③

ⓒ의 '굳이'는 끝소리가 'ㄷ, ㅌ'인 형태소가 모음 'ㅣ'나 반모

음 'ㅣ[j]'로 시작되는 문법 형태소와 만나면 그것이 구개음 'ㅈ, ㅊ'으로 발음되는 구개음화에 따라 [구지]로 발음된다. ③의 '붙이다'와 '굳히다' 역시 구개음화에 따라 각각 [부치다], [구치다]로 발음된다.

오답 피하기

① ㉠의 '밥물'이 [밤물]로 발음되는 것은 파열음 'ㅂ, ㄷ, ㄱ'이 뒤에 오는 비음 'ㅁ, ㄴ'에 동화되어 비음 'ㅁ, ㄴ, ㅇ'으로 바뀌는 비음화에 따른 것이다. '속는다'가 [송는다]로 발음되는 것은 비음화에 따른 것이지만, '논일'이 [논닐]로 발음되는 것은 뒷말이 모음 'ㅣ'나 반모음 'ㅣ[j]'로 시작할 때 'ㄴ'이 첨가되는 'ㄴ' 첨가에 따른 것이다.

② ㉡의 '신라'가 [실라]로 발음되는 것은 'ㄴ'과 'ㄹ'이 만났을 때 'ㄴ'이 유음 'ㄹ'로 바뀌는 유음화에 따른 것이다. '난로'가 [날:로]로 발음되는 것은 유음화에 따른 것이지만, '잡는다'가 [잠는다]로 발음되는 것은 비음화에 따른 것이다.

④ ㉢의 '많던'이 [만:턴]으로 발음되는 것은 'ㄱ, ㄷ, ㅂ, ㅈ'과 'ㅎ'이 만나 거센소리 'ㅋ, ㅌ, ㅍ, ㅊ'이 되는 거센소리되기에 따른 것이다. '옳고'가 [올코]로 발음되는 것은 거센소리되기에 따른 것이지만, '좋은'이 [조:은]으로 발음되는 것은 모음과 모음 사이에서 또는 비음, 유음과 모음 사이에서 'ㅎ'이 탈락하는 'ㅎ' 탈락에 따른 것이다.

⑤ ㉣의 '넣어'가 [너어]로 발음되는 것은 'ㅎ' 탈락에 따른 것이다. '끓이다'가 [끄리다]로 발음되는 것은 'ㅎ' 탈락에 따른 것이지만, '잡히다'가 [자피다]로 발음되는 것은 거센소리되기에 따른 것이다.

025 음운의 변동　　답 ④

④의 '옳지'는 [올치]로 발음되는데, 이는 'ㅎ + ㅈ → ㅊ'의 거센소리되기에 따른 것이다. 따라서 '옳지'의 발음 과정에는 ㉠과 ㉡이 모두 나타나지 않는다.

오답 피하기

① '닭장'은 받침 자음 중 일부가 탈락하여 [닥장]으로 바뀐 후 된소리되기로 인해 [닥짱]으로 발음된다.

② '흙과'는 받침 자음 중 일부가 탈락하여 [흑과]로 바뀐 후 된소리되기로 인해 [흑꽈]로 발음된다.

③ '핥게'는 받침 자음 중 일부가 탈락하여 [할게]로 바뀐 후 된소리되기로 인해 [할께]로 발음된다.

⑤ '값도'는 받침 자음 중 일부가 탈락하여 [갑도]로 바뀐 후 된소리되기로 인해 [갑또]로 발음된다.

026 음운의 변동　　답 ③

'내복약'에서는 [내:복냑]으로 'ㄴ' 첨가를 겪은 후, 'ㄴ'의 영향으로 [내:봉냑]으로 비음화된다.

오답 피하기

①에서는 유음화, ②에서는 비음화, ④에서는 'ㄴ' 첨가, ⑤에서는 음절의 끝소리 규칙과 비음화가 나타난다.

027 음운의 변동　　답 ⑤

'옷고름 → [온고름]'에서는 받침 'ㅅ'이 'ㄷ'으로 바뀌는데, 이는 장애음(파열음, 마찰음, 파찰음)이 음절 말에서 파열음 예사소리 'ㄱ, ㄷ, ㅂ' 중 하나로 바뀌는 음절의 끝소리 규칙이 적용된 것이다. 이후 '[온고름] → [온꼬름]'에서는 된소리되기(경음화)가 적용되어 'ㄷ + ㄱ → ㄷ + ㄲ'이 된 것이다.

오답 피하기

'옷고름'이 [온꼬름]으로 발음되는 것은 비음('ㄴ, ㅁ, ㅇ'), 유음('ㄹ'), 센입천장소리('ㅈ, ㅊ')과 관련이 없으며, 마찰음('ㅅ, ㅆ')으로 바뀐 것도 아니다. 또한 경음화와 관련된 소리는 된소리이지 거센소리가 아니다.

028 음운 변동과 표준 발음법　　답 ④

㉣에서 어간 받침 'ㄴ, ㅁ' 뒤에 결합되는 어미의 첫소리 'ㄱ, ㄷ, ㅅ, ㅈ'이 된소리로 발음된다고 했으므로, 이는 된소리되기에 대한 설명이다.

오답 피하기

① ㉠에서 'ㅎ'이 'ㄱ, ㄷ, ㅈ'과 합쳐져 [ㅋ, ㅌ, ㅊ]으로 발음된다고 했으므로 이는 두 음운이 하나의 음운으로 줄어드는 축약에 대한 설명이다.

② ㉠에서 구개음이 아닌 'ㄷ, ㅌ'이 형식 형태소 'ㅣ'와 결합할 때 구개음 [ㅈ, ㅊ]으로 발음된다고 했으므로 이는 구개음화에 대한 설명이다.

③ ㉢에서 'ㄱ, ㄷ, ㅂ'이 비음 'ㄴ, ㅁ' 앞에서 비음 [ㅇ, ㄴ, ㅁ]으로 발음된다고 했으므로 이는 비음화에 대한 설명이다.

⑤ ㉤에서 자음으로 끝난 앞 음절에 '이, 야, 여, 요, 유'가 결합할 때 'ㄴ' 음이 첨가된다고 했으므로 이는 'ㄴ' 첨가에 대한 설명이다.

029 음운 변동과 표준 발음법 目 ①

㉠에서 'ㅎ' 뒤에 'ㄱ, ㄷ, ㅈ'이 결합하는 경우에 두 소리를 합쳐 [ㅋ, ㅌ, ㅊ]으로 발음한다고 했으므로 '낳고'는 ㉠에 따라 [나:코]로 발음된다.

오답 피하기

② ㉡에서 받침 'ㄱ(ㄺ), ㄷ, ㅂ(ㄼ), ㅈ(ㄵ)'이 'ㅎ'과 결합하는 경우에 두 소리를 합쳐 [ㅋ, ㅌ, ㅍ, ㅊ]으로 발음한다고 했으므로 '밝혀'는 ㉡에 따라 [발켜]로 발음된다.

③ ㉢에서 'ㅎ(ㄶ, ㅀ)' 뒤에 'ㅅ'이 결합하는 경우에 'ㅅ'을 [ㅆ]으로 발음한다고 했으므로 '싫소'는 ㉢에 따라 [실쏘]로 발음된다.

④ ㉣에서 'ㅎ' 뒤에 'ㄴ'이 결합하는 경우에 'ㅎ'을 [ㄴ]으로 발음한다고 했으므로 '낳는'은 ㉣에 따라 [난:는]으로 발음된다.

⑤ ㉤에서 'ㅎ(ㄶ, ㅀ)' 뒤에 모음으로 시작되는 어미나 접미사가 결합하는 경우에 'ㅎ'을 발음하지 않는다고 했으므로 '쌓였다'는 ㉤에 따라 먼저 [싸였다]가 되고 음절의 끝소리 규칙이 적용되어 [싸엳다]가 된 후 된소리되기가 일어나 [싸엳따]로 발음된다.

본문 28~60쪽

II 단어의 구조, 품사, 표기

030	③	031	④	032	③	033	④	034	②
035	③	036	⑤	037	③	038	④	039	⑤
040	②	041	⑤	042	③	043	⑤	044	②
045	⑤	046	③	047	⑤	048	④	049	③
050	①	051	①	052	③	053	①	054	⑤
055	③	056	③	057	②	058	③	059	①
060	④	061	④	062	④	063	⑤	064	②
065	⑤	066	②	067	⑤	068	③	069	②
070	④	071	②						

030 형태소의 종류 目 ③

'집에 갔다.'에서 실질적 의미를 가지는 실질 형태소는 체언인 '집'과 용언 '가다'의 어간인 '가-'이다. 나머지는 문법 형태소이다. 자립성을 기준으로 나눈다면, '집'만 자립 형태소에 해당하고 나머지는 모두 홀로 쓰일 수 없으므로 의존 형태소에 해당된다. 즉 용언의 어간인 '가-'는 실질 형태소이면서 의존 형태소에 해당한다.

오답 피하기

① 실질 형태소에는 '가-'도 포함된다.
② '가-'는 의존 형태소이다.
④ 조사 '에'는 문법 형태소이다.
⑤ 조사 '에'는 문법 형태소이고, '가-'는 의존 형태소이다.

031 형태소의 종류 目 ④

〈보기〉의 '되묻고'는 '되-(접두사) + 묻-(어근) + -고(어미)'로, '높이는'은 '높-(어근) + -이-(접미사) + -는(어미)'으로, '돌아가다'는 '돌-(어근) + -아(어미) + 가-(어근) + -다(어미)'로 형태소 분석을 할 수 있다. 따라서 ○는 어근을, △는 파생 접사를, ◇는 어미를 나타내는 기호임을 알 수 있다. '덧붙이다'를 형태소로 분석하면 '덧-(접두사) + 붙-(어근) + -이-(접미사) + -다(어미)'이므로, 〈보기〉를 참조하여 이를 기호로 나타내면 △ + ○ + △ + ◇가 된다.

032 접사의 특성   답 ③

'깜빡이'는 부사 '깜빡'에 접미사 '-이'가 결합하여 명사가 된 예이고, '공부하다'는 명사 '공부'에 접미사 '-하다'가 결합하여 동사가 된 예이다. 접두사와 달리 접미사는 어근의 품사를 바꿀 수 있다.

오답 피하기

① '군식구'는 명사 '식구'에 접두사 '군-'이 붙었지만 여전히 명사이다. '드높다'는 형용사 '높다'에 접두사 '드-'가 붙었지만 여전히 형용사이다. 이처럼 접두사가 붙은 경우에는 대개 품사가 바뀌지 않는다.

②, ④, ⑤ 접미사 중에서도 어근의 품사를 바꾸지 않는 경우가 있는데, 명사 '일'에 접미사 '-꾼'이 붙은 '일꾼', 명사 '잠'에 접미사 '-보'와 '-꾸러기'가 각각 붙은 '잠보'와 '잠꾸러기'가 그 예이다.

033 어근과 어간의 구분   답 ④

'높푸르다'에서 실질적인 의미는 '높-'과 '푸르-'에 있기 때문에 '높푸르다'의 어근은 '높-', '푸르-'이다. 또한 '높푸르다'는 '높푸르고, 높푸르니' 등으로 활용하기 때문에 어간은 '높푸르-'이다.

오답 피하기

① '먹이다'에서 실질적인 의미는 '먹-'에 있기 때문에 '먹이다'의 어근은 '먹-'이다. 또한 '먹이다'는 '먹이고, 먹이니' 등으로 활용하기 때문에 어간은 '먹이-'이다.

② '기다리다'에서 실질적인 의미는 '기다리-'에 있기 때문에 '기다리다'의 어근은 '기다리-'이다. 또한 '기다리다'는 '기다리고, 기다리니' 등으로 활용하기 때문에 어간은 '기다리-'이다.

③ '덤벼들다'에서 실질적인 의미는 '덤비-', '들-'에 있기 때문에 '덤벼들다'의 어근은 '덤비-', '들-'이다. 또한 '덤벼들다'는 '덤벼들고, 덤벼들어서' 등으로 활용하기 때문에 어간은 '덤벼들-'이다.

⑤ '되찾다'에서 실질적인 의미는 '찾-'에 있기 때문에 '되찾다'의 어근은 '찾-'이다. 또한 '되찾다'는 '되찾고, 되찾아서' 등으로 활용하기 때문에 어간은 '되찾-'이다.

034 접사의 특성   답 ②

'-답-'이 결합한 선행 요소를 분석해 보면, ㉠은 '정', '참', '꽃'이고 ㉡은 '용맹한 군인', '아이', '남자가 사는 방'이다. 따라서 '용맹한 군인', '남자가 사는 방'처럼 단어보다 큰 단위에도 결합 가능한 '-답-'은 ㉠이 아니라 ㉡이다..

오답 피하기

① ㉡은 '아이'처럼 모음으로 끝나는 말 뒤에도 결합 가능하지만, ㉠은 '정, 참, 꽃'처럼 자음으로 끝나는 말 뒤에만 결합한다.

③ ㉡은 '자격이나 특성 따위'의 의미를 내포하는 다양한 어근과 결합 가능하지만, ㉠에 결합할 수 있는 어근은 '정, 참, 꽃' 정도로 제한적이다.

④ ㉡의 '용맹한 군인답다, 아이답다, 남자가 사는 방답다'의 용례를 고려할 때, ㉡은 '자격이나 특성 따위를 갖추고 있다.'의 의미를 지니고 있으므로 '신사답다, 사람답다'의 '-답-' 역시 ㉡에 해당한다.

⑤ ㉠은 '어떠한 성질을 지니고 있다.'의 의미를 가지고 있는 데 비해, ㉡은 '자격이나 특성 따위를 갖추고 있다.'의 의미를 가지고 있다. 이는 〈보기〉의 예문들을 통해서도 추론할 수 있다.

035 파생어의 분류   답 ③

'시뻘겋다'의 '시-'는 형용사 어근의 앞에 붙은 접두사이며 어근의 문법적 성격을 바꾸지 않는다(㉠). '주사기'의 '-기'와 '잠꾸러기'의 '-꾸러기'는 명사 어근의 뒤에 붙은 접미사이면서 어근의 품사를 유지하는 파생어를 만든다(㉡). '넓이'의 어근 '넓-'은 형용사이지만 여기에 접미사 '-이'가 붙어 만들어진 파생어 '넓이'는 명사이므로, 접미사 '-이'는 어근의 문법적 성격을 바꾼다(㉢).

036 품사의 분류 기준   답 ⑤

⑤의 '온갖'은 '모든 종류의 혹은 여러 가지의'의 뜻을 지니는 관형사이다. 따라서 ㉺로 분류되어야 한다. ㉺에는 '활용을 하

지 않으며', '문장에서의 주된 기능이 다른 말을 수식하는 것이 아닌' 품사가 와야 한다.

오답 피하기

① ㉠에 해당하는 품사는 동사이다. '먹다'는 '먹고, 먹어서' 등으로 활용을 하며, '먹는다'처럼 현재 시제 평서형에서 '-는다'를 사용한다.

② ㉡에 해당하는 품사는 형용사이다. '작다'는 '작고, 작아서' 등으로 활용을 하며, '작는다'가 불가능하듯이 현재 시제 평서형에서 '-는다'를 사용하지 않는다.

③ ㉢에 해당하는 품사는 관형사이다. 예문에서 '모든'은 체언 '일'을 수식하는 관형사이다.

④ ㉣에 해당하는 품사는 부사이다. 예문에서 '빨리'는 용언 '승진하다'를 수식하는 부사이다.

037 관형사와 부사의 구별 　　　　답 ③

관형사 '저'는 관형사 '새'를 수식하는 것이 아니라 '새 책'이라는 명사구를 수식하고 있다. 관형사는 또 다른 관형사를 수식하지 않는다.

오답 피하기

① 관형사 '한'이 명사 '명'을 수식하고 있다.

② 부사 '더욱'이 부사 '자주'를 수식하고 있다.

④ 부사는 관형사에 비하여 위치의 이동이 자유로운 편이다.

⑤ '무척'이라는 부사에 보조사 '이나'가 결합하였다. 부사는 관형사와 달리 보조사와 결합하는 경우가 있다.

038 감탄사의 특징 　　　　답 ④

㉻과 같이 상황에 따라 서로 다른 감탄사가 연이어 나타날 수 있다.

오답 피하기

① ㉠은 상대방의 말에 대한 놀람을 표현한다고 할 수 있다.

② ㉡은 상대방의 말에 대한 긍정적 대답을 나타낸다고 할 수 있지만, ㉤은 동의를 구하며 되묻는 용법으로 쓰이고 있다.

③ ㉢과 ㉦이 상대방의 말에 대해 분명하지 않은 태도를 나타낸다고는 할 수 있으나, 이것으로 인하여 ㉢과 ㉦이 독립어가 아니라고 판단하기는 어렵다.

⑤ ㉥은 상대방의 말에 대해 부정하여 대답하는 말이고, "아니, 여기엔 웬일이야?"의 '아니'는 놀라거나 감탄스러울 때, 또는 의아스러울 때 하는 말이므로 같은 의미로 쓰인 것이라고 할 수 없다.

039 로마자 표기법 　　　　답 ⑤

'광희문'은 [광히문]으로 발음되는데 이때 [히]를 'hui'로 적은 것을 확인할 수 있다. 즉 이중 모음 'ㅢ'는 [ㅣ]로 소리가 나더라도 'ㅢ'의 로마자 표기인 'ui'로 적은 것이다. 따라서 이중 모음이 단모음으로 발음되면 하나의 로마자 기호로 적는다는 ⑤의 진술은 적절하지 않다.

오답 피하기

① [호:법]의 [법]을 'beop'로 적은 것을 통해 모음 앞의 'ㅂ'은 'b'로, 어말의 'ㅂ'은 'p'로 달리 적는 것을 확인할 수 있다.

② [칠]을 'Chil'로, [리]를 'ri'로 적은 것을 통해 자음 앞의 'ㄹ'은 'l'로, 모음 앞의 'ㄹ'은 'r'로 달리 적는 것을 확인할 수 있다.

③ ㉣에서는 유음화가 일어난 [실라]라는 발음대로, ㉤에서는 비음화가 일어난 [종노]라는 발음대로 음운 변동의 결과를 표기에 반영하여 적고 있으므로 자음 사이에서 동화 작용이 일어나면 그에 따라 로마자로 적는다는 것을 확인할 수 있다.

④ 된소리되기가 일어난 [죽뻔]이 로마자 표기에 반영되지 않았음을 확인할 수 있다. 만일 된소리되기가 표기에 반영되었다면 'Jukppyeon'으로 적었어야 한다. 'ㅃ'은 로마자 'pp'로 적기 때문이다.

040 형태소의 특성 　　　　답 ②

'학생 회장에 뽑히다'의 '에'는 앞말이 맡아보는 자리나 노릇의 부사어임을 나타내는 격 조사이고, '친구들에게 알리다'의 '에게'는 어떤 행동이 미치는 대상을 나타내는 격 조사이다. 따라서 이때의 '에'와 '에게'는 하나의 형태소가 둘 이상의 모습으로 나타난 경우가 아니다. 주의해야 할 점은 '학교에 알리다'의 '에'와 '친구에게 알리다'의 '에게'의 경우에는 앞에 오는 명사의 성격에 따라 하나의 형태소가 다른 모습으로 실현된 이형태의 관계로 볼 수도 있다는 사실이다. 그렇지만 '학생 회장에 뽑히다'의 '에'와 '친구들에게 알리다'의 '에게'는 이형태의 관계로 볼 수 없다.

오답 피하기

① '-아라'는 끝음절의 모음이 'ㅏ, ㅗ'인 동사('오다'와 '오다'로 끝나는 동사 제외) 어간에 붙는 명령형 종결 어미이고, '-어라'는 그 외의 동사 어간 뒤에 붙는 명령형 종결 어미이다. 따라서 이 둘은 앞말의 음운적 환경에 따라 이형태의 관계를 이룬다고 할 수 있다.

③ '이고'는 받침이 있는 체언 뒤에, '고'는 받침이 없는 체언 뒤에 와 둘 이상의 사물을 같은 자격으로 이어 주는 접속 조사이다. 따라서 이 둘은 앞말의 음운적 환경에 따라 이형태의 관계를 이룬다고 할 수 있다.

④ '-려고'는 받침 없는 동사 어간, 'ㄹ' 받침인 동사 어간 또는 어미 '-으시-' 뒤에 붙어서, '-으려고'는 'ㄹ'을 제외한 받침 있는 동사 어간 뒤에 붙어서 어떤 행동을 할 의도나 욕망을 가지고 있음을 나타내는 연결 어미이다. 따라서 이 둘은 앞말의 음운적 환경에 따라 이형태의 관계를 이룬다고 할 수 있다.

⑤ '-었-'은 끝음절의 모음이 'ㅏ, ㅗ'가 아닌 용언의 어간 뒤나 '이다'의 어간 뒤에 붙어서, '-았-'은 끝음절의 모음이 'ㅏ, ㅗ'인 용언의 어간 뒤에 붙어서 사건이나 행위가 이미 일어났음을 나타내는 과거 시제 선어말 어미이다. 따라서 이 둘은 앞말의 음운적 환경에 따라 이형태의 관계를 이룬다고 할 수 있다.

041 어미와 접사의 구별　　　　　답 ⑤

〈보기〉를 참조할 때 어미 '-기'는 품사를 바꾸지 못하지만 접사 '-기'는 품사를 바꾼다. ㉠의 '굵기'는 형용사 '굵다'의 어간 '굵-'에 어미 '-기'가 결합한 형태로 여전히 형용사이다. 이는 '나무들이 아주 굵기는 했다.'처럼 '굵기'는'이 부사어 '아주'의 수식을 받을 수 있음을 통해서도 확인할 수 있다. 반면 ㉡의 '크기'는 형용사 '크다'의 어간 '크-'에 접사 '-기'가 결합하여 명사 '크기'로 파생된 경우로, 관형어 '생선의'의 수식을 받는다는 점을 통해서도 이를 확인할 수 있다.

오답 피하기

① '빠르기'는 형용사 '빠르다'의 어간 '빠르-'에 접사 '-기'가 결합하여 명사로 파생된 경우이다. '빠르기'가 관형어 '이 노래의'의 수식을 받는다는 점을 통해서도 이를 확인할 수 있다. 반면 '뛰기'는 동사 '뛰다'의 어간 '뛰-'에 어미 '-기'가

결합된 경우인데, '가슴이 빨리 뛰기 시작했다.'처럼 '뛰기'가 부사어 '빨리'의 수식을 받을 수 있음을 통해서도 이를 확인할 수 있다.

② '글짓기'는 '글'과 '짓기'의 합성어로 이때 '짓기'는 동사 '짓다'의 어간 '짓-'에 접사 '-기'가 결합하여 명사로 파생된 경우이다. '글짓기'가 '영어 글짓기, 짧은 글짓기'처럼 관형어의 수식을 받을 수 있음을 통해서도 이를 확인할 수 있다. 반면 '내리기'는 동사 '내리다'의 어간 '내리-'에 어미 '-기'가 결합된 경우인데, '비가 많이 내리기를'처럼 '내리기를'이 부사어 '많이'의 수식을 받을 수 있음을 통해서도 이를 확인할 수 있다.

③ '밝기'는 형용사 '밝다'의 어간 '밝-'에 접사 '-기'가 결합하여 명사로 파생된 경우이다. '밝기'가 '물건의 밝기가'처럼 관형어의 수식을 받을 수 있음을 통해서도 이를 확인할 수 있다. 반면 '던지기'는 동사 '던지다'의 어간 '던지-'에 어미 '-기'가 결합된 경우인데, '질문을 과감히 던지기도'처럼 '던지기도'가 부사어 '과감히'의 수식을 받을 수 있음을 통해서도 이를 확인할 수 있다.

④ '달리기'는 동사 '달리다'의 어간 '달리-'에 접사 '-기'가 결합하여 명사로 파생된 경우이다. '달리기'가 '아침 달리기'처럼 관형어의 수식을 받을 수 있음을 통해서도 이를 확인할 수 있다. 반면 '보기'는 동사 '보다'의 어간 '보-'에 어미 '-기'가 결합된 경우인데, '내가 언뜻 보기에도'처럼 '보기에도'가 부사어 '언뜻'의 수식을 받을 수 있음을 통해서도 이를 확인할 수 있다.

042 접사의 의미　　　　　답 ③

'묻다'와 비교할 때 '되묻다'는 '동일한 질문을 다시 하다.'의 뜻을 지녀, 이때의 '되-'는 '다시'라는 새로운 의미를 더해 주는 접두사이다. 반면 '뒤섞다'는 '물건 따위를 한데 모아 마구 섞다.'의 뜻을 지녀, '섞다'와 비교할 때 '마구'의 의미가 더해진다. 즉 이때의 '뒤-'는 '섞다'에 세기나 정도가 강화된 의미를 더해 주는 접두사이다.

오답 피하기

① '휘감다'는 '어떤 물체를 다른 물체에 휘둘러 감거나 친친 둘러 감다.'의 뜻을 지녀, 이때의 '휘-'는 '감다'에 '마구' 또는 '매우 심하게'의 의미를 더하는 접두사이다. 즉 원래의 단어

'감다'가 갖는 의미에 세기나 정도가 강화된 의미를 더해 주는 것이다. 반면 '덧입다'는 '옷을 입은 위에 겹쳐 입다.'의 뜻을 지녀, 이때의 '덧-'은 '거듭' 또는 '겹쳐'의 뜻을 더하는 접두사이다. 즉 원래의 단어 '입다'에 새로운 의미를 더해 주는 것이다.

② '들쑤시다'는 '무엇을 찾으려고 샅샅이 마구 헤치다.'의 뜻을 지녀, 이때의 '들-'은 '쑤시다'에 '마구', '몹시'의 뜻을 더하는 접두사이다. 즉 원래의 단어 '쑤시다'가 갖는 의미에 세기나 정도가 강화된 의미를 더해 주는 것이다. 반면 '헛디디다'는 '발을 잘못 디디다.'의 뜻을 지녀, 이때의 '헛-'은 '보람 없이', '잘못'의 뜻을 더하는 접두사이다. 즉 원래의 단어 '디디다'에 새로운 의미를 더해 주는 것이다.

④ '새빨갛다'는 '매우 빨갛다.'의 뜻을 지녀, 이때의 '새-'는 '빨갛다'에 '매우 짙고 선명하게'의 뜻을 더하는 접두사이다. 즉 원래의 단어 '빨갛다'가 갖는 의미에 세기나 정도가 강화된 의미를 더해 주는 것이다. 반면 '엿보다'는 '남이 보이지 아니하는 곳에 숨거나 남이 알아차리지 못하게 하여 대상을 살펴보다.'의 뜻을 지녀, 이때의 '엿-'은 '몰래'의 뜻을 더하는 접두사이다. 즉 원래의 단어 '보다'에 새로운 의미를 더해 주는 것이다.

⑤ '드높다'는 '매우 높다.'의 뜻을 지녀, 이때의 '드-'는 '높다'에 '심하게' 또는 '높이'의 뜻을 더하는 접두사이다. 즉 원래의 단어 '높다'가 갖는 의미에 세기나 정도가 강화된 의미를 더해 주는 것이다. 반면 '엇나가다'는 '비위가 틀리어 말이나 행동이 이치에 어긋나게 비뚜로 나가다.'의 뜻을 지녀, 이때의 '엇-'은 '어긋나게' 또는 '삐뚜로'의 뜻을 더하는 접두사이다. 즉 원래의 단어 '나가다'에 새로운 의미를 더해 주는 것이다.

043 접미사의 쓰임 탑 ⑤

'딸꾹질, 수군덕질'에 쓰인 접미사 '-질'은 '그런 소리를 내는 행위'의 뜻을 더한다.

오답 피하기

① ㉠의 접미사 '-질'은 '그 도구를 가지고 하는 일'의 뜻을 더한다.
② ㉡의 접미사 '-질'은 '그 신체 부위를 이용한 어떤 행위'의 뜻을 더한다.

③ ㉢의 접미사 '-질'은 직업이나 직책에 비하하는 뜻을 더한다.
④ ㉣의 접미사 '-질'은 주로 좋지 않은 행위에 비하하는 뜻을 더한다.

044 접미 파생어의 의미 탑 ②

㉮ '손잡이'는 '손으로 어떤 것을 열거나 들거나 붙잡을 수 있도록 덧붙여 놓은 부분'을 뜻하는 단어로, '사물'의 의미를 지닌다.
㉯ '털갈이'는 '짐승이나 새의 묵은 털이 빠지고 새 털이 남.'을 뜻하는 단어로 '행위'의 의미를 지닌다.
㉰ '재떨이'는 '담뱃재를 떨어 놓는 그릇'을 뜻하는 단어로 '사물'의 의미를 지닌다.
㉱ '턱걸이'는 '철봉을 손으로 잡고 몸을 올려 턱이 철봉 위까지 올라가게 하는 운동' 등을 뜻하는 단어로 '행위'의 의미를 지닌다.
㉲ '쥐불놀이'는 '정월 대보름의 전날에 논둑이나 밭둑에 불을 붙이고 돌아다니며 노는 놀이'를 뜻하는 단어로 '행위'의 의미를 지닌다.

045 합성어의 분류 탑 ⑤

'깎아지르다'는 용언의 활용형 '깎아-'에 용언 '지르다'가 결합한 단어이므로 통사적 합성어 중 용언의 활용형과 용언이 결합한 예에 해당한다.

오답 피하기

① '건널목'은 용언의 활용형 '건널-'에 명사 '목'이 결합한 단어이므로 통사적 합성어 중 용언의 활용형과 명사가 결합한 예에 해당한다.
② '뛰어가다'는 용언의 활용형 '뛰어-'에 용언 '가다'가 결합한 단어이므로 통사적 합성어 중 용언의 활용형과 용언이 결합한 예에 해당한다.
③ '본받다'는 명사 '본'과 용언 '받다'가 결합한 단어로 문장에서라면 '본을 받다'와 같은 구성인데, 여기에서 조사가 생략된 단어이므로 통사적 합성어 중 명사와 용언 사이의 조사가 생략된 예에 해당한다.
④ '산들바람'은 부사 '산들'과 명사 '바람'이 결합한 단어로 비통사적 합성어 중 부사와 명사가 결합한 예에 해당한다.

046 합성어의 종류   답 ⑤

'군고구마'는 '고구마'의 종류를 이르는 말이므로 종속 합성어이며, '마소'는 '말'과 '소'가 결합하여 '말'과 '소'를 대등하게 이르는 말이므로 대등 합성어이다.

오답 피하기

① '논밭'은 '논'과 '밭'을 대등하게 이르는 말이므로 대등 합성어이고, '밤낮' 역시 '밤'과 '낮'을 대등하게 이르는 말이므로 대등 합성어이다.

② '물만두'는 '만두'의 종류를 이르는 말이므로 종속 합성어이며, '홍고추' 역시 '고추'의 종류를 이르는 말이므로 종속 합성어이다.

③ '함박눈'은 '눈'의 종류를 이르는 말이므로 종속 합성어이며, '덮밥' 역시 '밥'의 종류를 이르는 말이므로 종속 합성어이다.

④ '앞뒤'는 '앞'과 '뒤'를 대등하게 이르는 말이므로 대등 합성어이며, '봄비'는 '비'의 종류를 이르는 말이므로 종속 합성어이다.

047 통사적 합성어와 비통사적 합성어   답 ⑤

'남다르다'는 명사 '남'과 용언 '다르다' 사이의 조사가 생략된 형태로 결합한 통사적 합성어이다.

오답 피하기

① '새날'은 관형사 '새'와 명사 '날'이 결합한 형태의 통사적 합성어이다.

② '건널목'은 용언 '건너다'의 관형사형 '건널'과 명사 '목'이 결합한 형태의 통사적 합성어이다.

③ '날아가다'는 용언 '날다'의 활용형 '날아'와 용언 '가다'가 결합한 형태의 통사적 합성어이다.

④ '접칼'은 용언 '접다'의 어간 '접-'과 명사 '칼'이 결합한 형태의 비통사적 합성어이다.

048 단어의 분류   답 ④

㉮ '볶음밥'은 '볶-', '-(으)ㅁ', '밥'의 세 개의 형태소가 결합한 단어이다. '볶음밥'은 '밥'의 일종을 가리키는 합성어로서 직

접 구성 성분은 명사 '볶음'과 명사 '밥'이라고 볼 수 있다. 따라서 '볶음밥'은 직접 구성 성분이 어근과 어근인 합성어이다.

㉯ '헛걸음'은 '헛-', '걷-', '-(으)ㅁ'의 세 개의 형태소가 결합한 단어인데, '헛걷-'이 존재하지 않고, '걸음'만 단어로 존재한다. 따라서 '헛걸음'은 접사 '헛-'과 명사 '걸음'이 결합한 단어로, 직접 구성 성분이 접사와 어근인 파생어이다.

㉰ '물걸레질'은 '물', '걸레', '-질'의 세 개의 형태소가 결합한 단어인데, '물걸레'가 단어로 존재하고 의미상으로 '물걸레로 닦는 일'을 뜻하므로 '물걸레'에 접사 '-질'이 결합한 것으로 볼 수 있다. 따라서 '물걸레질'은 직접 구성 성분이 어근과 접사인 파생어이다.

㉱ '달맞이꽃'은 '달', '맞-', '-이', '꽃'의 네 개의 형태소가 결합한 단어이다. '달맞이꽃'은 '꽃'의 일종을 가리키는 합성어로서 직접 구성 성분은 명사 '달맞이'와 명사 '꽃'이라고 볼 수 있다. 따라서 '달맞이꽃'은 직접 구성 성분이 어근과 어근인 합성어이다.

㉲ '나들이옷'은 '나-', '들-', '-이', '옷'의 네 개의 형태소가 결합한 단어이다. '나들이옷'은 '옷'의 종류를 가리키는 합성어로서 직접 구성 성분은 명사 '나들이'와 명사 '옷'이라고 볼 수 있다. 따라서 '나들이옷'은 직접 구성 성분이 어근과 어근인 합성어이다.

049 복합어의 분류   답 ②

A는 합성어, B는 접미사가 있는 파생어, C는 접두사가 있는 파생어에 해당된다. '돌다리'는 '돌 + 다리'로 어근과 어근이 결합한 합성어이다. '지우개'는 어근 '지우-'에 접미사 '-개'가 결합한 파생어이다. '들끓다'는 '끓다' 앞에 접두사 '들-'이 결합한 파생어이다.

오답 피하기

'앞문'은 '앞 + 문'으로, 어근과 어근이 결합한 합성어이다. 또한 '여러분' 역시 '여러 + 분'으로, 어근과 어근이 결합한 합성어이다.

050 단어의 형성   답 ①

'마음먹다'는 어근 '마음' 뒤에 또 다른 어근인 '먹다'를 결합하여 합성어를 만든 것이다.

② '마음가짐'은 어근 '마음' 뒤에 또 다른 어근 '가짐'을 결합하여 합성어를 만든 것이다.

③ '마음껏'은 어근 '마음' 뒤에 '그것이 닿는 데까지'의 뜻을 더하는 접미사 '-껏'을 붙여 파생어를 만든 것이다.

④ '마음씨'는 어근 '마음' 뒤에 '태도' 또는 '모양'이라는 뜻을 더하는 접미사 '-씨'를 붙여 파생어를 만든 것이다.

⑤ '마음까지'는 '마음' 뒤에 '어떤 것이 포함되고 그 위에 더함.'의 뜻을 나타내는 보조사 '까지'가 붙은 것이다.

051 구와 복합어의 구별 답 ①

①의 살아 있는 토끼를 뜻할 때의 '산'과 살아 움직이는 토끼를 뜻할 때의 '산'은 둘 다 '살아 있다'라는 본래의 의미로 쓰인 것이므로 모두 구(句) 구성을 이룬 것이다. 즉 '산 토끼'가 되어야 한다. 복합어 '산토끼'는 산에 사는 토끼를 뜻한다.

② 맏언니가 아닌 언니를 이르는 '작은언니'에서 '작은'은 '작다〔小〕'의 본래 의미로부터 멀어졌으므로 하나의 복합어를 이루게 된다.

③ '집안'은 '집'과 '안'의 본래 의미로부터 멀어져 '가문'의 뜻으로 쓰이므로 하나의 복합어를 이루게 된다.

④ 이사하여 들어간 집으로서의 '새집'에서 '새'는 새로 지었다는 의미로부터 멀어졌으므로 하나의 복합어를 이루게 된다.

⑤ 시험 삼아 시도한다는 뜻을 나타내는 '한번'은 실제 횟수의 의미로부터 멀어졌으므로 하나의 복합어를 이루게 된다.

052 품사의 개념 답 ③

'주로 용언 앞에 놓여 용언을 꾸며 주는 말'은 부사이다. 조사가 결합하지 않는다는 설명은 관형사에 대한 설명으로 적절하다.

① '불변어'라는 이름에서 알 수 있듯이 문장에서 쓰일 때 단어의 형태가 변하지 않는 단어들을 불변어라고 한다. 단, 서술격 조사 '이다'의 경우에만 문장에서 쓰일 때 활용을 하여 단어의 형태가 변한다.

② 대명사는 '명사를 대신하는 말'이라는 뜻으로 사람이나 사물의 이름을 대신 나타내는 단어이다.

④ 조사는 '도와주는 말'이라는 뜻으로 다른 말과의 문법적 관계를 표시하는 격 조사와 특수한 의미를 덧붙이는 보조사, 두 단어를 같은 자격으로 이어 주는 접속 조사가 있다.

⑤ 형용사는 '사물의 성질이나 상태를 나타내는 말'이라는 뜻으로 동사와 마찬가지로 어미가 붙어 활용을 하는 가변어이다.

053 품사와 문장 성분 답 ①

'너'는 '듣는 이가 친구나 아랫사람일 때, 그 사람을 가리키는 이인칭 대명사'이다. 또한 문장에서 서술어 '하다'가 가리키는 동작의 주체이므로 문장 성분으로는 주어이다.

② '뭐'는 '무어'의 준말로 품사로는 대명사이다. 또한 문장에서 서술어 '하다'가 가리키는 동작의 대상이 되므로 문장 성분으로는 목적어이다.

③ '저'는 '말하는 이와 듣는 이로부터 멀리 있는 대상을 가리킬 때 쓰는 말'로 품사로는 관형사이다. 또한 문장에서 체언 '사람'을 수식하는 기능을 하므로 문장 성분으로는 관형어이다.

④ '하다'는 '사람이나 동물, 물체 따위가 행동이나 작용을 이루다.'를 뜻하는 말로 품사로는 동사이다. 또한 문장에서 주어 '저 사람이'의 동작을 나타내고 있으므로 문장 성분으로는 서술어이다.

⑤ '곱다'는 '상냥하고 순하다.'를 뜻하는 말로 품사로는 형용사이다. 또한 문장에서 주어 '마음씨가'의 성질을 나타내고 있으므로 문장 성분으로는 서술어이다.

054 인칭 대명사의 분류 답 ⑤

'당신'은 보통 2인칭 대명사로 쓰이지만 Ⓐ의 '당신'은 2인칭이 아니라 바로 앞에 나온 주어 '할머니'를 다시 가리키는 재귀 대명사로 쓰이고 있다.

① ㉠은 아직 정해져 있지 않은 사람을 대상으로 의문문에서 나타나는 대명사이므로 미지칭 대명사이다. ㉡은 특정한 인물로 한정하지 않으므로 부정칭 대명사이다.

② ⓒ이 쓰인 문장에서는 '시를 외우는 사람(시를 읽는 사람)'을 나타내는 주어가 생략되어 있다. ⓒ은 그 생략된 주어를 다시 가리키는 재귀 대명사이다.

③ ㉣은 화자와 청자를 포괄하지만, ㉤은 화자만 가리킨다.

④ ㉥은 지시 대명사와 형태는 동일하지만 앞서 나온 '윤동주'를 가리키는 3인칭 대명사이다.

055 명사의 특징   目 ③

'모금'은 '물 한 모금, 술 한 모금, 담배 몇 모금' 등과 같이 액체나 기체를 입 안에 한 번 머금는 분량을 세는 단위로 쓰이는 의존 명사이며, 자립 명사로 쓰이지는 않는다.

오답 피하기

① '사람들이 줄을 지어 서 있다.', '자동차들이 줄을 짓고 있다.'에서의 '줄'은 '길이로 죽 벌이거나 늘여 있는 것'의 뜻을 지니는 자립 명사인데, ①의 예문에서는 길이로 죽 벌이거나 늘여 있는 것을 세는 단위로 쓰였다.

② '목이 기다란 병', '병이 깨지다.'에서의 '병'은 '주로 액체나 가루를 담는 데에 쓰는 목과 아가리가 좁은 그릇'의 뜻을 지니는 자립 명사인데, ②의 예문에서는 이러한 그릇에 액체나 가루 따위를 담아 그 분량을 세는 단위로 쓰였다.

④ '분수에서 뿜어져 나오는 물의 줄기가 시원하다.'에서의 '줄기'는 '불이나 물 따위가 길게 뻗어 나가는 형세'의 뜻을 지니는 자립 명사인데, ④의 예문에서는 불, 빛, 연기 따위가 길게 뻗어 나가는 것을 세는 단위로 쓰였다.

⑤ '한국 문학의 갈래', '갈래가 지다.'에서의 '갈래'는 '하나에서 둘 이상으로 갈라져 나간 낱낱의 부분이나 계통'의 뜻을 지니는 자립 명사인데, ⑤의 예문에서는 갈라진 낱낱을 세는 단위로 쓰였다.

056 품사의 특징   目 ③

(가)의 '보았어'와 '싶어'는 혼자 쓰이지 못하고 다른 용언 뒤에 붙어서 앞에 사용된 용언의 뜻을 보조하는 보조 용언이다. (나)의 '것'과 '수'는 관형어의 꾸밈을 받아야 쓰일 수 있는 명사로 반드시 관형어 뒤에서만 사용될 수 있는 의존 명사이다. 따라서 (가)와 (나)의 밑줄 친 단어들은 모두 문장 내의 다른 요소에 의존적이라는 공통점을 가진다.

오답 피하기

① 어미가 결합할 수 있는 것은 용언의 특징으로, (가)에만 해당된다.

② 용언은 원래 부사어의 수식을 받을 수 있으나 (가)의 보조 용언의 경우 앞에 사용된 본용언에 의존적이므로 부사어의 수식을 받을 수 없고, 본용언의 경우에만 부사어의 수식을 받을 수 있다. 즉 본용언이 부사어의 수식을 받는 '인서가 피자를 <u>처음으로</u> 먹어 보았어.'는 가능하지만, 보조 용언이 부사어의 수식을 받는 '*인서가 피자를 먹어 <u>처음으로</u> 보았어.'는 가능하지 않다. 또한 (나)의 밑줄 친 단어들은 의존 명사이기 때문에 부사어의 수식을 받을 수 없다.

④ 다른 말과의 문법적 관계를 표시해 주는 말은 조사로, (가)와 (나)의 밑줄 친 단어는 모두 조사가 아니다.

⑤ (나)의 밑줄 친 단어는 의존 명사로 단어의 형태가 변하지 않는 불변어이지만, (가)의 밑줄 친 단어는 보조 용언으로 문장에서 어미가 결합하여 활용을 하므로 형태가 변한다.

057 의존 명사   目 ②

ㄱ부터 ㅅ까지의 예에 대하여, 의존 명사는 띄어서 쓰고(∨) 조사는 붙여서 쓰면(◠) '느낀∨대로, 나◠대로, 얼굴◠만, 3년∨만에, 너◠만이, 실력◠뿐이야, 할∨뿐'과 같이 띄어쓰기한다. '느낀'은 '느끼다'의 활용형이 관형어로 '대로'를 수식하고 있으므로, 이때의 '대로'는 의존 명사이다. 반면에 '나대로'의 '대로'는 체언 '나' 뒤에 붙었으므로 조사이다. '얼굴만'과 '너만이'의 '만'은 각각 체언 '얼굴'과 '너' 뒤에 붙었으므로 조사이다. 반면에 '3년 만에'에서 '만'은 동안이 얼마간 계속되었음을 나타내는 의미로, '3년'이 '만'을 수식하는 관형어로 쓰이고 있으므로 이때의 '만'은 의존 명사이다. '실력뿐이야'의 '뿐'은 체언 '실력' 뒤에 붙었으므로 조사, '할 뿐'은 '하다'의 활용형 '할'이 관형어로 '뿐'을 꾸며 주고 있으므로 이때의 '뿐'은 의존 명사이다.

058 동사와 형용사의 구별   目 ④

선생님의 설명 중 "동사는 현재 일어남을 나타내는 선어말 어미 '-는-'이나 '-ㄴ-'을 취할 수 있지만, 형용사는 그렇지 않아."라는 부분을 정확히 이해하고 적용해야 한다. ⓒ에서 '생각한다'는 '생각하-'에 현재 시제 선어말 어미 '-ㄴ-'이 결합하고 있으므로 동사라고 판단할 수 있다. ㉣에서는, '광대하-'에 '-는-'이나 '-ㄴ-'이 결합한 '광대하는다'나 '광대한다'라는 말은 없기 때문에 '광대하다'가 동사가 아니라 형용사임을 알 수 있다. 참고로 '광대한'은 '광대하-+-ㄴ'의 구성으로서 관형사형 전성 어미 '-ㄴ'이 쓰인 것이지, 현재 시제 선어말 어미 '-ㄴ-'이 쓰인 것이 아니다.

오답 피하기

- ㉠ '읽다'가 동사인 것은 맞지만, '읽으려고 하는 중이다'는 현재 시제 선어말 어미를 기준으로 동사와 형용사를 구별할 수 있다는 선생님의 설명과는 관련이 없다.
- ㉡ '빛난다'와 같이 '-ㄴ-'이 결합할 수 있으므로 '빛나다'는 동사이다.

059 어미의 종류와 기능   답 ①

'-시었겠습니다'에서 끝에 위치하는 어미, 즉 어말 어미는 '-습니다'이고, 이것은 문장을 종결한다. 종결 어미 '-습니다'는 청자를 대우하는 상대 높임법 중 아주높임(하십시오체)을 실현하고 있다. 선어말 어미 중 가장 먼저 붙은 것은 '-시-'로서, 이것은 문장의 주체를 높이는 주체 높임을 나타낸다.

오답 피하기

연결 어미는 어말 어미 중 문장을 연결하는 기능을 하는 어미로서 '-고, -며, -나, -면, -는데' 등이 있다. 종결 어미 중 상대 높임법상 낮춤을 실현하는 예로는 '여기를 보아라.'에서의 '-아라'와 같은 경우를 들 수 있다. 객체 높임법은 문장의 객체, 즉 목적어 또는 부사어가 지시하는 대상을 높이는 높임법으로, 선어말 어미가 아닌 특수한 어휘로 실현된다. 예를 들어, '할아버지를 모시다.'에서의 '모시다'가 목적어 '할아버지를'을 높이는 객체 높임을 나타낸다.

060 보조사 '요'의 쓰임   답 ④

'탐구 자료' (1)을 통해 종결 어미 '-어' 뒤에 '요'가 다시 결합하고 있으며, '요'가 없어도 문장이 종결되고 있음을 볼 때, 보조사 '요'가 문장을 종결하는 종결 어미와 같은 기능을 한다고 볼 수 없다.

오답 피하기

① (1), (2), (3)에서 ㄱ과 ㄴ의 비교를 통해 보조사 '요'가 결합하지 않아도 문장이 성립함을 알 수 있다.
② (1)-ㄴ을 통해 보조사 '요'가 해체 종결 어미 '-어' 뒤에 결합하고 있음을 알 수 있다.
③ (1), (2)에서 ㄱ과 ㄴ의 비교를 통해 보조사 '요'는 청자에게 존대의 뜻을 나타내고 있음을 알 수 있다.
⑤ 보조사 '요'가 (3)-ㄴ에서 연결 어미 '-면' 뒤에, (2)-ㄴ에서는 주어 '제가' 뒤에 결합한 것을 알 수 있다.

061 부사와 관형사의 구별   답 ④

④에서 '비교적'은 '교통(이)'가 아닌 '편리한'을 수식하는 부사이다. 즉 이때의 '비교적'은 '일정한 수준이나 보통 정도보다 꽤'의 의미를 나타내는 부사이다. 따라서 ④는 ㉯가 아닌 ㉮의 예문으로 적절하다.

오답 피하기

① 용언 '쉽다'를 수식하는 부사 '비교적'이 쓰인 예문이다.
② 용언 '많다'를 수식하는 부사 '비교적'이 쓰인 예문이다.
③ 부사 '빨리'를 수식하는 부사 '비교적'이 쓰인 예문이다.
⑤ 체언 '고찰'을 수식하는 관형사 '비교적'이 쓰인 예문으로, 이때의 '비교적'은 다른 예문들과 달리 '다른 것과 견주어서 판단하는'의 의미를 나타낸다.

062 부사의 특징   답 ④

㉣의 '정말'은 '맛있게'를 꾸며 주는 부사인데, 이때 '맛있게'는 부사가 아니라 형용사이다. 부사가 또 다른 부사를 수식하는 경우로는 '그는 매우 빨리 걷는다.'에서의 '매우'를 예로 들 수 있다.

오답 피하기

① ㉠의 '과연'은 문장 전체(혹은 절 전체)를 꾸며 주는 문장 부사이다.
② ㉡의 '저리 잘 안'은 '지시 부사 + 성상 부사 + 부정 부사'의 순서로 결합된 것인데, 이러한 순서는 바뀌지 않는다.
③ ㉢의 '빨리만'은 부사 '빨리'에 보조사 '만'이 결합된 형태이다.
⑤ ㉤의 '및'은 단어와 단어를 이어 주는 단어 접속 부사이다.

063 조사의 특징 답 ⑤

ⓛ의 '에서'는 '(단체를 나타내는 명사 뒤에 붙어) 앞말이 주어임을 나타내는 격 조사'로 '구청에서'가 주어의 역할을 하도록 한다. ⓒ의 '께서'는 '(사람을 나타내는 체언 뒤에 붙어) 그 대상을 높임과 동시에 그 대상이 문장의 주어임을 나타내는 격조사'로 '어머니께서'가 주어의 역할을 하도록 한다.

오답 피하기

① ㉠의 '나와 동생'이 하나의 문장 성분(주어)으로 기능하고 있으므로 조사 '은'은 '나와 동생'에 결합한 것이다.
② ⓛ의 '을'과 '를'은 모두 목적격 조사로서 '을'은 받침 있는 체언 뒤에 붙으며, '를'은 받침 없는 체언 뒤에 붙는다. 따라서 동일한 조사가 앞말의 음운 환경에 따라 다른 형태로 나타난 것이다.
③ ⓒ의 '께서'는 '이/가'와 비교했을 때, 앞말에 대한 존대의 의미를 더해 준다.
④ ⓒ의 '만큼은'은 부사격 조사 '만큼'과 보조사 '은'이 결합한 것으로, 이를 통해 조사와 조사가 결합하는 것도 가능함을 알 수 있다.

064 품사의 통용 답 ②

'어두운'은 형용사 '어둡다'의 활용형이다. 따라서 '어두운'과 '어둡다'는 모두 형용사이다.

오답 피하기

① '밝구나'는 밝은 상태를 나타내는 형용사, '밝는구나'는 날이 밝아 오는 동작을 나타내는 동사이다. '밝는구나'에서 어간 '밝-'에 선어말 어미 '-는-'이 결합한 것을 보아 동사임을 확인할 수 있다.
③ '나보다'에서 '보다'는 '나'라는 대명사 뒤에 붙어 있는데, 체언에 결합하는 품사는 조사이므로 이때의 '보다'는 조사이다. '보다 나은'에서의 '보다'는 '나은'을 꾸며 주므로 부사이다.
④ '잘못이야'에서 '잘못'은 서술격 조사 '이다' 앞에 쓰인 명사이다. '잘못 전하는'에서 '잘못'은 동사 '전하는'을 꾸며 주므로 부사이다.
⑤ '아니'는 동사 '흘리오리다'를 꾸며 주므로 부사이다. '아니, 세상에 어찌 이런 일이 생길 수 있더냐?'의 '아니'는 놀랍거나 감탄스러울 때, 의아스러울 때 쓰는 감탄사이다.

065 새말의 구조 답 ⑤

'똑똑'은 형용사 '똑똑하다'의 어근으로 명사가 아니다. 따라서 '똑똑전화'가 명사 '똑똑'과 명사 '전화'를 결합하여 만든 합성어라는 설명은 적절하지 않다. '똑똑전화'는 형용사의 어근과 명사가 결합한 합성어로, 이처럼 일반적인 단어 형성 방법에서 벗어난 합성어를 '비통사적 합성어'라고 한다.

066 외래어 표기법의 원리 답 ②

'제2항'에서 외래어의 1 음운은 원칙적으로 1 기호로 적는다고 하였다. 이에 따라 영어의 'f'는 'ㅍ' 한 가지로 적으며 'fighting'은 '파이팅'으로 적는다.

오답 피하기

① [θ]는 국어에 없는 소리이기 때문에 '제1항'에 따라 현용 국어 자모로 바꾸어 써야 한다. 이때 [θ]는 'ㅅ'으로 적으며 'throw'는 '스로'로 적는다.
③ 'shoot'은 발음이 [슏]으로 받침의 발음이 [ㄷ]으로 나지만, '제3항'에 따라 'ㄷ'이 아닌 'ㅅ'으로 적는다. 뒤에 모음으로 시작하는 조사가 올 때에는 [슈시], [슈슬], [슈스로]와 같이 'ㅅ'으로 발음되기 때문이다.
④ 영어의 파열음 [b]는 국어의 'ㅃ' 또는 'ㅂ'와 유사한 발음인데, '제4항'에 따라 된소리로 적지 않고 예사소리로 적는다.
⑤ 'camera'는 원음이 '캐머러[kǽmərə]'이지만 우리나라에서 '카메라'로 보편화되어 쓰이고 있으므로 '제5항'에 따라 '카메라'로 적는다.

067 외래어 표기법의 원칙 답 ⑤

'bulb[bʌlb] 벌브'와 'objet[ɔbʒɛ] 오브제'에서 '브'를, 'land[lænd] 랜드'와 'kidnap[kidnæp] 키드냅'에서 '드'를, 'zigzag[zigzæg] 지그재그'와 'signal[signəl] 시그널'에서 '그'를 확인할 수 있으므로 ⑤와 같이 일반화할 수 있다.

오답 피하기

① [zi]가 '지'로 적히고, [si]가 '시'로 적힌 것으로 보아, 'i'가 'ㅣ'로 적히는 것이다. 따라서 어두의 [s]는 '시'가 아니라 'ㅅ'으로 적히는 것임을 알 수 있다.

② 'land[lænd]'를 '랜드'로 적어서 [n]을 받침으로 적은 것은 확인할 수 있다. 그렇지만 비음에는 [n]뿐만 아니라 [m], [ŋ]도 포함되어 있는데, 〈보기〉에서는 [m], [ŋ]의 표기는 확인할 수 없다. 따라서 비음을 모두 받침으로 적는다고 일반화할 수는 없다.

③ 'kidnap[kidnæp]'의 어말에 무성 파열음 [p]가 놓였는데 이를 '키드내프'로 적지 않고 '키드냅'으로 적은 것을 보면, 이와 같이 일반화할 수 없다.

④ 'objet[ɔbʒɛ]'를 '오브제'로 적은 것을 보면 모음 앞의 [ʒ]는 'ㅈ'으로 적는다는 점은 확인할 수 있지만, 〈보기〉에 [ʒ]가 쓰인 다른 예가 포함되어 있지 않으므로 어말 또는 자음 앞의 경우는 알 수 없다.

068 외래어 표기법 답 ③

어중의 'l'이 모음 앞에 올 때에는 'ㄹㄹ'로 적어야 하므로 'cleaner'는 '크리너'가 아니라 '클리너'로 표기한다.

오답 피하기

① 'fry'의 [f]는 자음 앞에서 '프'로 적는 것을 원칙으로 하기 때문에 '후라이'가 아니라 '프라이'로 표기한다.

② 파열음 표기에는 된소리를 쓰지 않는 것을 원칙으로 하기 때문에 '東京[Tôkyô]'는 '도꾜'가 아니라 '도쿄'로 표기한다.

④ 짧은 모음 다음의 어말 무성 파열음([p], [t], [k])은 받침으로 적는다는 원칙만 있다면 'robot'은 '로봍'이 되어야겠지만 받침에는 'ㄱ, ㄴ, ㄹ, ㅁ, ㅂ, ㅅ, ㅇ'만을 적는다는 원칙이 있으므로 '로봇'으로 표기한다.

⑤ 제시된 표기 중 '쉐'로 된 것은 없다. 모음 앞의 [ʃ]는 뒤따르는 모음에 따라 '샤/섀/셔/셰/쇼/슈/시'로 표기하도록 했기 때문에 'Shakespeare'는 '쉐익스피어'가 아니라 '셰익스피어'로 표기한다.

069 로마자 표기법의 원리 답 ②

로마자 표기법은 국어의 음운 변동 규칙을 모르는 외국인을 대상으로 한 것이기 때문에 대부분의 음운 변동을 반영하여 표기한다. 만약 음운 변동을 반영하지 않고 '해돋이'를 'haedodi'와 같이 표기한다면, 국어의 음운 변동 규칙을 모르는 외국인들은 [해도디]와 같이 읽을 수 있다.

오답 피하기

① 음운 변동을 반영하여 표기하는 것이 한국인이 인명, 지명 등을 표기하기에 더 쉽다고 볼 수 있는 근거가 없으므로 적절하지 않은 설명이다.

③ 음운 변동을 반영하여 표기하는 것이 외국인에게 더 익숙하다고 볼 수 있는 근거가 없으므로 적절하지 않은 설명이다.

④ [해도디]와 같은 발음이 외국인에게 불가능하다고 볼 수 있는 근거가 없으므로 적절하지 않은 설명이다.

⑤ 국어의 형태소를 알 수 있도록 어법에 맞게 적는다면 음운 변동을 반영하지 않은 'haedodi'와 같은 형태로 표기해야 하므로 적절하지 않은 설명이다.

070 로마자 표기법 답 ④

㉠ '종로'의 '로'는 '을지로'의 로마자 표기를 참고했을 때, 'ro'로 표기함을 알 수 있다. 그런데 '영릉'의 로마자 표기를 보면, 'ㄹ'이 'ㅇ' 뒤에서 'ㄴ'으로 발음되는 현상을 표기에 반영하고 있음을 알 수 있다. 따라서 '종로'의 올바른 로마자 표기는 'Jongno'이다.

㉡ '울산'의 'ㄹ'과 'ㄴ'은 '울릉도'와 '소백산'의 로마자 표기를 참조했을 때, 각각 'l'과 'n'으로 표기함을 알 수 있으며, 'ㅜ'와 'ㅏ'도 각각 'u'와 'a'로 표기함을 알 수 있다. 그런데 '소백산'의 로마자 표기를 보면, 'ㅅ'이 'ㅆ'으로 발음되더라도 이를 표기에 반영하고 있지 않음을 알 수 있다. 따라서 '울산'의 올바른 로마자 표기는 'Ulsan'이다.

071 로마자 표기법 답 ②

'길동[길똥]'의 'ㄹ'은 〈보기〉의 두 번째 항목에 따라 'l'로 적어야 한다. 그런데 세 번째 항목에서 된소리되기는 표기에 반영하지 않는다고 했으므로 'ㄷ'은 [ㄸ]으로 발음되더라도 'dd'가 아닌 'd'로 적어야 한다. 따라서 '길동[길똥]'은 'Gildong'로 적어야 한다.

오답 피하기

① '가곡[가곡]'을 로마자로 표기할 때 〈보기〉의 첫 번째 항목에 따라 모음 앞의 'ㄱ'은 'g'로, 어말의 'ㄱ'은 'k'로 적어야 한다. 따라서 'gagok'는 올바른 로마자 표기이다.

③ '묵호[무코]'의 로마자 표기는 네 번째 항목의 적용을 받는다. 즉 거센소리되기가 일어나지만 '묵호'는 체언이기 때문에 'ㅎ'을 밝혀 적어야 한다. 이때 'ㄱ'은 첫 번째 항목의 적용을 받아 'k'로 적는다. 따라서 'Mukho'는 올바른 로마자 표기이다.

④ '같이[가치]'의 'ㄱ'은 첫 번째 항목에 따라 'g'로 적어야 하며, 세 번째 항목에서 구개음화가 일어날 경우에는 로마자 표기에 반영한다고 했으므로 'gachi'는 올바른 로마자 표기이다.

⑤ '난로[날:로]'에서는 자음 동화가 일어나므로 세 번째 항목에 따라 이를 로마자 표기에 반영해야 한다. 또한 두 번째 항목에서 'ㄹㄹ'은 'll'로 적는다고 했으므로 'nallo'는 올바른 로마자 표기이다.

Ⅲ 문장의 구조, 문법 요소

072	②	073	④	074	③	075	④	076	⑤
077	②	078	③	079	③	080	②	081	④
082	③	083	③	084	③	085	②	086	③
087	④	088	③	089	③	090	⑤	091	②
092	①	093	③	094	④	095	③	096	④
097	③	098	①	099	①	100	④	101	③
102	③	103	②	104	②	105	⑤	106	②
107	②	108	④	109	①	110	⑤	111	③
112	④	113	③	114	④	115	③	116	③
117	⑤	118	③	119	⑤	120	③	121	③
122	③	123	③	124	⑤	125	①	126	④
127	③	128	④	129	②	130	③	131	⑤
132	③								

072 서술어의 자릿수 답 ②

ⓒ을 이루는 문장 성분은 서술어 '삼다'를 제외하고 주어(철수는), 관형어(친구의), 목적어(친구의 딸을), 부사어(며느리로)이다. 이 중 관형어는 특별한 경우가 아니라면 필수 성분이 아니므로 서술어의 자릿수를 세는 데서 제외한다. 부사어의 경우 일반적으로는 필수 성분이 아니지만, '삼다'의 경우 의미상 반드시 '…으로'의 성분을 필요로 하므로 부사어 '며느리로'가 필수 성분에 해당한다. 따라서 서술어 '삼다'가 필수적으로 요구하는 문장 성분은 주어, 목적어, 부사어 3개이다. 다시 말해 '삼다'는 세 자리 서술어이다.

오답 피하기

① ㉠을 이루는 문장 성분은 서술어 '자다'를 제외하고 주어(아이가), 관형어(작은), 부사어(작은 침대에서), 부사어(쌕쌕)이다. 이 중 관형어와 부사어는 필수 성분이 아니므로, 서술어 '자다'가 필수적으로 요구하는 문장 성분은 주어 1개이다. 다시 말해 '자다'는 한 자리 서술어이다.

③ ㉢을 이루는 문장 성분은 서술어 '때우다'를 제외하고 주어(민수가), 부사어(도서관에서), 목적어(점심을), 부사어(대충)이다. 이 중 부사어는 필수 성분이 아니므로, 서술어 '때우

다'가 필수적으로 요구하는 문장 성분은 주어, 목적어 2개이다. 다시 말해 '때우다'는 두 자리 서술어이다.

④ ㄹ을 이루는 문장 성분은 서술어 '뛰어놀다'를 제외하고 주어(아이들이), 부사어(운동장에서), 부사어(마음껏)이다. 이 중 부사어는 필수 성분이 아니므로, 서술어 '뛰어놀다'가 필수적으로 요구하는 문장 성분은 주어 1개이다. 다시 말해 '뛰어놀다'는 한 자리 서술어이다.

⑤ ㅁ을 이루는 문장 성분은 서술어 '기다리다'를 제외하고 관형어(동네), 주어(동네 아이들은), 부사어(정류장에서), 목적어(막차를)이다. 이 중 관형어와 부사어는 필수 성분이 아니므로, 서술어 '기다리다'가 필수적으로 요구하는 문장 성분은 주어, 목적어 2개이다. 다시 말해 '기다리다'는 두 자리 서술어이다.

073 문장 성분의 호응 답 ④

부사어 '모름지기'는 서술어 '~해야 한다'와 호응한다. 따라서 부사어 '모름지기'와 서술어 '다해야 한다'가 호응하지 않는다는 분석은 적절하지 않다.

오답 피하기

① 부사어 '결코'는 '아니다'나 '않다'와 같이 부정의 의미를 나타내는 서술어와 호응해야 한다.
② 목적어 '춤을'은 서술어 '추자'와 호응하지만 '노래나'는 '추자'와 호응하지 않는다. '노래'는 '부르다' 정도의 서술어와 호응해야 한다.
③ 목적어 '원서를'만 '교부합니다'와 호응하고, '원서는'은 서술어 '교부합니다'와 호응하지 않는다. 사람을 주어로 내세울 때 '교부합니다'와 호응이 이루어진다.
⑤ 주어가 '로마자를 입력하는 방법은'이므로 서술어는 '누르는 것입니다' 정도가 되어야 호응이 이루어진다.

074 부사어의 특성 답 ③

ㄷ의 서술어 '빌리다'는 '누가, 누구에게, 무엇을'을 필수적으로 요구하는 세 자리 서술어이다. 따라서 ㄷ에서 '친구에게'는 필수적 부사어이고, '학교에서'는 수의적 부사어이다.

오답 피하기

① ㄱ의 '가득'은 부사가 부사어로 쓰인 경우이고, '연기로'는 체언에 부사격 조사 '로'가 결합하여 부사어로 쓰인 경우이다.
② ㄴ의 '매우'는 '헌'이라는 관형어를 수식하는 부사어이고, '아주'는 '잘'이라는 부사어를 수식하는 부사어이다.
④ ㄹ의 '나와는 다르게'라는 절은 그 전체가 서술어를 수식하는 부사어이다.
⑤ ㅁ의 '먼저'는 '도착하다'라는 특정 성분을 꾸미는 성분 부사어이고, '다행히'는 문장 전체를 꾸미는 문장 부사어이다.

075 겹문장의 구조 답 ④

두 개의 문장이 결합하여 겹문장이 만들어질 때, 반복을 피하기 위해 동일한 성분이 생략되는 경우가 있다. 〈보기〉에서 안긴문장인 관형사절 '그녀가 읽은'에는 '책을'이 생략되어 있다.

오답 피하기

① 안은문장의 주어는 '그는'이다.
② '그녀가 읽은'에서 '읽은'은 안긴문장의 서술어이다.
③ '그녀가 읽은'은 안은문장의 명사 '책'을 수식하는 역할을 하는 관형어이다.
⑤ '그녀가 읽은'은 '주어 + 서술어' 구성에 관형사형 어미 '-(으)ㄴ'이 결합된 관형사절로 명사 '책'을 수식하고 있다. 관형사형 어미는 '-(으)ㄴ' 외에도 시제에 따라 '-는, -(으)ㄹ, -던'이 있다.

076 인용 발화의 특징 답 ⑤

⑤는 화자가 상대방에게 '우리 학교에서 동현이가 달리기를 제일 잘한'다는 사실을 친근하게 가르쳐 주는 일반 발화로도, 어떤 사람이 '우리 학교에서 동현이가 달리기를 제일 잘한다.'라고 한 말을 전달하는 인용 발화로도 볼 수 있다.

오답 피하기

①, ②, ④는 모두 화자가 어떤 사람이나 매체로부터 듣거나 접한 말을 남에게 전달하는 말로만 해석된다. 생략된 주어가 화자이며 화자가 자신의 상태를 말했다고 보기는 어렵다. ③은 '수진' 또는 어떤 사람으로부터 들은 내용을 전한 것이다. 따라서 이들은 모두 인용 발화이다.

077 관형사절의 구조   답 ②

㉠ 안긴절 '학교로 가는'에는 '버스가'가 생략되어 있으므로 관형사절에서 주어가 생략된 경우이다.

㉡ 안긴절 '연주가 읽은'에는 '책을'이 생략되어 있으므로 관형사절에서 목적어가 생략된 경우이다.

㉢ 안긴절 '엄마가 준'에는 '용돈을'이 생략되어 있으므로 관형사절에서 목적어가 생략된 경우이다.

㉣ 안긴절 '결혼을 한'에는 '누나가'가 생략되어 있으므로 관형사절에서 주어가 생략된 경우이다.

㉤ 안긴절 '이순신 장군이 만든'에는 '거북선을'이 생략되어 있으므로 관형사절에서 목적어가 생략된 경우이다.

078 의문문의 종류   답 ③

㉠ A의 질문에 대해 B가 '아니'라고 대답하는 것을 통해 질문에 대해 그렇거나 그렇지 않다는 대답을 요구하는 판정 의문문임을 알 수 있다. 판정 의문문의 경우 ㉠에서 볼 수 있듯이 의문사가 사용되지 않는다.

㉡ A의 질문에 나타나는 '왜'라는 의문사를 통해 의문사가 가리키는 부분에 대한 설명을 요구하는 설명 의문문임을 알 수 있다.

㉢ A의 질문에 대해 B가 '네'라고 대답하는 것을 통해 질문에 대해 그렇거나 그렇지 않다는 대답을 요구하는 판정 의문문임을 알 수 있다.

㉣ A의 질문에 나타나는 '누가'라는 의문사를 통해 의문사가 가리키는 부분에 대한 설명을 요구하는 설명 의문문임을 알 수 있다.

㉤ A의 질문에 대해 B는 '조금 좋다', '많이 좋다' 등의 대답을 하지 않고, A의 말에 대한 강한 긍정을 드러내고 있다. 이를 통해 질문에 대한 청자의 대답을 요구하지 않는 수사 의문문임을 알 수 있다.

079 종결 어미의 의미   답 ③

'시간이 늦었으니 집에 빨리 돌아가라.'의 '-라'는 해라체에 쓰여 명령의 뜻을 나타내는 종결 어미로, ㉡의 '-ㄹ라'와는 다르다.

① ㉠은 종결 어미 '-으마'를 사용하여 상대편에게 돈을 갚겠다고 약속하고 있다.

② '-ㄹ라'는 해라할 자리에 쓰여 혹 그렇게 될까 봐 염려됨을 나타내는 종결 어미이다.

④ '-어라'는 형용사 어간 뒤에 붙어 감탄의 뜻을 나타내는 종결 어미이다.

⑤ '아아, 딱하고 가엾어라.'의 '-어라' 역시 감탄의 뜻을 나타내는 종결 어미로, 화자가 느낀 감정에 대한 강조의 뜻을 나타내고 있다.

080 높임 표현   답 ②

②의 '어머니께 선물을 드리자 아무 말씀이 없으셨다.'에 쓰인 높임 표현은 '께', '드리다', '말씀', '없으시다'인데, 이 중 '께'와 '없으시다'의 '-시-'는 조사와 어미를 통해 높임법을 실현한 경우이다. 또한 '드리다'는 객체인 어머니를 높이는 용언이며, '말씀'은 높임의 대상인 어머니와 관련된 것을 높이는 체언이다. 따라서 ②의 문장에는 ㉡과 ㉣이 사용되었다.

① '선생님께서 아직까지 교무실에 계신다.'에 쓰인 높임 표현은 '선생님', '께서', '계시다'인데, 이 중 '께서'는 조사를 통해 높임법을 실현한 경우이다. 또한 '선생님'은 높임의 대상을 직접 높이는 체언이고, '계시다'는 주체인 선생님을 높이는 용언이다. 따라서 ①의 문장에는 ㉠과 ㉢이 사용되었다.

③ '형은 사무실로 가서 그분을 직접 찾아뵀다.'에 쓰인 높임 표현은 '그분'과 '찾아뵈다'인데, '그분'은 높임의 대상을 직접 높이는 체언이고 '찾아뵈다'는 객체인 그분을 높이는 용언이다. 따라서 ③의 문장에는 ㉡과 ㉢이 사용되었다.

④ '누나는 할머니께 연세를 여쭤어 보았다.'에 쓰인 높임 표현은 '께', '연세', '여쭈다'인데, 이 중 '께'는 조사를 통해 높임법을 실현한 경우이다. 또한 '연세'는 높임의 대상과 관련된 것을 높이는 체언이고, '여쭈다'는 객체인 할머니를 높이는 용언이다. 따라서 ④의 문장에는 ㉡과 ㉣이 사용되었다.

⑤ '나는 부모님의 성함을 한자로 적을 줄 안다.'에 쓰인 높임 표현은 '부모님', '성함'인데, '부모님'은 높임의 대상을 직접 높이는 체언이며 '성함'은 높임의 대상과 관련된 것을 높이는 체언이다. 따라서 ⑤의 문장에는 ㉢과 ㉣이 사용되었다.

081 상대 높임법의 등분 답 ④

'이쪽으로 가십시오.'는 '하십시오체'가 사용된 문장이고, '이쪽으로 가요.'는 '해요체'가 사용된 문장이다. '하십시오체'는 청자를 가장 높여 대접하는 격식체에 해당하는 것으로, 비격식체인 '해요체'보다 친밀하게 대하는 것으로 볼 수 없다.

오답 피하기

① '이쪽으로 가십시오.'는 '하십시오체'가 사용된 문장으로, '하십시오체'는 격식체이다. 격식체는 공식적인 자리 등 격식을 갖추어야 하는 자리에서 주로 사용된다.
② '이쪽으로 가라.'는 '해라체'가 사용된 문장으로, '해라체'는 자기보다 낮은 사람을 확실히 낮추어 말할 때 사용하는 종결 형식이다.
③ '이쪽으로 가게.'는 '하게체'가 사용된 문장으로, '하게체'는 자기보다 낮은 사람을 존중하며 대우해 줄 때 사용하는 종결 형식이다.
⑤ '이쪽으로 가오.'는 '하오체'가 사용된 문장이고, '이쪽으로 가요.'는 '해요체'가 사용된 문장이다. '하오체'는 격식체고 '해요체'는 비격식체로, 비격식체는 서로 간의 격식을 차리지 않고 친밀하게 말할 때 사용된다.

082 시간 표현 답 ③

'가셨겠구나'는 '가시었겠구나'를 줄여 표현한 것으로 과거를 나타내는 '-었-'과 함께 '-겠-'이 사용되었으나 이때 쓰인 '-겠-'은 가까운 과거를 나타내는 것이 아니라 확신하기 어려운 상황에 대한 추측이나 추정의 의미를 담고 있다.

오답 피하기

① '모범생이었다'와 비교할 때 '모범생이었었다'에 쓰인 '-었었-'은 현재와 비교하여 다르거나 단절되어 있는 과거의 상황을 나타낸다.
② '간다'에 쓰인 '-ㄴ-'은 미래를 뜻하는 '다음 달에'와 쓰여 미래 사건을 나타내는 기능을 한다.
④ 말하는 시점인 발화시를 기준으로 볼 때, 친구가 고향으로 돌아온 상황과 내가 친구를 만난 상황은 모두 발화시 이전에 일어난 것이다.
⑤ '오늘 잠은 다 잤구나.'는 아직 이루어지지 않은 상황으로, 이때 '-았-'은 앞으로의 상황을 이미 정해진 사실인 것처럼 표현하는 기능을 한다.

083 피동사와 사동사 답 ③

③의 '술수에 말리다'에 쓰인 '말리다'는 '어떤 사건에 휩쓸려 들어가다.'의 뜻을 지니며, 사동사나 피동사가 아니다. '마르다 ③'의 사동에 해당하는 ⓒ의 예문으로는 '그는 노름 때문에 살림을 모두 말려 버렸다.' 정도가 적절하다.

오답 피하기

① '옷을 말리다'에 쓰인 '말리다'는 '물기가 다 날아가서 없어지다.'의 뜻을 지니는 '마르다 ①'의 사동사이다.
② '사람을 말리다'에 쓰인 '말리다'는 '살이 빠져 야위다.'의 뜻을 지니는 '마르다 ②'의 사동사이다.
④ '치마가 말리다'에 쓰인 '말리다'는 '넓적한 물건을 돌돌 감아 원통형으로 겹치게 하다.'의 뜻을 지니는 '말다 ①'의 피동사이다.
⑤ '신문지에 말리다'에 쓰인 '말리다'는 '종이나 김 따위의 얇고 넓적한 물건에 내용물을 넣고 돌돌 감아 싸다.'의 뜻을 지니는 '말다 ②'의 피동사이다.

084 부정문의 구별 답 ③

〈보기 1〉의 (가)와 (나)는 '안' 부정문에 해당하는 설명이며, (다)와 (라)는 '못' 부정문에 해당하는 설명이다. ㉠은 객관적 현상에 대한 단순한 부정이므로 (나)에 해당한다. ㉡은 열심히 노력하는데도 능력이 부족하다는 뜻이므로 (다)에 해당한다. ㉢은 외부의 상황이 허락하지 않아 공부를 하지 못했다는 의미이므로 (라)에 해당한다. ㉣은 자신의 마음이 내키지 않아서 일부러 하지 않았다는 뜻이므로 (가)에 해당한다.

085 필수적 문장 성분 답 ②

'버스에 사람이 가득 찼다.'의 서술어 '차다'는 '일정한 공간에 사람, 사물, 냄새 따위가 더 들어갈 수 없이 가득하게 되다.'라는 뜻을 지니며 주어와 부사어를 필수적으로 요구하는 두 자리 서술어이다. 반면, '그 강좌의 정원이 다 찼다.'의 서술어 '차다'는 '정한 수량, 나이, 기간 따위가 다 되다.'라는 뜻을 지니며 주어만을 필수적으로 요구하는 한 자리 서술어이다. 따라서 ②에 쓰인 '차다'는 형태가 동일한 서술어라도 문맥에 따라 필수적으로 요구되는 문장 성분이 다른 경우에 해당한다.

① '담벼락에 금이 갔다.'의 '가다'와 '그녀의 옷에 주름이 갔다.'의 '가다'는 '금, 줄, 주름살, 흠집 따위가 생기다.'라는 뜻을 지니며, 모두 주어와 부사어를 필수적으로 요구하는 두 자리 서술어이다.
③ '마당의 닭들이 모이를 쪼아 먹었다.'의 '먹다'는 '음식 따위를 입을 통하여 배 속에 들여보내다.'라는 뜻을 지니며 '새해부터는 운동을 하기로 마음을 먹었다.'의 '먹다'는 '어떤 마음이나 감정을 품다.'라는 뜻을 지닌다. 따라서 이 둘 '먹다'는 모두 주어와 목적어를 필수적으로 요구하는 두 자리 서술어이다.
④ '그의 얼굴에 깊은 흉터가 생겼다.'의 '생기다'와 '역 주변에 새로운 가게가 생겼다.'의 '생기다'는 '없던 것이 새로 있게 되다.'라는 뜻을 지니며, 모두 주어와 부사어를 필수적으로 요구하는 두 자리 서술어이다.
⑤ '형은 이번 일로 큰 손해를 입었다.'의 '입다'는 '(도움, 손해 따위와 같은 말을 목적어로 하여) 받거나 당하다.'라는 뜻을 지니며, '형은 이번에도 낡은 양복을 입었다.'의 '입다'는 '옷을 몸에 꿰거나 두르다.'라는 뜻을 지닌다. 이 둘 모두 주어와 목적어를 필수적으로 요구하는 두 자리 서술어이다.

086 필수적 문장 성분 　　　　　　　　답 ③

필수적 문장 성분만을 남겨 문형 정보를 만드는 것이므로 '찬성하다'의 문형 정보는 '【…에】'가 되어야 한다. '우리부터 나서서'와 '아침부터'는 각각 생략하여도 문장이 성립하지만 '지후의 의견에'와 '개방하는 것에'를 각각 생략하면 문장이 성립하지 않기 때문이다.

① '영업부로'와 '총무 팀으로'가 필수적인 문장 성분이므로 적절하다.
② '금과'와 '솜털과도'가 필수적인 문장 성분이므로 적절하다.
④ '우유나'와 '차를'이 필수적인 문장 성분이므로 적절하다.
⑤ '깃발을 산 정상에'와 '틀어 올린 머리에 비녀를'이 필수적인 문장 성분이므로 적절하다.

087 문장 성분 　　　　　　　　답 ④

ㄷ은 주어, 부사어, 서술어로 이루어진 문장인데, 이때의 부사어 '흐리게'는 '보이다'가 필수적으로 요구하는 성분이 아니다. 따라서 필수적 부사어가 아니다.

① ㄴ~ㅁ과 달리, ㄱ의 주어는 겉으로 드러나지 않고 있다.
② ㄱ은 생략된 주어, 관형어, 목적어, 서술어로 구성된 문장이고, ㄴ은 주어, 관형어, 목적어, 서술어로 구성된 문장이다. 목적어는 필수적 성분에 해당한다.
③ ㄴ의 관형어는 '벽의'로, 관형격 조사 '의'가 나타나고 있다. 그러나 ㄱ의 관형어 '서쪽'에는 관형격 조사 '의'가 없다.
⑤ ㄹ은 주어, 목적어, 부사어, 서술어로 이루어진 문장으로, 여기서의 서술어는 주어와 목적어를 요구하는 두 자리 서술어이다. ㅁ은 주어, 부사어, 필수적 부사어, 서술어로 이루어진 문장으로, 여기서의 서술어는 주어와 필수적 부사어를 요구하는 두 자리 서술어이다.

088 문장 성분의 분류 　　　　　　　　답 ④

㉠에서 밑줄 친 성분은 목적어이다. '물 마셨다'에서 '물' 뒤에 목적격 조사가 생략되어 있지만 '물'은 여전히 목적어이다. '나마저'는 보조사 '마저'가 쓰인 목적어이다. '나를 배신하다'와 같이 목적격 조사로 대체해 보면 쉽게 파악할 수 있다. ㉡에서 밑줄 친 성분은 보어인데, 보어는 서술어 '되다'와 '아니다'가 반드시 요구하는 문장 성분이다. 보어를 나타내는 격 조사로는 '이'와 '가'가 있는데 상황에 따라 생략되기도 한다. 이를 적용해 보면, ④의 '나는 너뿐 아니라'에서 '아니다'가 나타나므로 '너뿐'이 보어로 쓰였음을 알 수 있고, '지원이도 좋아해'에서 '좋아하다'의 대상이 '지원이'이므로 '지원이도'가 목적어로 쓰였음을 알 수 있다.

① 서술어 '했다'의 동작 대상이 되는 것은 '지각을'이므로 '지각을'이 목적어이다. 그러나 서술어 '되다, 아니다'가 나타나지 않으므로 보어는 쓰이지 않았다.
② 서술어 '사랑한다'의 동작 대상이 되는 것은 '커피를'이므로 '커피를'이 목적어이다. 그러나 서술어 '되다, 아니다'가 나

타나지 않으므로 보어는 쓰이지 않았다.

③ 서술어 '되고 싶대'에서 '되다'가 나타나므로 '선생님이'가 보어이다. 그러나 '가은이는 커서'에서 서술어 '크다'는 형용사이므로 목적어는 쓰이지 않았다.

⑤ 서술어 '되었다'에서 '되다'가 나타나므로 '얼음이'가 보어이다. 그러나 '겨울이 오자'에서 서술어 '오다'는 자동사이므로 목적어는 쓰이지 않았다.

089 문장 성분 답 ②

㉠ A의 '학교에서'는 단체를 나타내는 명사 뒤에 붙어 앞말이 주어임을 나타내는 격 조사 '에서'가 결합한 경우로, A 문장의 주어로 사용되었다. 서술어 '개최하다'가 주어와 목적어를 요구하는 타동사라는 점에서 이를 분명히 알 수 있다. B의 '학교에서'의 경우 서술어 '개최되다'가 주어만을 요구하는 자동사인데, 이미 주어 '운동회가'가 있으므로 B의 '학교에서'는 주어가 아님을 알 수 있다. 이때 '학교에서'는 장소를 나타내는 부사격 조사 '에서'가 결합한 부사어이다. 따라서 B의 '학교에서'는 수의적 부사어이므로 생략할 수 있지만, A의 '학교에서'는 주어이므로 생략할 수 없다.

오답 피하기

① ㉠ A의 '학교에서'는 단체를 나타내는 명사 뒤에 붙어 앞말이 주어임을 나타내는 격 조사 '에서'가 결합한 주어인 반면, B의 '학교에서'는 장소를 나타내는 부사격 조사 '에서'가 결합한 부사어이다.

③ ㉡에 사용된 '끼다'는 '벌어진 사이에 무엇을 넣고 죄어서 빠지지 않게 하다.'의 의미를 지닌 동사로, 이러한 의미와 부합할 수 있는 '장갑, 반지, 전구' 등을 목적어로 가질 수 있다. 대부분의 용언은 용언의 의미에 부합하는 단어만을 문장 성분으로 허용하는데, 이를 선택 제약이라고 한다.

④ ㉢의 '엄마와'와 '까칠하게'는 각각 서술어 '닮다'와 '굴다'가 의미적으로 반드시 요구하는 성분으로, 이와 같은 경우에는 부사어라 할지라도 생략할 수 없다.

⑤ ㉢의 A에 사용된 '닮다'는 주어 이외에 부사어(~와/과) 또는 목적어(~을/를)를 요구하는 서술어이므로, 부사어 '엄마와'를 목적어 '엄마를'로 바꾸어도 문장이 성립한다. 즉 A는 '민수는 엄마를 닮았다.'로 바꿀 수 있다.

090 주어의 특징 답 ⑤

㉢에 제시된 문장의 서술어는 형용사 '파랗다'로, 형용사가 사용된 문장 '무엇이 어떠하다'에서 주어는 상태나 성질의 대상이 된다. 반면에 ㉤에 제시된 문장의 서술어는 동사 '열다'로, 주어는 행위의 주체가 된다.

오답 피하기

① ㉠은 명사 '민수'가 주격 조사의 결합 없이 주어로 실현된 예이다. 구어에서는 이처럼 격 조사가 생략되는 일이 빈번하다.

② ㉡은 대명사 '이것'에 보조사 '은/는'이 결합하여 주어로 실현된 예이다.

③ ㉤은 단체를 나타내는 말 '우리 학교'에 '에서'가 결합하여 주어로 실현된 예이다.

④ ㉠에 제시된 문장의 서술어는 동사 '가다'이며, ㉣에 제시된 문장의 서술어는 동사 '가다'이다. 동사가 사용된 문장 '무엇이 어찌하다'에서 주어는 행위의 주체 또는 행위의 대상이 된다. 이 경우에는 모두 주어가 행위의 주체이다.

091 필수적 부사어 답 ②

㉮ 서술어 '벗어나다'는 두 자리 서술어이기 때문에 주어 이외에도 '에서'와 결합되는 부사어를 필수적으로 필요로 한다. 따라서 '시험에서'는 필수적 부사어이다.

㉰ 서술어 '넣다'는 주어 이외에도 목적어와 부사어를 필수적으로 요구하는 세 자리 서술어이다. 따라서 '봉투에'는 필수적 부사어이다.

㉲ 서술어 '어울리다'는 주어 이외에도 '과'나 '에/에게'와 결합되는 부사어를 필수적으로 요구하는 두 자리 서술어이다. 따라서 '형에게'는 필수적 부사어이다.

오답 피하기

㉯ 서술어 '닮다'는 주어 이외에도 '와/과'와 결합되는 부사어를 필수적으로 요구하는 두 자리 서술어이다. 따라서 ㉯에서의 필수적 부사어는 '아빠보다'가 아닌 '엄마와'이다.

㉱ 서술어 '맞다'는 주어 이외에도 '에'와 결합되는 부사어를 필수적으로 요구하는 두 자리 서술어이다. 따라서 ㉱에서의 필수적 부사어는 '정확하게'가 아니라 '과녁에'이다.

092 조사로 인한 문장 성분의 차이   답 ①

'엄마를'은 목적격 조사가 결합한 목적어이며, '엄마와'는 부사격 조사가 결합한 부사어이다. 따라서 결합한 조사에 따라 동일한 단어의 문장 성분의 종류가 달라진 예에 해당한다.

오답 피하기

② '나를'은 목적격 조사가 결합한 목적어이며, '나만'은 보조사가 결합한 목적어이다. 따라서 둘은 문장 성분의 종류가 다르지 않다.

③ '도서관에'는 부사격 조사가 결합한 부사어이며, '도서관으로' 역시 부사격 조사가 결합한 부사어이다. 따라서 둘은 문장 성분의 종류가 다르지 않다.

④ '철수가'는 주격 조사가 결합한 주어이며, '철수까지'는 보조사가 결합한 주어이다. 따라서 둘은 문장 성분의 종류가 다르지 않다.

⑤ '정부가'는 주격 조사가 결합한 주어이며, '정부에서'는 (단체를 나타내는 명사 뒤에 붙어) 앞말이 주어임을 나타내는 격조사 '에서'가 결합한 주어이다. 따라서 둘은 문장 성분의 종류가 다르지 않다.

093 문장의 구조   답 ③

ⓒ은 '집에 돌아가기'라는 명사절을 안은 겹문장으로, 안긴절, 즉 명사절의 주어가 생략되어 있다. 그러나 안은문장의 주어는 '지금은'이므로 안은문장의 주어가 생략되었다는 것은 적절하지 않다.

오답 피하기

① ㉠은 '향이 참 좋다'라는 서술절을 안은 겹문장으로, '향이'는 서술절의 주어이며 '모과차는'은 안은문장의 주어이다.

② ㉡은 '첫사랑을 만나기'라는 명사절을 안은 겹문장으로, 이때의 명사절은 약속이나 결정을 의미하는 부사격 조사 '로'와 결합하여 전체 문장의 부사어로 쓰인다.

④ ㉣은 '자기 아들이 성적이 좋다고'라는 인용절을 안고 있는데, 이 절은 다시 '성적이 좋다고'라는 서술절을 안고 있다. 따라서 '자기 아들이'는 인용절의 주어이며, '성적이'는 인용절 안에 있는 서술절의 주어이다.

⑤ ㉤은 주어가 생략된 관형사절 '아주 새콤달콤한'을 안은 겹문장인데, 이때 관형사절의 주어는 '유자차가'이다.

094 안은문장과 이어진문장의 구조   답 ④

다른 사람의 말이나 글을 인용한 것이 절의 형식으로 안기는 경우가 있는데, 이를 인용절이라고 한다. 인용절은 주어진 문장에 조사 '고, 라고'가 붙어서 만들어진다. ㉠~㉢ 중 인용절을 안고 있는 문장은 없다.

오답 피하기

㉠은 서술절을 포함하고 있는 이어진문장이다. 즉 일차적으로 '효경이는 손가락이 길다.'와 '피아노를 잘 친다.'가 종속적 연결 어미에 의해 이어진 문장으로 분석되지만, 앞의 절은 '손가락이 길다.'라는 서술절을 포함하고 있다. ㉡은 관형사절과 명사절을 안고 있는 문장이다. '앞서가는 과학 기술이 항상 인간을 이롭게 하지는 않음'이 명사절로 안겨 있고, 명사절 내에서 '앞서가는'이 관형사절로서 '과학 기술'을 꾸며 주고 있다. ㉢은 관형사절을 안고 있는 문장이다. '가족이나 친구에 대한 사랑을 표현하는'이 '방법'을 수식하고 있다.

095 이어진문장   답 ③

대등하게 연결된 이어진문장은 ㄱ과 ㄴ의 비교에서 알 수 있듯이, 앞뒤 절의 순서를 바꾸어도 의미가 달라지지 않지만, 종속적으로 연결된 이어진문장은 ㄹ과 ㅁ의 비교에서 알 수 있이 앞뒤 절의 순서를 바꾸면 전혀 다른 의미가 된다.

오답 피하기

① ㄱ과 ㄴ의 예에서 알 수 있듯이, 이어진문장에서 앞뒤 절에서 중복되는 문장 성분 '철수는'을 생략하여 한 번만 제시하는 것이 가능하다.

② ㄱ의 예에서는 연결 어미 '-지만'이 사용되어 앞뒤 절이 대조의 의미로 연결되었으며, ㄹ의 예에서는 연결 어미 '-어서'가 사용되어 앞 절이 뒤 절의 원인의 의미를 갖도록 연결되었다.

④ ㄱ의 예에서는 앞 절과 뒤 절의 주어가 모두 '철수는'으로 같으며, ㄹ의 예에서는 앞 절의 주어는 '비가'이고, 뒤 절의 주어는 '땅이'로 주어가 서로 다르다.

⑤ ㄷ의 예에서 대등하게 연결된 이어진문장의 앞 절이 뒤 절 안으로 들어간 문장은 비문법적인 문장으로 문장이 성립하지 않지만, ㅂ의 예에서 종속적으로 연결된 이어진문장의 앞 절이 뒤 절 안으로 들어가는 경우는 문장이 성립함을 알 수 있다.

096 이어진문장의 특징   답 ④

이어진문장 ㄱ~ㅁ을 앞 절과 뒤 절로 나누어 보면('/' 표시) 아래와 같다.

ㄱ. 여름이 와서 / 날씨가 덥다.
ㄴ. 물을 마시려고 / 컵을 꺼냈다.
ㄷ. 여기는 높지만 / 저기는 낮다.
ㄹ. 학교에 가는데 / 옛 친구를 봤다.
ㅁ. 나는 숙제를 하고 / 동생은 그림을 그린다.

ㄱ의 앞 절은 뒤 절의 원인을 나타내고, ㄴ의 앞 절은 뒤 절의 목적을 나타내며, ㄹ의 앞 절은 뒤 절의 배경 상황을 나타낸다. 따라서 ㄱ, ㄴ, ㄹ은 모두 종속적으로 연결된 이어진문장이다.

오답 피하기

① ㄱ을 보면 뒤 절에 목적어가 없어도 이동 가능하고, ㅁ을 보면 뒤 절에 목적어가 있어도 이동 불가능하다.
② ㄱ을 보면 주어가 달라도 이동 가능하다.
③ ㄷ을 보면 앞 절과 뒤 절의 의미가 대조될 경우에는 이동 불가능하다. ㅁ은 앞 절과 뒤 절의 의미가 나열되는 경우로서 역시 이동이 불가능하다.
⑤ 이동 가능한 ㄱ, ㄴ, ㄹ 중 ㄴ에만 앞 절과 뒤 절에 모두 두 자리 서술어가 쓰였다. ㅁ에는 두 자리 서술어가 쓰였어도 이동 불가능하다. 즉 서술어의 자릿수는 관계가 없다.

097 안은문장   답 ③

③의 '철수는 이마에 흐르는 땀을 닦았다.'에서 안긴절은 '이마에 흐르는'인데 여기에는 주어 '땀이'가 생략되어 있다. 따라서 주어와 서술어를 중심으로 도식화하면 ' 땀이 + 흐르는 '으로 나타내야 한다.

오답 피하기

① '나는 다음 주에 읽을 책을 샀다.'에서 안긴절은 '다음 주에 읽을'인데 여기에는 주어 '내가'가 생략되어 있다.
② '동생은 교과서도 없이 학교에 갔다.'에서 안긴절은 '교과서도 없이'로, 주어와 서술어가 모두 존재한다.
④ '정부에서 세금을 인상하겠다고 밝혔다.'에서 안긴절은 '세금을 인상하겠다고'로, 주어 '정부에서'가 생략되어 있다.
⑤ '이 옷은 형이 중학교 때 입던 교복이다.'에서 안긴절은 '형이 중학교 때 입던'으로, 주어와 서술어가 모두 존재한다.

098 이어진문장의 유형   답 ①

㉠은 연결 어미 '-아도'를 통해 앞 절과 뒤 절이 가정이나 양보의 관계로 종속적으로 연결된 이어진문장이다. 대조의 관계로 대등하게 연결된 이어진문장으로는 '인생은 짧고, 예술은 길다.', '호랑이는 죽어서 가죽을 남기지만, 사람은 죽어서 이름을 남긴다.' 정도를 들 수 있다.

오답 피하기

② ㉡은 연결 어미 '-고'를 통해 앞 절과 뒤 절이 나열의 관계로 대등하게 연결된 이어진문장이다.
③ ㉢은 연결 어미 '-으면'을 통해 앞 절과 뒤 절이 조건의 관계로 종속적으로 연결된 이어진문장이다.
④ ㉣은 연결 어미 '-려고'를 통해 앞 절과 뒤 절이 의도의 관계로 종속적으로 연결된 이어진문장이다.
⑤ ㉤은 연결 어미 '-아서'를 통해 앞 절과 뒤 절이 이유나 근거의 관계로 종속적으로 연결된 이어진문장이다.

099 문장의 짜임   답 ①

A는 안은문장, B는 대등하게 연결된 이어진문장을 나타낸다. '슬비는 눈이 크다.'는 '눈이 크다.'라는 서술절을 가진 안은문장이며, '오늘은 비가 오고 바람이 많이 분다.'는 '오늘은 비가 온다.'와 '바람이 많이 분다.'가 대등하게 연결된 이어진문장이다.

오답 피하기

• '열이 많이 나면 물수건으로 온몸을 닦아라.'는 '열이 많이 나다.'와 '물수건으로 온몸을 닦아라.'가 종속적으로 연결된 이어진문장이다.
• '민경이와 함께 산책을 갔다.'는 주어와 서술어의 관계가 한 번만 나오는 홑문장이다.
• '나는 동생이 어머니를 도와드리기를 바랐다.'는 '동생이 어머니를 도와드리기'라는 명사절을 가진 안은문장이다.

100 문장의 짜임   답 ④

'가족을 희망도 없이 기다리기'라는 명사절은 부사절 '희망도 없이'가 '기다리기'를 수식하는 구조로 이루어져 있다. 따라서 홑문장이 아니다.

① '전쟁으로 흩어진'이 '가족'을 수식하고 있으므로 관형사절이 맞다.
② 하나의 문장이 절이 되어 다른 문장에 안길 때, 이와 같이 공통된 문장 성분은 생략된다.
③ 명사형 어미 '-기'로 끝난 명사절이다.
⑤ 예시된 문장 전체의 서술어는 '괴롭구나'이며 '너무나'는 이 서술어를 수식하는 부사어이다. 괴로움을 느끼는 주체인 주어 '나'는 생략되어 있다.

101 명사절의 기능   답 ⑤

ⓜ의 명사절 '눈이 오기'는 조사와의 결합 없이 의존 명사 '때문'을 수식하는 관형어로 쓰인다. 따라서 부사어로 쓰인 경우의 예문으로 적절하지 않다.

① ㉠의 명사절 '우리가 그 일을 하기'는 조사와의 결합 없이 주어로 쓰이고 있다. 주격 조사 '가'와의 결합이 자연스러운 점을 통해서도 이를 확인할 수 있다.
② ㉡의 명사절 '아이들은 혼자 자기'는 목적격 조사 '를'과 결합하여 목적어로 쓰이고 있다.
③ ㉢의 명사절 '학생들은 개별 행동을 자제하기'는 조사와의 결합 없이 목적어로 쓰이고 있다. 목적격 조사 '를'과의 결합이 자연스러운 점을 통해서도 이를 확인할 수 있다.
④ ㉣의 명사절 '그들이 출발하기'는 부사격 조사 '에'와 결합하여 부사어로 쓰이고 있다.

102 명사와 명사절의 구분   답 ③

'그녀의 죽음은 우리 모두에게 충격이었다.'에서 '죽음'이 관형어 '그녀의'의 수식을 받고 있는 것을 통해 '죽음'이 명사임을 알 수 있다. 반면 '*백두산의 높음은 누구나 아는 사실이다.'에서 '높음'이 관형어 '백두산의'의 수식을 받지 못함을 통해 '높음'이 명사가 아님을 알 수 있고, '백두산이 높음은 누구나 아는 사실이다.'를 통해 '높음'이 '백두산이 높-'의 구성에 명사형 어미 '-음'이 결합한 구성임을 알 수 있다.

① '죽음'의 경우 명사를 만드는 접미사 '-음'이 결합하였고, '높음'의 경우 명사 구실을 하게 하는 명사형 어미 '-음'이 결합하였다. 접사 '-음'과 어미 '-음'의 형태가 같기 때문에 '-음'이 결합했다는 사실만으로 '죽음'과 '높음'의 차이를 알기는 어렵다.
② 명사나 명사형 어미가 붙은 구성 모두 문장 성분으로 사용될 수 있기 때문에 이를 통해 '죽음'과 '높음'의 차이를 알기는 어렵다.
④ '죽음'과 관련되는 '죽다'가 동사이고, '높음'과 관련되는 '높다'가 형용사임에 따라 사전에 등재 여부가 달라진다고 볼 수 있는 근거가 없기 때문에 적절하지 않다.
⑤ '죽음'과 '높음' 모두 어휘적 의미를 가지고 있으므로 적절하지 않다.

103 인용 표현   답 ②

②에 쓰인 '-을래'는 앞으로 어떤 일을 하려고 하는 스스로의 의사를 나타내는 종결 어미이다. 따라서 '-을래'는 정보의 출처가 담긴 표현이 아니다.

① '춥대'의 '-대'는 '-다고 해'가 줄어든 말로, 남이 말한 내용을 간접적으로 전달할 때 쓰이는 종결 어미이다. 따라서 '-대'는 정보의 출처가 담긴 표현이다.
③ '타셨을걸'의 '-을걸'은 화자의 추측이 상대방이 이미 알고 있는 바나 기대와는 다름을 나타내는 종결 어미이다. 따라서 '-을걸'에는 화자의 추측이라는 정보의 출처가 담겨 있다.
④ '기다리더라'의 '-더-'는 과거 어느 때에 직접 경험하여 알게 된 사실을 현재의 말하는 장면에 그대로 옮겨 와서 전달한다는 뜻을 나타내는 선어말 어미이다. 즉 '-더-'가 쓰이지 않은 '영식이가 밖에서 기다린다.'와 비교할 때 영식이가 밖에서 기다리는 모습을 내가 직접 보았다는 의미를 담고 있는 것이다. 따라서 '-더-'는 정보의 출처가 담긴 표현이다.
⑤ '열렸네'의 '-네'는 지금 깨달은 일을 서술하는 데 쓰이는 종결 어미이다. 따라서 '-네'에는 '지금 내가 직접 봄.'이라는 정보의 출처가 담겨 있다.

정답과 해설

104 시제의 표현 　　답 ②

ㄱ의 '자랄'에 있는 관형사형 어미 '-ㄹ'은 아직 일어나지 않은 사건을 나타내는 것이므로 사건시가 발화시보다 나중이다.

오답 피하기
① ㄱ에는 시제를 나타내는 관형사형 어미만 있을 뿐, 선어말 어미는 없다.
③ ㄴ의 '꿨어'에서 '-었-'은 과거 시제를 나타내는 선어말 어미이다.
④ ㄴ의 '가는'에서 관형사형 어미 '-는'은 '꿈'을 꾸는 시점을 기준으로 삼을 때 사건시와 발화시가 일치함을 나타낸다.
⑤ ㄷ의 '왔던'에는 과거를 나타내는 선어말 어미 '-았-'과 관형사형 어미 '-던'이 쓰였다.

105 선어말 어미의 의미 　　답 ⑤

㉠은 화자의 추측을 나타내는데, '철수는 지금쯤 집에 있겠다.'와 같이 3인칭 주어와 함께 쓰일 수 있다. ㉡은 화자의 의지를 나타내는데, '철수는 반드시 선생님이 되겠다.'와 같이 주어가 3인칭이면 주어의 의지를 나타낼 수 없고, 추측을 나타내는 의미로만 해석될 수 있다.

오답 피하기
① ㉠은 화자의 추측이나 추정을 나타낸다.
② ㉡은 화자의 의지나 의도를 나타낸다.
③ ㉡은 화자의 의지나 의도를 나타내므로, '나는 내일 꼭 도서관에 가겠다.'와 같이 미래 시간을 지시하는 표현에도 쓰일 수 있다.
④ ㉠은 화자의 추측이나 추정을 나타내므로, 〈보기〉에서와 같이 과거 시간을 지시하는 표현에도 쓰일 수 있다. 그러나 ㉡은 화자의 의지를 나타내기 때문에 '*나는 어제 꼭 도서관에 갔겠다.'와 같이 과거 시간을 지시하는 표현에는 쓰일 수 없다.

106 문장 종결 표현 　　답 ②

ㄴ은 보조 용언 '주십시오'를 사용하였지만 여전히 명령문이다.

오답 피하기
① ㄱ은 제안의 의미를 나타내는 종결 어미 '-지'를 추가하여 완곡함을 표현하였다.
③ ㄷ은 명령문을 '들르시겠습니까?'라는 의문문으로 바꾸어 청자의 의향을 묻도록 함으로써 완곡함을 표현하였다.
④ ㄹ은 명령문 대신 평서문으로 종결함으로써 완곡함을 표현하였다.
⑤ ㅁ은 의존 명사 '수'를 포함하여 청자의 가능성에 대해 질문함으로써 완곡함을 표현하였다.

107 종결 어미의 활용 　　답 ②

'-구려'는 하오체에 쓰여 화자가 새롭게 알게 된 사실에 주목하여 감탄의 뜻을 나타내는 종결 어미이다. 따라서 '먹는구려.'는 '하오체' 감탄문에 사용된다. '하오체' 명령문의 경우 '먹소.', '먹으오.'와 같이 사용된다.

오답 피하기
① '-습니다'는 '하십시오체'에 쓰여 현재 계속되는 동작이나 상태를 있는 그대로 나타내는 종결 어미이다. 따라서 '먹습니다.'는 '하십시오체' 평서문을 나타낸다.
③ '-구나'는 '해라체'에 쓰여 화자가 새롭게 알게 된 사실에 주목하여 감탄의 뜻을 나타내는 종결 어미이다. 따라서 '먹는구나.'는 '해라체' 감탄문을 나타낸다.
④ '-어요'는 '해요체'에 쓰여 설명, 의문, 명령, 청유의 뜻을 나타내는 종결 어미이다. 따라서 '먹어요.'는 '해요체' 평서문, 명령문, 청유문으로 사용될 수 있다.
⑤ '-어'는 '해체'에 쓰여 설명, 의문, 명령, 청유의 뜻을 나타내는 종결 어미이다. 따라서 '먹어?'는 '해체' 의문문을 나타낸다.

108 직접 발화와 간접 발화 　　답 ③

③은 직접 발화로 의문문의 형식으로 의문의 행위를 실현하는 경우이다.

오답 피하기
①, ④, ⑤ 간접 발화로서, 평서문의 형식으로 행위의 요청을 표현하고 있다.

② 간접 발화로서, 의문문의 형식으로 행위의 요청을 표현하고 있다.

109 청유문의 발화 기능 답 ①

약을 먹는 주체는 '아기'만이므로 청자만 행동하기를 바라는 경우에 해당한다.

오답 피하기

②, ③ 화자 자신이 어떠한 행동을 하겠다는 의미이므로 청자만 행동하기를 바라는 것은 아니다.

④, ⑤ 화자가 청자에게 어떤 행동을 함께하도록 요청하는 문장이다.

110 문장 종결 표현 답 ⑤

'어서 씻어라'의 '-어라'는 명령의 뜻을 나타내는 종결 어미이고, '만나고 싶어라'의 '-어라'는 감탄의 뜻을 나타내는 종결 어미이다. 따라서 ⑤는 동일한 형태의 종결 어미 '-어라'가 명령과 감탄의 의미를 실현한 경우이다.

오답 피하기

① 두 예문의 '-ㄴ데' 모두 어떤 일을 감탄하는 뜻을 넣어 서술함으로써 그에 대한 청자의 반응을 기다리는 태도를 나타내는 종결 어미이다.

② 두 예문의 '-ㄹ게' 모두 어떤 행동에 대한 약속이나 의지를 나타내는 종결 어미이다.

③ 두 예문의 '-군' 모두 가벼운 감탄의 의미를 나타내는 종결 어미이다.

④ 두 예문의 '-ㅂ시다' 모두 어떤 행동을 함께하자는 뜻을 나타내는 종결 어미이다.

111 종결 어미의 특성 답 ②

(나)에 사용된 종결 어미 '-어라'와 '-아라'는 모두 명령의 뜻을 나타내는 동일한 어미이나, 앞말의 모음이 'ㅏ, ㅗ'이냐 아니냐에 따라 다른 형태로 실현된다. 따라서 앞말의 품사에 따라 동일한 종결 어미가 다른 형태로 실현되는 것이 아니라 앞말의 음운 환경에 따라 다른 형태로 실현되는 것이다. '앉다'와 '걷다'는 모두 동사로 품사가 같음을 확인할 수 있다.

오답 피하기

① (가)에서 종결 어미의 등분에 따라 청자 높임이 달리 실현됨을 확인할 수 있다.

③ (다)에서 종결 어미가 결합하지 않고는 온전한 문장이 될 수 없음을 확인할 수 있다.

④ (라)에서 종결 어미의 종류에 따라 진술, 의문, 감탄 등의 의미가 실현됨을 확인할 수 있다.

⑤ (마)에서 종결 어미 뒤에 조사 '가'와 '고'가 결합했음을 확인할 수 있다.

112 높임 표현 답 ④

ㄹ에서 '주무시다'는 주체인 할머니를 높이는 용언이 맞지만, '드리다'는 '제가 할머니께 전화를 드릴게요'라는 의미를 고려할 때 객체인 할머니를 높이는 용언이다. 따라서 객체인 아버지를 높인다는 진술은 적절하지 않다.

오답 피하기

① ㄱ에서 아버지는 상대 높임을 나타내는 해라체 종결 어미 '-구나'를 사용하여 대화의 상대방인 '영식'을 낮추고 있다.

② ㄴ에서 대상을 높이는 격 조사 '께서'와 동사에 높임을 나타내는 선어말 어미 '-시-'를 결합한 '주신'은 주체인 아버지를 높이기 위해 사용된 표현이며, '성함'은 할머니를 높이기 위해 사용된 표현이다.

③ ㄷ에서 '할머니께 인사를 드리다', '할머니께 성함을 여쭈어보다'라는 의미를 고려할 때 '드리다'와 '여쭈다'는 모두 객체인 할머니를 높이는 표현이다.

⑤ ㅁ에서 '할머니를 뵈러 가다', '할머니께 말씀을 드리다'라는 의미를 고려할 때 '뵈다'와 '말씀'은 모두 객체인 할머니를 높이는 표현이다.

113 높임 표현 답 ⑤

⑤에서 '가져오다'의 주어의 대상은 '선생님'이 아니라 '석호'이다. 따라서 원래 문장인 '선생님께서 숙제 걷어서 교무실로 가져오라고 하셨어.'가 높임법에 맞는 표현이다.

오답 피하기

① '오라고'의 주어의 대상은 부모님이기 때문에 '오시라고'로 수정해야 한다.

② '없으십니다'의 주어의 대상은 상품이기 때문에 '없습니다'로 수정해야 한다.

③ '자기가'는 할머니의 재귀칭이기 때문에 할머니를 높이기 위해서는 '당신께서'로 수정해야 한다.

④ '할아버지께 여쭈다'는 의미이므로 할아버지를 높이기 위해서는 '물어'를 '여쭈어'로 수정해야 한다.

114 높임법의 분류　　　　　답 ④

〈보기〉에 제시된 예문에 나타난 높임법은 다음과 같이 차례로 분석할 수 있다.

• 드신다: 특수한 어휘를 통해 주어인 '할아버지께서'를 높이는 주체 높임

• 마신다: 높임을 나타내는 말 없음.

• 주신다: 선어말 어미 '-시-'를 통해 주어인 '할머니께서는'을 높이는 주체 높임

• 드렸다: 특수한 어휘를 통해 부사어 '이웃 분들께'를 높이는 객체 높임

또한 A~C에 해당하는 높임법은 다음과 같다.

• A: 객체 높임, 상대 높임

• B: 선어말 어미 '-시-'를 통한 주체 높임

• C: 특수 어휘를 통한 주체 높임

따라서 A에는 '드렸다', B에는 '주신다', C에는 '드신다'가 들어가야 한다.

115 높임 표현의 활용　　　　　답 ③

회사 직원용 내부 자료인 (가)에서 '고객'은 높임의 대상이 되지 않지만 고객용 배포 자료인 (나)에서는 높임의 대상이 된다. 따라서 (나)에서 고객이 주어로 등장하면 주체 높임법, 목적어나 부사어로 등장하면 객체 높임법을 적절하게 사용해야 한다. (가)의 '고객에게 다시 준다.'가 (나)에서 '고객에게 다시 드립니다.'로 바뀐 것은 주어인 '고객'을 높이기 위한 것이 아니라 부사어인 '고객'을 높이기 위하여 객체 높임을 실현하는 어휘로 서술어를 바꾼 것이다.

오답 피하기

① 주어인 '고객은'을 높이기 위하여 이에 호응하는 서술어에 주체 높임의 선어말 어미 '-시-'를 붙여 '구입하신', '요구하실'

로 바꾸었다.

② (가)의 '지참해야 한다.'가 (나)에서는 '-시-'가 포함된 '지참하셔야 합니다.'로 바뀐 것은 생략된 주어가 '고객'이기 때문이다.

④ (가)에서 '타 고객에게'라고 쓴 것을 (나)에서 '타 고객께'라고 바꾼 것은 부사어인 '고객'에 대하여 객체 높임을 실현하기 위해서이다.

⑤ 생략된 주어는 '우리 회사는' 정도이며 목적어는 '고객의 신뢰를'이므로 높임의 대상이 되지 않는다. 따라서 이 자료를 읽는 독자만을 높이는 상대 높임법을 실현하여 '확보하고자 합니다.'로 바꾸었다.

116 높임 표현　　　　　답 ③

'선생님께서'가 주어이고 주체 높임의 대상이 되므로 선어말 어미 '-시-'는 '뭐라'에 붙는 것이 아니라 '했지'에 붙어 '뭐라 하셨지'가 되어야 한다.

오답 피하기

① 높임의 대상이 되는 사람과 밀접한 관련이 있는 사람은 '아드님', '따님'과 같이 높여 부를 수 있다.

② '큰아드님'을 높여야 하므로 '계셔'가 아니라 '있으셔'라고 해야 한다. '있으셔'는 간접 높임에, '계셔'는 직접 높임에 쓴다.

④ 선생님의 말씀은 간접 높임의 대상이 되므로 선어말 어미 '-시-'를 사용한 것이다.

⑤ 청자인 친구 '김지원'은 본디 높임의 대상이 아니지만, 상황과 맥락에 따라서 의도적으로 높일 수 있다. 여기서는 상대 높임법이 실현되었다.

117 높임 표현의 실현　　　　　답 ⑤

'-시-'는 문장의 주체를 높이는 선어말 어미로 주체 높임과 관련이 있는 문법 요소이다. 상대 높임은 청자를 높이는 높임법의 한 분류로, 종결 표현이 드러내는 높임의 등분으로 실현된다. 제시된 문장에서는 보조사 '요'를 통해 실현된 '해요체'로 상대 높임이 실현되었음을 알 수 있으며, '해요체'는 비격식적인 상황에서 친밀감을 나타내며 상대를 두루 높일 때 사용하는 종결 형식이다.

① 제시된 문장에서 객체는 부사어로 나타난 '선생님'이다.

② 제시된 문장의 청자는 '선생님'이므로 상대 높임의 대상 역시 '선생님'이다.

③ 제시된 문장에서 문장의 주체인 '어머니'를 높이는 요소로 주격 조사 '께서'와 선어말 어미 '-시-'가 사용되었다.

④ 제시된 문장에서 문장의 객체인 '선생님'을 높이는 요소로 부사격 조사 '께'와 높임을 나타내는 특수 어휘 '여쭈다'가 사용되었다.

118 동작상의 구분   답 ③

'한밤중인데도 윤혁이가 깨어 있다.'에서 '깨어 있다'는 '깨다'라는 동작이 완료된 상태로 지속되고 있음을 보조 용언 '있다'로 표현하고 있다.

① '그림을 그리고 있다.'는 발화시를 기준으로 현재 일어나고 있는 중의 일이므로 진행상이다.

② '가는 중이다.'는 발화시를 기준으로 현재 일어나고 있는 중의 일이므로 진행상이다.

④ '책을 다 읽었다.'는 책을 읽는 행위가 발화시를 기준으로 이미 끝났음을 나타내는 완료상이다.

⑤ '코스모스가 피어 있다.'는 코스모스가 피는 동작이 완료된 후의 상태가 발화시까지 지속되고 있음을 나타내는 완료상이다.

119 시간 표현   답 ⑤

'과수원의 사과가 탐스럽게 익었다.'에서 '사과가 익었다'는 사과가 익은 결과의 상태가 현재까지 지속됨을 나타내기 때문에 ㉠의 예문으로 적절하다. 또한 '발목을 다쳤으니 너는 수학여행은 다 갔다.'에서 '수학여행은 다 갔다'는 아직 이루어지지 않은 일을 이미 정해진 사실인 것처럼 표현하는 것이기 때문에 ㉡의 예문으로 적절하다.

① '사흘 만에 물가가 두 배나 올랐다.'에서 '물가가 올랐다'는 물가가 오른 결과의 상태가 현재까지 지속됨을 나타내기 때문에 ㉠의 예문으로 적절하다. 그렇지만 '내가 너라면 동생은 안 울렸다.'는 이미 발생한 과거 사실의 반대 가정이기 때문에 ㉡의 예문으로 적절하지 않다.

② '우리는 작년만 해도 사이가 좋았다.'는 현재는 그러하지 않음을 의미하기 때문에 ㉠의 예문으로 적절하지 않다. '넌 저녁에 집에 가면 엄마한테 혼났다.'는 아직 이루어지지 않은 일을 이미 정해진 사실인 것처럼 표현하는 것이기 때문에 ㉡의 예문으로 적절하다.

③ '형은 어제 하루 종일 노래만 불렀다.'는 단순히 과거의 사실을 의미하기 때문에 ㉠의 예문으로 적절하지 않다. '비가 이렇게 안 오니 올해 농사는 글렀다.'에서 '올해 농사는 글렀다'는 아직 이루어지지 않은 일을 이미 정해진 사실인 것처럼 표현하는 것이기 때문에 ㉡의 예문으로 적절하다.

④ '나는 지난여름부터 운동을 시작했다.'는 운동을 시작한 결과의 상태가 현재까지 지속됨을 나타내기 때문에 ㉠의 예문으로 적절하다. 그러나 '운동을 많이 하니 온몸이 무거웠다.'에서 '온몸이 무거웠다'는 단순히 과거의 사실을 의미하기 때문에 ㉡의 예문으로 적절하지 않다.

120 시간 표현   답 ③

ⓐ에서 '지금'이라는 시간 부사를 사용하고 있으므로 '읽는다'에는 현재를 나타내는 선어말 어미 '-는-'이 쓰였음을 알 수 있다. ⓑ에서 '흔드는'은 '사람이'를 수식하고 있고, 이야기하는 시점에서 사건이 현재 일어나고 있으므로 '흔드는'에는 현재를 나타내는 관형사형 어미 '-는'이 쓰였음을 알 수 있다. ⓒ에서 '먹은'은 '것'을 수식하고 있고, 행위가 과거에 일어난 것이므로 '먹은'에는 과거를 나타내는 관형사형 어미 '-(으)ㄴ'이 쓰였음을 알 수 있다. ⓓ에서 '만난'은 '친구'를 수식하고 있고, '아까'라는 시간 부사를 사용하고 있으므로 '만난'에는 과거를 나타내는 관형사형 어미 '-(으)ㄴ'이 쓰였음을 알 수 있다. ⓔ는 이야기하는 시점에서 볼 때 사건이나 행위가 현재 일어나고 있으므로 '한다'에는 현재를 나타내는 선어말 어미 '-(으)ㄴ'이 쓰였음을 알 수 있다. 따라서 이를 ㉮~㉵에 따라 바르게 분류한 것은 ③이다.

121 시간 표현   답 ③

'갔다'는 시제상 과거가 아니라 미래의 일이 확정적임을 암시하기 위해 선어말 어미 '-았-'이 사용된 예이다.

정답과 해설

오답 피하기

① 생일잔치에 간 사건은 '어제' 일어났으므로 시제가 과거이고, 과거 시제를 나타내는 선어말 어미 '-았-'을 사용하였다.

② 원고를 검토하는 사건은 아직 일어나지 않았으므로 미래 시제이며 미래 시제를 나타내는 관형사형 어미 '-ㄹ'을 사용하였다.

④ '쌓인'과 '받은'은 모두 발화시보다 이전에 일어난 사건을 나타내는 말이다. 따라서 과거 시제를 나타내는 관형사형 어미 '-ㄴ'과 '-은'을 사용하였다.

⑤ 장난감을 가지고 노는 사건과 발화의 시점이 동일하기 때문에 현재 시제를 나타내는 선어말 어미 '-ㄴ-'을 사용하였다.

122 어미의 용법   🔲 ②

〈보기〉의 예문을 통해 '-던지'는 '막연한 의문이 있는 채로 그것을 뒤 절의 사실이나 판단과 관련시키는 데 쓰는 연결 어미'이며, '-든지'는 '나열된 동작이나 상태, 대상들 중에서 어느 것이든 선택될 수 있음을 나타내거나 실제로 일어날 수 있는 여러 가지 중에서 어느 것이 일어나도 뒤 절의 내용이 성립하는 데 아무런 상관이 없음을 나타내는 연결 어미'임을 알 수 있다. ②의 문장은 주말에 할 수 있는 여러 일 중에서 정원을 가꾸는 일을 포함하여 무엇이든 해야겠다는 의미이므로 '-든지'가 사용되어야 적절하다.

오답 피하기

①, ③, ④, ⑤의 문장에 사용된 '-던지'는 의미상 '-든지'로 교체될 수 없으며, 모두 '-던지'가 올바르게 사용되었다.

123 피동 표현   🔲 ③

'지어졌다'는 '짓다'의 어간 '짓-'에 '-어지다'를 결합함으로써 만들어진 피동 표현이므로 '만들어진다'와 구성 원리와 같다. 즉 '만들어지다'는 어간 '만들-'에 '-어지다'가 결합한 것이다.

오답 피하기

① ㉠의 '정돈되다'는 어근 '정돈'에 접미사 '-되다'가 결합한 피동 표현이다. 그러나 '어느덧 추운 겨울이 되었다.'에서 '되다'는 접미사가 아닌 동사이며 '어떤 때나 시기, 상태에 이르다.'라는 뜻으로, 피동 표현이 아닌 능동 표현이다.

② '들다'와 '들리다'가 아니라 '듣다'와 '들리다'가 능동과 피동의 관계에 있다.

④ '보인다'는 어근 '보-'에 피동 접미사 '-이-'가 결합하여 만들어진 피동사이다.

⑤ ㉢은 사동문 '드디어 범인을 밝혔다.'를 피동문으로 만든 것이다. 따라서 어근 '밝-' 뒤에 붙은 '-히-'는 사동 접미사이며, '밝히-'에 '-어지다'를 붙여 피동문을 만든 것이다.

124 피동 표현과 사동 표현   🔲 ⑤

㉤은 누군가가 김밥 한 줄로써 아이들의 주린 배가 부르도록 한다는 의미이므로 사동문이다.

오답 피하기

① ㉠은 주어인 '철수'가 '경찰'에 의해 어떤 동작을 당하게 되는 것을 나타내는 문장이므로 피동문이다.

② ㉡은 주어 '그'가 '사람들'에 의해 어떤 동작을 당하게 되는 것을 나타내는 문장이므로 피동문이다.

③ ㉢은 누군가가 콩국수를 만들기 위해 콩이 물에 붇도록 한다는 의미이므로 사동문이다.

④ ㉣은 '철수'가 '재산'이 불어나도록 한다는 의미이므로 사동문이다.

125 피동 표현   🔲 ①

'벗겨지다'는 사동사 '벗기다'에 피동을 나타내는 보조 동사 '-어지다'가 결합한 형태이므로 이중 피동 표현이라 볼 수 없다.

오답 피하기

② '불려지다'는 피동사 '불리다'에 피동을 나타내는 보조 동사 '-어지다'가 결합한 형태로, 이중 피동 표현에 해당한다.

③ '읽혀지다'는 피동사 '읽히다'에 피동을 나타내는 보조 동사 '-어지다'가 결합한 형태로, 이중 피동 표현에 해당한다.

④ '나뉘어지다'는 피동사 '나뉘다'에 피동을 나타내는 보조 동사 '-어지다'가 결합한 형태로, 이중 피동 표현에 해당한다.

⑤ '믿겨지다'는 피동사 '믿기다'에 피동을 나타내는 보조 동사 '-어지다'가 결합한 형태로, 이중 피동 표현에 해당한다.

126 피동 표현 답 ④

'시험이 보이다'가 성립되지 않기 때문에 '형은 지난주에 입사 시험을 보았다.'는 대응하는 피동문을 상정하기 어려운 능동문이다. 또한 '실수를 걸다'가 성립되지 않기 때문에 '동생의 실수가 형에게 걸렸다.'는 대응하는 능동문을 상정하기 어려운 피동문이다.

오답 피하기

① '달이 보이다'가 성립되기 때문에 '우리는 구름 사이로 달을 보았다.'는 대응하는 피동문을 상정할 수 있는 능동문이다. 그러나 '마음을 걸다'가 성립되지 않기 때문에 '지난 잘못이 마음을 걸렸다.'는 대응하는 능동문을 상정하기 어려운 피동문이다.

② '맛이 보이다'가 성립되지 않기 때문에 '누나가 김장 김치의 맛을 보았다.'는 대응하는 피동문을 상정하기 어려운 능동문이다. 그러나 '현상금을 걸다'가 성립되기 때문에 '흉악범에게 현상금이 걸렸다.'는 대응하는 능동문을 상정할 수 있는 피동문이다.

③ '형이 보이다'가 성립되기 때문에 '길에서 양복 차림의 형을 보았다.'는 대응하는 피동문을 상정할 수 있는 능동문이다. 그러나 '보름달을 걸다'가 성립되지 않기 때문에 '보름달이 산꼭대기에 걸렸다.'는 대응하는 능동문을 상정하기 어려운 피동문이다.

⑤ '흥이 보이다'가 성립되지 않기 때문에 '그들은 다른 친구의 흥을 보았다.'는 대응하는 피동문을 상정하기 어려운 능동문이다. 그러나 '시동을 걸다'가 성립되기 때문에 '낡은 자동차의 시동이 걸렸다.'는 대응하는 능동문을 상정할 수 있는 피동문이다.

127 사동문의 구성과 의미 답 ③

주체가 읽는 행동을 직접 하지는 않고 시키기만 하는 간접 사동의 의미로만 해석되므로 ③은 ⓒ의 예로 적절하지 않다.

오답 피하기

① '돋-'에 접미사 '-우-'가 붙어 만들어진 사동사 '돋우다'가 쓰였으므로 ㉠의 예가 된다.

② '낮-'에 접미사 '-추-'가 붙어 만들어진 사동사 '낮추다'가 쓰였으므로 ㉠의 예가 된다.

④ 아이를 반듯하게 앉히는 행동을 주체가 직접 하는 경우와 반듯하게 앉도록 말로만 시키는 경우 모두를 의미할 수 있으므로 ⓒ의 예가 된다.

⑤ '먹이다'는 '먹-'에 사동 접미사 '-이-'가 붙어 만들어진 동사이기는 하나, 사동의 의미에서 멀어져 '사육하다'라는 의미로 쓰이므로 ⓒ의 예가 된다.

128 피동사와 사동사 답 ④

④에서 ㉠ '종을 울렸다.'의 '울리다'는 '종이나 천둥, 벨 따위가 소리를 내다.'의 뜻을 지니는 '울다'의 사동사이다. 또한 ⓒ '형이 동생을 울렸다.'의 '울리다'는 '기쁨, 슬픔 따위의 감정을 억누르지 못하거나 아픔을 참지 못하여 눈물을 흘리다.'의 뜻을 지니는 '울다'의 사동사이다. 따라서 ④에 쓰인 '울리다'는 모두 사동사이다.

오답 피하기

① ㉠ '모기에게 물렸다.'에 쓰인 '물리다'는 '(모기가) 물다'의 피동사이다. ⓒ '형은 아이에게 사탕을 물렸다.'에 쓰인 '물리다'는 '(아이가 사탕을) 물다'의 사동사이다.

② ㉠ '원고들이 바람에 날렸다.'에 쓰인 '날리다'는 '(원고들이) 날다'의 피동사이다. ⓒ '아이들은 종이비행기를 날렸다.'에 쓰인 '날리다'는 '(비행기가) 날다'의 사동사이다.

③ ㉠ '초안이 잡혔다.'에 쓰인 '잡혔다'는 '(초안을) 잡다'의 피동사이다. ⓒ '아이에게 연필을 잡혔다.'에 쓰인 '잡히다'는 '(아이가 연필을) 잡다'의 사동사이다.

⑤ ㉠ '기사가 읽혔다.'에 쓰인 '읽히다'는 '(기사를) 읽다'의 피동사이다. ⓒ '학생들에게 소설을 읽혔다.'에 쓰인 '읽히다'는 '(학생들이 소설을) 읽다'의 사동사이다.

129 부정 표현의 특성 답 ②

㉠의 두 문장을 비교해 볼 때, '안' 부정문은 주체가 의지를 가지고 행위를 하지 않았음을 나타내므로 주체의 의지와 관련이 있고, '못' 부정문은 주체가 의지를 가졌으나 능력이 없어 하지 못함을 나타내므로 주체의 능력과 관련이 있다는 것을 알 수 있다.

오답 피하기

① ㉠은 동사 '가다'가 사용된 문장으로, 비문법적인 문장이 나타나지 않는다. 따라서 '안'을 사용한 부정문과 '못'을 사용한 문장이 모두 가능함을 알 수 있다.

③ ㉡은 형용사 '착하다'가 사용된 문장으로, '연주는 못 착하다.'라는 '못' 부정문이 비문법적인 문장이므로 '안' 부정문만이 사용될 수 있음을 알 수 있다.

④ ㉢에서 '안' 부정문이 사용된 '빨리 안 운전해라.'와 '못' 부정문이 사용된 '빨리 못 운전해라.' 모두 비문법적인 문장이므로 명령문에서는 '안' 부정문과 '못' 부정문이 모두 사용되지 못함을 알 수 있다.

⑤ ㉢의 '빨리 운전하지 말아라.'로 볼 때 명령문에서 부정을 나타내는 표현은 '말다'이다. 청유문의 경우도 '말다'를 통해 부정문을 만들 수 있다.

130 부정 표현의 특징　　답 ③

⑭ '무조건'은 '무조건 좋아.'와 같이 긍정 표현과도 호응하므로 ㄴ으로 설명할 수 없다.

⑯ '살다'는 동사이므로 형용사에 관한 설명인 ㄱ으로 설명할 수 없다. '안' 부정문이 아닌 '못 살다, 살지 못하다' 등도 가능하다.

오답 피하기

㉮ '그다지'가 '안 변했네'와 호응하고 있으므로 ㄴ으로 설명할 수 있다.

㉱ '공부하다'의 짧은 부정문이 '안 공부하다'가 아니라 '공부 안 하다'로 되는 점은 ㄷ으로 설명할 수 있다.

㉲ '기쁘다'는 형용사이므로 ㄱ으로 설명할 수 있다. '못 기쁘다'나 '기쁘지 못하다'로 쓰면 어색하다.

131 '안' 부정문과 '못' 부정문의 쓰임　　답 ⑤

'똑같은 잘못을 저지르지 않겠다'는 것은 주체의 의지에 따라 특정 행동을 부정하는 것이므로 '안' 부정문을 쓴 것이다.

오답 피하기

① '꽉 막힌 도로'는 외부적 상황에 해당하므로 '못' 부정문을 쓰는 것이 적절하다.

② 객관적인 상황에 '못' 부정문을 써서 '비가 계속 오지 못한다'와 같이 표현한다면 매우 어색한 문장이 된다.

③ 노래 연습을 열심히 했음에도 고음 부분을 부를 능력은 모자랐던 것이므로 '못' 부정문을 쓰는 것이 적절하다.

④ 주체가 의지를 가지고 결정한 행위이므로 '안' 부정문을 쓰는 것이 적절하다.

132 직접 인용과 간접 인용의 차이　　답 ③

㉢에서 시제를 표현하는 어미가 달라졌을 뿐 직접 인용절과 간접 인용절 서술어의 시제는 동일하게 미래이다. '내가'가 '자기가'로 바뀌었으므로 대명사의 변화도 확인할 수 있다.

오답 피하기

① '거기'가 '여기'로 바뀌고 있다. 직접 인용절에서는, 질문의 대상이 되는 장소(비가 오는 곳)가 화자인 언니에게서 상대적으로 멀고 청자인 나에게 상대적으로 가까운 곳이 되므로 '거기'가 쓰였다. 그러나 간접 인용절에서는 이제 화자(즉 이 문장을 쓴 사람)에게 가까운 곳이 되므로 '여기'로 바뀐다.

② 직접 인용절의 '출발합시다'에 나타난 상대 높임법이 간접 인용절에서는 나타나지 않고 있다.

④ 직접 인용절에서는 윤영이가 말을 하는 시점을 기준으로 '어제'이지만, 간접 인용절에서는 '어제'의 '어제'를 표현해야 하므로 '그저께'가 된다.

⑤ 직접 인용절에서는 화자와 청자를 포함하는 주어인 '우리'를 드러내지만, 간접 인용절에서는 화자와 청자가 바뀌므로 '우리'를 생략하게 된다.

IV 의미, 담화와 텍스트

133	④	134	⑤	135	④	136	③	137	①
138	④	139	③	140	④	141	③	142	②
143	④	144	④	145	②	146	②	147	④
148	⑤	149	③	150	⑤	151	④	152	④
153	⑤	154	⑤	155	③						

133 유의어와 반의어 　답 ④

'동네 사람들이 강에 그물을 놓았다.'에 쓰인 '놓다'는 '짐승이나 물고기를 잡기 위하여 일정한 곳에 무엇을 장치하다.'의 의미를 지니기 때문에 '막이나 그물, 발 따위를 펴서 벌이거나 늘어뜨리다.'를 뜻하는 '치다'와 유의 관계를 이루며, '벌여 놓거나 차려 놓은 것을 정리하다.'를 뜻하는 '거두다'와는 반의 관계를 이룬다. 또한 '깜빡하고 지갑을 식당에 놓고 왔다.'에 쓰인 '놓다'는 '잡거나 쥐고 있던 물체를 일정한 곳에 두다.'라는 의미를 지니기 때문에 '가져가거나 데려가지 않고 남기거나 버리다.'를 뜻하는 '두다'와 유의 관계를 이룬다. 끝으로, '한의사가 허리에 침을 놓아 주었다.'에 쓰인 '놓다'는 '치료를 위하여 주사나 침을 찌르다.'의 의미를 지니기 때문에 '박힌 것을 잡아당기어 빼내다.'를 뜻하는 '뽑다'와 반의 관계를 이룬다.

오답 피하기

① ⓛ의 '빠뜨리다'는 '부주의로 물건을 흘리어 잃어버리다.'의 뜻으로, '깜빡하고 지갑을 식당에 놓고 왔다.'의 '놓다'와 유의 관계를 이룰 수 있으며, ⓒ의 '빼다'는 '속에 들어 있거나 끼여 있거나 박혀 있는 것을 밖으로 나오게 하다.'의 뜻으로, '한의사가 허리에 침을 놓아 주었다.'의 '놓다'와 반의 관계를 이룰 수 있다. 그러나 ㉠의 '비단옷에 오색실로 수를 놓았다.'에 쓰인 '놓다'는 '무늬나 수를 새기다.'라는 의미를 지니기 때문에 '치다'와 유의 관계를 이루지 못하며, '거두다'와도 반의 관계를 이루지 못한다.

② ⓛ의 '흘리다'는 '부주의로 물건 따위를 엉뚱한 곳에 떨어뜨리다.'의 뜻으로, '깜빡하고 지갑을 식당에 놓고 왔다.'의 '놓다'와 어느 정도 의미가 상통하지만, ⓒ의 '들다'는 '손에 가지다.'의 뜻으로, '한의사가 허리에 침을 놓아 주었다.'의 '놓

다'와 반의 관계를 이룰 수 없다. 또한 ㉠의 '건강이 안 좋아서 잠깐 일을 놓았다.'의 '놓다'는 '계속해 오던 일을 그만두고 하지 아니하다.'라는 의미를 지니기 때문에 '치다'와 유의 관계를 이룰 수 없으며, '거두다'와도 반의 관계를 이룰 수 없다.

③ ⓛ의 '잃다'는 '가졌던 물건이 자신도 모르게 없어져 그것을 갖지 아니하게 되다.'의 뜻으로, '깜빡하고 지갑을 식당에 놓고 왔다.'의 '놓다'와 유의 관계를 이룰 수 없으며, ⓒ의 '뜨다'는 '실 따위로 코를 얽어서 무엇을 만들다.'의 뜻으로, '한의사가 허리에 침을 놓아 주었다.'의 '놓다'와 반의 관계를 이룰 수 없다. 또한 ㉠의 '마당에 커다랗게 모깃불을 놓았다.'의 '놓다'는 '불을 지르거나 피우다.'라는 의미를 지니기 때문에 '치다'와 유의 관계를 이루지 못하며, '거두다'와도 반의 관계를 이루지 못한다.

⑤ ⓛ의 '주다'는 '물건 따위를 남에게 건네어 가지거나 누리게 하다.'의 뜻으로, '깜빡하고 지갑을 식당에 놓고 왔다.'의 '놓다'와 유의 관계를 이룰 수 없으며, ⓒ의 '맞다'는 '침, 주사 따위로 치료를 받다.'의 뜻으로, '한의사가 허리에 침을 놓아 주었다.'의 '놓다'와 반의 관계가 아닌 유의 관계를 이룬다. 또한 ㉠의 '이사를 하자마자 전화부터 놓았다.'의 '놓다'는 '일정한 곳에 기계나 장치, 구조물 따위를 설치하다.'라는 의미를 지니기 때문에 '치다'와 유의 관계를 이룰 수 없으며, '거두다'와도 반의 관계를 이룰 수 없다.

134 담화의 표현 　답 ⑤

ⓜ의 '여기'는 화자인 '은주'와 청자인 '선우'가 모두 볼 수 있는 대상을 가리킨다.

오답 피하기

① ㉠의 '그건'은 앞서 언급되었던 '아까 공책에 열심히 적고 있던 일'을 가리키며 동일한 내용을 반복하지 않고 지시어로 표현함으로써 담화의 응집성을 높이고 있다.

② ⓛ은 '무엇이'에 해당하는 주어가 생략된 발화인데, 담화 맥락을 고려할 때 '우리 지역의 사투리에 대해 조사하는 일'을 생략된 주어로 추론할 수 있다.

③ 앞서 언급된 내용이 아님에도 불구하고 ⓒ의 '거기'라는 표현을 사용한 것은 화자인 '은주'가 청자인 '선우' 역시 지칭 대상인 단체 대화방을 알고 있을 것이라고 생각했기 때문이다.

④ 접속어 '또'를 통해 이후에 또 다른 내용의 발화가 첨가될 것임을 나타낼 수 있다.

⑤ ㉤은 앞선 내용을 요약하여 정리해 줄 것임을 알려 주는 담화 표지이다.

135 담화에서의 호칭과 지칭   답 ④

㉡과 ㉃은 모두 '시은이의 어머니'를 가리키는 말이다. 그렇지만 ㉡은 화자인 '외할머니'가 청자인 손녀 '시은'의 입장에서 표현한 말이고, ㉃은 화자 '시은'이 자신의 입장에서 표현한 말이다.

오답 피하기

① ㉠과 ㉢은 모두 '시은이의 아버지'를 가리킨다. 사위를 가리킬 때 '(외손주 이름) 아비' 또는 '(외손주 이름) 아범'이라고 할 수 있으며, 이들 중 하나를 선택하는 것은 화자의 마음에 달렸다.

② ㉠과 ㉤은 모두 '외할머니'가 '시은이의 아버지'를 나타내는 말이지만 청자가 사위(시은이의 아버지)일 때는 '아비', 청자가 손녀일 때는 손녀인 '시은'의 입장에서 '아버지'라고 가리키고 있다.

③ ㉢과 ㉣은 모두 '외할머니'를 나타내는 말이지만 사위인 '아버지'의 입장에서는 '어머님', 손녀인 '시은'의 입장에서는 '할머니'로 달리 불리고 있다.

⑤ ㉃과 ㉅은 모두 '시은이의 어머니'를 가리키는 말이다. '시은이의 어머니'는 '시은'에게 '엄마'가 되고, '아버지'에게는 '아내'의 관계가 된다.

136 담화 표지   답 ③

평서형으로 문장을 종결한 나머지 문장과 달리 ㉢에서는 의문형으로 문장을 종결함으로써 이목을 끈다. 글쓴이가 이러한 담화 표지를 사용하여 독자의 이목을 끌고자 한 이유는 바로 이 부분에서 이 글의 화제를 제시하고 있기 때문이다.

오답 피하기

① ㉠은 화제 전환의 기능을 하는 담화 표지이므로, 이후 내용이 기존과는 다른 내용임을 암시한다.

② ㉡은 앞에서 언급된 '채식을 선택하는 경향'을 가리킨다.

④ ㉣은 내용 추가의 기능을 하는 담화 표지이다.

137 관용 표현의 특징   답 ①

①은 직접적인 언급을 피하기 위해 완곡하게 돌려서 표현한 예에 해당한다.

오답 피하기

② 직접적인 언급을 피하기 위해 완곡하게 돌려서 표현한 예에 해당한다.

③ 하늘에 있는 별을 따기란 사실상 아예 불가능하므로 과장한 예에 해당한다.

④ 실제로 엎어지면 코가 닿을 만한 거리에 있는 정도보다는 먼 곳에 위치하고 있을 때 쓰는 말이므로 과장한 예에 해당한다.

⑤ '잘 먹고 잘 살아라.'를 문자 그대로 이해하자면 행복을 바라는 것이겠지만 사실상 반대의 의미를 내포하고 있는 경우이므로 반어적인 예에 해당한다.

138 다의어와 동음이의어   답 ④

'갈다¹'의 【…을 …으로】라는 정보를 통해 '갈다¹'이 주어, 목적어, 부사어를 필요로 하는 세 자리 서술어임을 알 수 있으며, '갈다²'의 【…을】이라는 정보를 통해 '갈다²'가 주어, 목적어를 필요로 하는 두 자리 서술어임을 알 수 있다.

오답 피하기

① '갈다¹'과 '갈다²' 모두 ①과 ②의 의미를 지니는 것으로 보아 두 단어 모두 '두 가지 이상의 뜻을 가진 단어', 즉 다의어임을 알 수 있다.

② '갈다¹'과 '갈다²'를 비교할 때 '갈다²'에 [갈:-]이라는 발음 정보가 제시되는 것으로 보아 '갈'을 짧게 발음하는지, 길게 발음하는지에 따라 '갈다¹'과 '갈다²' 둘 사이의 의미가 변별됨을 확인할 수 있다.

③ '교체'는 '사람이나 사물을 다른 사람이나 사물로 대신함.'이라는 뜻을 지니며, '대체'는 '다른 것으로 대신함.'이라는 뜻을 지니기 때문에 '교체하다, 대체하다' 모두 '갈다¹'과 유의 관계를 이룬다.

⑤ '갈다² [I]'에는 '표면을 매끄럽게 하기 위하여 다른 물건에 대고 문지르다.'라는 의미가 포함되어 있기 때문에 '울퉁불퉁한 돌을 갈아서 둥글게 만들다.'를 용례로 제시할 수 있다.

139 상하 관계의 특징 답 ③

상의어인 ㉠이 하의어인 ㉡에 비해 의미가 더 추상적이므로 ㉠이 ㉡이 가지고 있는 의미를 모두 포함할 수는 없다. 즉 '관악기'이면 다 '악기'이지만 '악기'라고 해서 다 '관악기'인 것은 아니다. 실제 세계에서의 포함 관계와 의미 포함 관계를 혼동해서는 안 된다. 반대로 하의어인 ㉡은 상의어인 ㉠이 가지고 있는 의미를 모두 포함하며, 여기에 더해진 추가적인 의미를 가지고 있다. ㉡과 ㉢의 관계도 마찬가지이다. 따라서 ㉡은 ㉠의 의미를, ㉢은 ㉡의 의미를 포함하고 있다.

오답 피하기

① ㉠을 머릿속에 떠올려 보면, '피아노', '거문고' 등 다양한 악기를 떠올릴 수 있으나 ㉡을 머릿속에 떠올려 보면 '오보에', '트럼펫' 등으로 ㉠에 비해 훨씬 제한된다는 것을 알 수 있다. ㉡과 ㉢ 역시 마찬가지이다. 이는 ㉠에서 ㉢으로 갈수록 의미가 훨씬 구체적이기 때문이다.
② ㉡은 ㉠에 비해 '관 안의 공기를 진동시킴.'이라는 의미를 추가적으로 가지고 있고, ㉢은 ㉡에 비해 각 악기의 특징적인 의미를 추가적으로 가지고 있으므로 ㉠에서 ㉢으로 갈수록 단어의 의미 속성들이 많아진다.
④ ㉠의 상의어로 '물건'과 같은 단어가 추가된다면, ㉡과 ㉢ 역시 '물건'에 해당하는 것으로 볼 수 있으므로 ㉠의 상의어 '물건'과 ㉡, ㉢이 상하 관계를 이루게 된다.
⑤ 상하 관계는 두세 단계로 한정된 것이 아니라 개념의 분화 정도에 따라 얼마든지 확장될 수 있다. ㉠의 상의어로 '물건'과 같은 단어를 추가할 수 있고, ㉢의 '오보에' 아래에 '피콜로 오보에(소프라노의 음역대를 내는 오보에)', '오보에 다모레(메조소프라노의 음역대를 가진 오보에)' 등을 추가할 수 있다.

140 유의어와 동사의 관계 답 ④

㉣에 나오는 '첨단 산업을'은 '키우다'를 대신하여 '육성하다'와 어울려 쓰일 수 있지만, ㉤에 나오는 '건강을'은 '육성하다'와 어울려 쓸 수 없다.

오답 피하기

① '꽃을'에 대해서는 '기르다'와 '키우다' 모두에 동그라미 표시가 되어 있는 점을 참고할 수 있다. '기르다'는 '동식물을 보살펴 자라게 하다.' 혹은 '아이를 보살펴 키우다.' 혹은 '육체나 정신을 단련하여 더 강하게 만들다.' 등을 의미한다. '꽃을 기르다.'에서 '기르다'를 '키우다'로 바꿔도 같은 의미를 지니므로 적절한 진술이다.
② '강아지를'이라는 목적어에 대하여 '기르다'와 '키우다' 모두에 '○' 표시가 되어 있는 점을 참고할 수 있다. '기르다'와 '키우다' 모두 목적어를 취하는 타동사이며 '강아지를 기르다.'와 '강아지를 키우다.' 모두 자연스러우므로 적절한 진술이다.
③ '어머니가 아기를 기르다.'가 가능하며 '아기를 키우다.', '아기를 양육하다.'도 가능한 것으로 볼 때 이들은 모두 유의 관계에 있다고 할 수 있다.
⑤ '기르다', '키우다'가 동식물, 사람, 추상적인 대상을 목적어로 취하는 데 비해 '양육하다'는 사람만을 목적어로 취하여 다른 양상을 보인다.

141 반의 관계 답 ③

'벗다'는 '사람이 자기 몸 또는 몸의 일부에 착용한 물건을 몸에서 떼어 내다.'를 뜻한다. 따라서 ㉠에 적합한 반의어로는 '장갑'과 호응하는 '벌어진 사이에 무엇을 넣고 죄어서 빠지지 않게 하다.'라는 의미의 '끼다'가 들어가야 한다. 이를 통해 '옷'이나 '장갑' 등을 벗는 의미를 나타내는 동사는 모두 '벗다'를 사용할 수 있지만, '벗다'와 반의 관계에 있는, 착용한다는 의미를 나타내는 동사는 '(옷을) 입다, (장갑을) 끼다, (모자를/안경을) 쓰다, (목도리를) 두르다, (신발을) 신다' 등으로 달라진다는 사실을 알 수 있다. 또한 ㉡에는 '벗다'와 반의 관계를 이루는 '모자 따위를 머리에 얹어 덮다.', '얼굴에 어떤 물건을 걸거나 덮어쓰다.'의 의미를 가지는 '쓰다'가 사용된 예문이 들어가야 한다. ③의 '미세 먼지 때문에 마스크를 썼다.'의 경우 '얼굴에 어떤 물건을 걸거나 덮어쓰다.'의 의미를 가지는 '쓰다'가 사용된 예문이다.

① '풀다'는 '묶이거나 감기거나 얽히거나 합쳐진 것 따위를 그
렇지 아니한 상태로 되게 하다.'의 의미로, '장갑을'과 호응
하지 않으므로 ㉠에 들어갈 말로 적절하지 않다. 또한 ㉡에
는 '모자 따위를 머리에 얹어 덮다.', '얼굴에 어떤 물건을 걸
거나 덮어쓰다.'의 의미를 가지는 '쓰다'가 들어가야 하므로
'혀로 느끼는 맛이 한약이나 소태, 씀바귀의 맛과 같다.'의
의미를 지닌 '쓰다'가 사용된 '입에 쓴 약이 몸에 좋다.'는 ㉡
에 들어갈 말로 적절하지 않다.

② '풀다'는 '묶이거나 감기거나 얽히거나 합쳐진 것 따위를 그
렇지 아니한 상태로 되게 하다.'의 의미로 ㉠에 들어갈 말로
적절하지 않다. '머리에 면사포를 쓴 신부가 입장했다.'에서
'쓰다'는 '모자 따위를 머리에 얹어 덮다.'의 의미로 사용되었
으므로 ㉡에 들어갈 말로 적절하다.

④ '끼다'는 '장갑을'과 호응하여 ㉠에 들어갈 말로 적절하나, '영
희는 조그마한 수첩에 일기를 쓴다.'의 '쓰다'는 '머릿속의 생
각을 종이 혹은 이와 유사한 대상 따위에 글로 나타내다.'의
의미로, ㉡에 들어갈 말로 적절하지 않다.

⑤ '넣다'는 '한정된 공간 속으로 들게 하다.'의 의미로, '장갑
을'과 호응하지 않아 ㉠에 들어갈 말로 적절하지 않다. 또한
'빨래할 때 세제를 많이 쓰면 환경에 좋지 않다.'에서 '쓰다'
는 '어떤 일을 하는 데에 재료나 도구, 수단을 이용하다.'의
의미로, ㉡에 들어갈 말로 적절하지 않다.

142 다의어와 동음이의어 　　　　정답 ②

㉠ ⓐ의 '쓰다'는 '어떤 일을 하는 데에 재료나 도구, 수단을 이
용하다.'의 의미이며, ⓑ의 '쓰다'는 '어떤 말이나 언어를 사
용하다.'의 의미로 서로 의미상 연관이 있다. 따라서 ㉠의 '쓰
다'는 다의어이다.

㉡ ⓐ의 '치다'는 '천둥이나 번개 따위가 큰 소리나 빛을 내면서
일어나다.'의 의미이며, ⓑ의 '치다'는 '시계나 종 따위가 일
정한 시각을 소리를 내어 알리다.'의 의미로 서로 의미상 연
관이 없다. 따라서 ㉡의 '치다'는 동음이의어이다.

㉢ ⓐ의 '거칠다'는 '나무나 살결 따위가 결이 곱지 않고 험하다.'
의 의미이며, ⓑ의 '거칠다'는 '글이나 그림이 세련되거나 점
잖지 못하고 막되다.'의 의미로 서로 의미상 연관이 있다. 따
라서 ㉢의 '거칠다'는 다의어이다.

㉣ ⓐ의 '타다'는 '불씨나 높은 열로 불이 붙어 번지거나 불꽃이
일어나다.'의 의미이며, ⓑ의 '타다'는 '바닥이 미끄러운 곳에
서 어떤 기구를 이용하여 달리다.'의 의미로 서로 의미상 연
관이 없다. 따라서 ㉣의 '타다'는 동음이의어이다.

143 유의어의 쓰임 　　　　정답 ④

유의어라고 하여 모든 문맥에서 상통하는 것은 아니지만, ④
의 '20년 만에 조국 땅을 밟는 그의 느낌은 남달랐다.'에서 '느
낌'은 '지난 일을 돌이켜 볼 때 느껴지는 회포'를 뜻하는 '감회'와
'크게 느끼어 마음이 움직임.'을 뜻하는 '감동'으로 대체되어 문
장에서 모두 자연스럽게 쓰일 수 있다.

① '난감한 감정', '난감한 기분'이 자연스럽게 읽히므로 제시된
예문의 '느낌'과 대체될 수 있다.

② '복잡한 심경', '복잡한 마음'이 자연스럽게 읽히므로 제시된
예문의 '느낌'과 대체될 수 있다.

③ '경쾌한 감'으로는 바꿀 수 있지만 '경쾌한 심경'으로 쓰면 어
색할 뿐 아니라 서술어 '준다'와 호응하지 않기 때문에 적절
하지 않다.

⑤ '강한 감동'으로는 바꿀 수 있지만 '강한 기분'으로 쓰면 어색
하다.

144 유의 관계 　　　　정답 ④

'국어사전에 올렸다.'의 '올리다'는 '기록에 적히다.'라는 뜻
을 지니는 '오르다'의 사동사이다. 따라서 이때의 '올리다'의 유
의어로는 '일정한 사항을 장부나 대장에 올리다.'라는 뜻을 지
니는 '등재(登載)하다'가 적절하다. ④의 '게재(揭載)하다'는 '글
이나 그림 따위를 신문이나 잡지 따위에 싣다.'라는 뜻을 지니
기 때문에 '새말을'과 어울리지 않는다.

① '착륙(着陸)하다'는 '비행기 따위가 공중에서 활주로나 판판
한 곳에 내리다.'라는 뜻을 지니기 때문에 '비행기가 활주로
에 내렸다.'에 쓰인 '내리다'의 유의어로 적절하다.

② '하달(下達)하다'는 '상부나 윗사람의 명령, 지시, 결정 및 의사 따위를 하부나 아랫사람에게 내리거나 전달하다.'라는 뜻을 지니기 때문에 '명령을 내렸다.'에 쓰인 '내리다'의 유의어로 적절하다.

③ '발령(發令)하다'는 '긴급한 상황에 대한 경보(警報)를 발표하다.'라는 뜻을 지니기 때문에 '태풍 경보를 내렸다.'에 쓰인 '내리다'의 유의어로 적절하다.

⑤ '도달(到達)하다'는 '목적한 곳이나 수준에 다다르다.'라는 뜻을 지니기 때문에 '경지에 올랐다.'에 쓰인 '오르다'의 유의어로 적절하다.

145 다의어의 형성   답 ②

㉠은 중심 의미가 주변 의미로 확장될 때 '사람 → 동물 → 식물 → 무생물'로 쓰임이 확장되는 경로를 설명하고 있는데, 이 순서에 따르면 ②에서 '볍씨가 물을 먹었다.'와 '소가 풀을 먹었다.'는 순서가 서로 바뀌어야 한다.

오답 피하기

① 어울려 쓰이는 말이 '여자(사람) → 고양이(동물) → 새싹(식물) → 안경(무생물)'의 순서로 쓰임이 확장되고 있으므로 ㉠ 유형에 맞다.

③ 어울려 쓰이는 말이 '계곡(공간) → 밤(시간) → 인연(추상)'의 순서로 쓰임이 확장되고 있으므로 ㉡ 유형에 맞다.

④ 어울려 쓰이는 말이 '창문 틈(공간) → 쉴 틈(시간) → 우정에 틈(추상)'의 순서로 쓰임이 확장되고 있으므로 ㉡ 유형에 맞다.

⑤ 어울려 쓰이는 말이 '방(물리적 위치) → 공직(사회적 위치, 직업) → 가슴(심리적 위치)'의 순서로 쓰임이 확장되고 있으므로 ㉢ 유형에 맞다.

146 담화의 요소   답 ②

'-은데'는 주거 환경과 가족 구성원에 따라 선호하는 반려 동물이 다르다는 내용과 반려 동물 선택 시 고려해야 할 점이라는 서로 다른 내용을 연결짓고 있으므로 화제 전환의 기능을 하고 있다고 할 수 있다.

오답 피하기

① 앞에서 이미 밝힌 '반려 동물을 키우는 가구가 증가하는'의 반복을 피하기 위하여 '그러한'을 쓴 것이다.

③ '-어야만'은 앞의 내용이 '별 탈 없이 키울 수 있다.'의 조건이 됨을 나타낸다.

④ '호흡기 질환'에 더하여 다른 질환이 이어질 것임을 알려 준다.

⑤ 앞서 설명한 '아기를 키우는 집'의 경우와는 다른 대상이 화제가 될 것임을 나타낸다.

147 담화의 요소   답 ④

'게다가'는 앞 문장과의 연결 기능을 담당하므로 ㉮에 해당하고, '다음(에는)'은 제시 순서를 직접 표현하고 있으므로 ㉯에 해당한다.

오답 피하기

① ㉠에서는 ㉮와 ㉯ 모두가 사용되지 않았다. ㉠은 3개의 절이 동시적으로 나열된 것이다.

② ㉡에서는 '그래서'가 쓰였으므로 ㉮를 찾아볼 수 있다.

③ ㉢에서는 '어려서부터'라는 말이 쓰였으므로 ㉯를 찾아볼 수 있다.

⑤ ㉤에서는 '이처럼'의 '이'가 지시어이므로 ㉮를 찾아볼 수 있다. 그러나 순서나 과정을 직접적으로 드러내는 어휘가 없으므로 내용상 준비 과정이 드러난다 해도 ㉯를 찾아볼 수는 없다.

148 담화의 의미   답 ⑤

⑤는 발화가 발화 의도와 같은 문장 종결 형식, 즉 평서문으로 행해졌으므로 ㉠에 적절하지 않다.

오답 피하기

① 평서문의 발화 의도를 의문문으로 발화했다.

② 명령문의 발화 의도를 평서문으로 발화했다.

③ 의문문의 발화 의도를 평서문으로 발화했다.

④ 명령문의 발화 의도를 평서문으로 발화했다.

149 담화의 유형 　　　　답 ③

ⓒ은 남자가 집주인 할아버지의 행선지를 궁금히 여겨 묻는 질문이 아니다. 운동복 차림의 모습을 확인하고서도 친교를 확보하거나 확인하는 수단으로 인사를 건네는 발화이다. 이는 이후 할아버지가 이 질문에 대한 대답이 없이 자신의 발화를 이어 가는 것을 통해서도 확인할 수 있다. 따라서 ⓒ은 〈보기 1〉에서 설명하는 친교를 확보하거나 확인하는 '의문 형식의 인사'에 해당한다.

오답 피하기

① 남자의 혼잣말로, '의문 형식의 인사'에 해당되지 않는다.
② 할아버지가 남자에게 하는 말로, '의문 형식의 인사'에 해당되지 않는다.
④ 할아버지가 남자에게 하는 말로, '의문 형식의 인사'에 해당되지 않는다.
⑤ 남자가 할아버지에게 요청하는 말로, '의문 형식의 인사'에 해당되지 않는다.

150 담화의 특징 　　　　답 ⑤

'해체'를 사용하던 '영미'가 '조심히 다녀와요~' 부분에서는 '해요체'를 사용하고 있다. 그러나 '영미'와 '수지'의 친소 관계가 하나의 담화에서 달라졌다고 보기 어렵다. 이때 '조심히 다녀와요~'는 상대방에게 친근감을 드러내기 위해 사용한 표현으로 볼 수 있다.

오답 피하기

① 대화의 전반부에서는 상대방이 하고 있는 일을 묻다가 맛집에 같이 가자는 내용으로 화제가 갑자기 전환되고 있다. 이는 휴대 전화 대화가 가지는 일반적인 특징이다.
② 'ㅎㅎ', ')_⟨' 등 감정을 드러내는 기호를 사용하고 있다. 휴대 전화 대화는 음성 언어가 아닌 문자 및 기호에 의해 이루어지므로 이러한 특징을 보인다.
③ '언데가지'라는 입력 실수를 '언제가지'로 즉각적으로 수정하고 있다. 띄어쓰기를 정확히 하지 않는 것 역시 즉각적인 입력이 이루어지는 휴대 전화 대화의 특징이다.
④ 수지는 인터넷 사이트 링크를 통해 맛집과 관련된 정보를 전달하고 있다. 이는 음성만으로 이루어지는 전화 통화와는 달리 휴대 전화 대화가 가지는 특징이다.

151 담화의 유형별 특징 　　　　답 ④

(가)에서는 핵심 정보가 담화의 맨 앞에 제시되고 있는데, 이는 정보 전달이라는 목적을 용이하게 하고 기사의 주제를 명확히 제시하기 위함이며 문어적인 특징이다. 일반적으로 핵심 정보가 뒤로 배치되는 경향은 구어 담화에서 더 자주 보이며, 문어 담화적 속성뿐 아니라 구어 담화적 속성도 가지고 있는 담화는 편지글인 (나)이다.

오답 피하기

① 신문 기사는 일반적으로 대중을 대상으로 하지만 편지글은 특정 개인에게 쓰는 것이 일반적이다. (나)에서는 '지원이'를 대상으로 하고 있다.
② 신문 기사는 정보 전달을 기본적인 목적으로 하므로 독자에게 정확하고 풍부한 정보를 제공해야 한다. (가)에서 누리집 주소를 제시한 것은 이러한 맥락에서 이해할 수 있다.
③ '국립 국어원'을 '국어원'으로 줄여서 쓴 것은 글자 수를 줄임으로써 내용을 간결하게 하기 위함이다.
⑤ (나)는 친교를 목적으로 한 담화이다.

152 담화의 특성 　　　　답 ④

앵커는 '달랐습니다', '기잡니다' 등의 표현에서는 격식체인 '하십시오체'를 사용하고 있으나, '왔는데요'라는 표현에서는 비격식체인 '해요체'를 사용하고 있다.

오답 피하기

① 기자는 일관되게 격식체인 '하십시오체'를 사용하고 있다.
② 기자가 사건을 보고한 내용을 보면, 언제(오늘 오후 5시경), 어디서(터널 안), 누가(운전자들이), 무엇을(구급차를 위해 길 터주기를), 어떻게(약속이나 한 듯 질서정연하게), 왜(부상자들의 수송을 돕기 위해)의 내용이 비교적 잘 제시되어 육하원칙에 따라 사실을 전달하고 있다.
③ '멈춰 섭니다, 양보합니다'와 같이 현재 시제의 서술어를 사용하여 과거의 사건을 생생하게 전달하고 있다. 이는 당시의 상황이 영상으로 재생되는 뉴스의 특성을 활용한 것이다.
⑤ 기자는 뉴스 제작을 위해 기사를 글로 작성하지만, 추후에 음성으로 발화할 것을 염두에 두기 때문에 '입굽니다, 구줍니다' 등 발음하기에 용이한 축약 표현을 사용하고 있다.

153 담화의 표현 효과   📘 ⑤

⑩은 동생에게 굳이 대답을 요구한다기보다는 동생이 화를 풀어 주기를 요청하는 의미를 드러내고 있는 표현으로 볼 수 있다.

오답 피하기

① '오빠가 먹었어?'가 단순한 의문을 드러내는 표현이라면, 이에 비해 ㉠은 오빠가 피자를 먹었을 것이라는 동생의 추측이 담겨 있으면서 이를 확인하려는 동생의 심리를 전달한다고 볼 수 있다.

② ㉡은 오빠가 동생의 허락 없이 피자를 먹은 상황에서 발화된 것이므로 문장 그대로 오빠를 칭찬하는 것이라기보다는 반어적인 표현으로 볼 수 있다.

③ ㉢의 '이'는 말하는 이에게 가까이 있는 대상을 나타내므로 '이거'는 화자인 오빠에게 가까운 것을 가리킨다. '저'는 말하는 이와 듣는 이로부터 멀리 있는 대상을 나타내므로 '저리'는 화자인 오빠에게서 멀리 떨어진 곳을 가리킨다.

④ ㉣은 '나 그거 안 먹어.'에서 주어와 목적어가 생략된 문장으로 볼 수 있다. 구어 담화에서는 맥락을 통해 화자와 청자 모두가 알 수 있는 것은 생략하여 표현하는 일이 많다.

154 지시 표현   📘 ⑤

ⓐ의 '그거'는 A가 말한 내용에 등장하는 '빵'을 가리키므로 ㉡의 예에 해당된다. ⓑ의 '거기'는 B가 자신은 물론 A 역시 알고 있을 것이라고 생각하여 사용한 지시 표현이므로 ㉢의 예에 해당된다. ⓒ의 '이거'는 청자인 A가 대화의 장면에서 눈으로 볼 수 있는 대상을 가리키므로 ㉠의 예에 해당된다. ⓓ의 '그것'은 A가 말한 내용에 등장하는 '중간고사 범위'를 가리키므로 ㉡의 예에 해당된다. ⓔ의 '저기'는 청자인 A가 대화의 장면에서 눈으로 볼 수 있는 대상을 가리키므로 ㉠의 예에 해당된다.

155 담화 표지   📘 ③

㉢이 들어 있는 문장은 앞 문장과 내용이 대조되고 있으므로 ㉢에는 대조의 의미를 강조하는 보조사 '은'이 들어가는 것이 적절하다.

오답 피하기

① 일반적으로 '는'은 담화에서 처음 언급되는 대상과는 잘 어울려 쓰이지 않는다. 이럴 때는 '가'를 쓰는 것이 자연스럽다.

② 이미 한 번 언급된 대상에 대해서는 '는'을 쓰는 것이 자연스럽다.

④ '더함'의 뜻을 나타내는 보조사 '도'가 쓰여 '호랑이에게도'가 자연스럽게 읽히려면 우는 아이네 집을 구경하다가 호되게 혼이 난 적이 있는 다른 동물이 먼저 서술되었어야 한다. 이 경우에는 주제(화제)를 나타내는 보조사 '는'을 써서 '호랑이에게는'이라고 하는 것이 자연스럽다.

⑤ 담화에서 차이점을 부각하고자 하는 대상에는 '는'을 쓰는 것이 적절하다. 또한 여기서의 '우는 아이'는 이미 앞서 언급된 적이 있으므로 '는'을 쓰는 것이 자연스럽다.

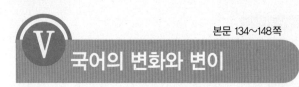

V 국어의 변화와 변이

본문 134~148쪽

156	④	157	③	158	③	159	③	160	③
161	③	162	②	163	④	164	⑤	165	②
166	③	167	①	168	⑤	169	①	170	①

156 국어의 변천
답 ④

〈보기 1〉에서 향찰은 명사나 용언 어간은 '훈차'를 하고, 조사나 어미는 '음차'를 하여 표기하는 방식임을 확인할 수 있다. 즉 '나는 너를 사랑하고'를 향찰로 표기할 때 '나, 너, 사랑, 하-'는 '我, 汝, 愛, 爲'의 뜻을 활용하고 '는, 를, -고'는 '隱, 乙, 古'의 음을 활용하는 것이다. 이러한 방식으로 〈보기 2〉를 활용하여 '나는 강을 본다'를 표기하려면, '나, 강, 보-'는 훈차를 하면 되고 '는, 을, -ㄴ다'는 음차를 하면 된다. 이때 '본다'는 어간 '보-'와 어미 '-ㄴ다'의 결합임을 주의해야 한다. 따라서 'I/neun RIVER/eul SEE/nda'로 적어야 한다. (/ 표시는 편의상의 구분)

157 훈민정음 표기 원리
답 ③

㉮의 '몯홇'에 쓰인 종성 글자는 초성 글자에 쓰이는 것들이라는 점에서 ㉠의 표기 원리를 확인할 수 있고, '홇'의 종성 'ᇙ'을 나란히 쓴 데에서 ㉢의 표기 원리를 확인할 수 있다. 또한 '몯'과 '홇'의 중성 글자 'ㅗ', 'ㆍ'를 초성 글자 아래에 붙여 쓴 것을 통해 ㉣의 표기 원리를 확인할 수 있다.

오답 피하기

ⓛ '순경음(ㅸ)'에 대한 표기 원리인데, ㉮에서 'ㅸ'은 쓰이지 않았다.
ⓜ 중성 글자 중 일부는 초성의 오른쪽에 붙여 쓴다는 표기 원리인데, ㉮에서는 확인되지 않는다.

158 중세 국어와 현대 국어의 차이
답 ③

중세 국어에는 두음 법칙이 없었기 때문에 단어의 첫머리에 나오는 'ㅣ, ㅑ, ㅕ, ㅛ, ㅠ' 앞에서도 'ㄴ'이 나타나 '니르·샤

·딕'라고 한 것이며 현대 국어에서는 두음 법칙이 적용되기 때문에 '이르시되'라고 한 것이다.

오답 피하기

① '俱夷(구이)'가 '善慧(선혜)'와 대화하고 있는 상황이므로, ':묻ㅈ·ᄫ샤·딕'의 부사어는 생략된 '善慧(선혜)'이다. '받ㅈ·바'의 부사어는 '부텻·긔'이다. 이들 부사어는 모두 높임의 대상이 되기 때문에 서술어에 객체 높임의 선어말 어미 '-ᄌᆞᆸ-'이 쓰이고 있다.
② '·ᄒᆞ·시ᄂᆞ·니'에는 생략된 주어인 '善慧(선혜)'를 높이기 위한 선어말 어미 '-시-'가, '對答(대답)·ᄒᆞ샤·딕'에는 주어인 '善慧(선혜)'를 높이기 위하여 '-샤-'가 쓰였다. 자음으로 시작하는 어미 앞에서는 '-시-'가, 모음으로 시작하는 어미 앞에서는 '-샤-'가 쓰였다.
④ '고·줄'은 양성 모음 'ㅗ'를 가진 명사 '곶'에 조사 '울'이 결합한 것이다. 양성 모음 다음에는 '올', 음성 모음 다음에는 '을'이 선택되었다.
⑤ 현대 국어에서의 부사격 조사 '에'에 대응하는 중세 국어의 부사격 조사에는 '애/에/익/의/예'가 쓰였다. 모음 조화에 따라 '애'와 에', '익'와 '의'가 나뉘어 쓰였다. '예'는 'ㅣ'나 반모음 'ㅣ[j]' 뒤에 쓰였다.

159 근대 국어에서의 변화
답 ③

질문과 대답으로 주고받는 대화의 맥락상, ㉡과 ⓑ에는 의문문을 나타내는 종결 어미가 쓰였음을 짐작할 수 있다. '-ㄴ다'는 '네'와 같은 2인칭 주어에 대한 의문문을 표현하는 종결 어미로서, (나)에서도 여전히 쓰이고 있다.

오답 피하기

① 성조 표기를 위해 글자 옆에 찍던 방점이 (가)에는 있으나 (나)에서는 사라진 것을 볼 수 있다.
② 명사 '사룸' 뒤에 조사가 붙을 때 (가)에서는 연철(이어 적기)되었으나 (나)에서는 분철(끊어 적기)로 변화한 것을 볼 수 있다.
④ 음절의 종성 위치에서 보이던 'ㆁ'이 'ㅇ'으로 변화한 것을 볼 수 있다.
⑤ (가)와 (나)에서 모두 '므슴'으로 나타나는 것은 (나)가 원순 모음화가 일어나기 전에 창작되었음을 알려 준다. 원순 모음

화는 18세기에 대폭적으로 일어난 현상으로 평순 모음 'ㅡ'가 자음 'ㅁ, ㅂ, ㅍ'과 만났을 때 원순 모음 'ㅜ'로 바뀌는 현상이다.

160 향찰 표기   답 ③

ⓑ ㉠은 우리말의 접미사 '-님'을 표기한 것이므로 뜻을 빌린 것이고, ㉡과 ㉢은 보조사 '은'을 표기한 것이므로 음을 빌린 것이다.

ⓒ ㉡과 ㉢은 모두 보조사 '은'이므로 형식 형태소이다.

오답 피하기

ⓐ ㉠은 접미사이고 ㉡은 보조사이다.

ⓓ ㉢은 보조사 '은'을 표기한 것이다.

161 국어사 자료 탐구   답 ③

':효·도·이'는 '효도의'의 의미로, 명사 뒤에 있는 조사 '이'는 관형격 조사이다. 따라서 부사격 조사를 탐구하고자 하는 문제에 적절하지 않다.

오답 피하기

① '공자'에 주격 조사 'ㅣ'가 결합하여 '공지'가 되었고, '아니홈'에 주격 조사 '이'가 결합하여 '아니홈이'가 되었다. 주격 조사 앞에 모음이 오는지 자음이 오는지에 따라 주격 조사의 형태가 달라졌음을 보여 줄 수 있다.

② '비르소미오'는 '비르솜 + 이오'의 구성으로서 서술격 조사가 연철된 예인 반면, 'ᄆᆞᄎᆞᆷ이니라'는 'ᄆᆞᄎᆞᆷ + 이니라'의 구성으로서 서술격 조사가 분철된 예이다.

④ '부모'에 결합한 목적격 조사 '를'은 모음 조화에 맞게 양성 모음의 형태가 쓰였지만, '일홈'에 결합한 목적격 조사 '을'은 모음 조화에 맞지 않게 음성 모음의 형태가 쓰였다.

⑤ '부모'에 결합한 부사격 조사 '씌'는 '께'의 의미로서 객체 높임을 실현하지만, '증자'에 결합한 'ᄃᆞ려'는 '에게'의 의미로서 객체 높임을 실현하지 않는다.

162 중세 국어 음운의 변화   답 ②

자음 'ㅸ'이 반모음 [w]로 바뀌었지만 이것이 모음 조화에 영향을 미친 것은 아니다. 모음 조화의 일치 여부는 뒤에 붙는 어미(여기서는 '-어/아')의 모음으로 판단한다.

오답 피하기

① 'ㅿ'은 완전히 소멸하였음을 알 수 있고, 'ㆍ'는 'ㅏ' 또는 'ㅡ'로 바뀌었음을 알 수 있다.

③ 'ㄱ'의 첫 번째 단계에서 두 번째 단계로 넘어갈 때 'ㆍ'는 여전히 있지만 'ㅿ'만 없어졌으므로 'ㅿ'이 먼저 소실되었음을 알 수 있다.

④ 'ㄴ'의 가운데 단계에서 두 번째 음절의 'ㆍ'가 'ㅡ'로 먼저 변화한 후, 마지막 단계에서 첫 번째 음절의 'ㆍ'가 'ㅏ'로 변화하였음을 볼 수 있다.

⑤ 자음 'ㅸ'이 없어지고 대신 반모음 [w]가 나타난 것으로 보아 'ㅸ'이 [w]로 변화한 것으로 추리할 수 있다.

163 중세 국어 의문문의 특징   답 ④

ㄹ은 의문사 '어디'를 포함하고 있는 설명 의문문이며, '-오' 계열의 의문형 종결 어미 '-뇨'로 실현되고 있다.

오답 피하기

① ㄱ은 의문사 '엇던'을 포함하고 있는 설명 의문문이며, 명사 '사ᄅᆞᆷ' 뒤에 의문 보조사가 결합하고 있다.

② ㄴ은 의문사 없이 '예' 또는 '아니요'로 대답할 수 있는 판정 의문문이며, 명사 '종' 뒤에 의문 보조사가 결합하고 있다.

③ ㄷ은 판정 의문문이며, '-아' 계열의 의문형 종결 어미 '-녀'로 실현되고 있다.

⑤ ㅁ은 판정 의문문이며, '-아' 계열의 의문형 종결 어미 '-가'로 실현되고 있다.

164 중세 국어의 관형격 조사   답 ⑤

'ᄃᆞᆰ'은 동물이며, 끝 음절의 모음인 'ㆍ'가 양성 모음이기 때문에 관형격 조사 '이'와 결합해야 한다. 따라서 'ᄃᆞᆰ긔'가 아닌 'ᄃᆞᆯ기(ᄃᆞᆰ + 이)'로 나타나야 한다. 이때, 'ㆍ'가 양성 모음인지의 여부는 〈보기〉에 제시된 사례 '도ᄌᆞ기(도족 + 이)'를 통해 확인할 수 있다.

오답 피하기

① '거붑(거북)'은 동물이며, 끝 음절의 모음인 'ㅜ'가 음성 모음이기 때문에 관형격 조사 '의'와 결합해야 한다. 따라서 '거

부븨(거붐 + 의)'로 나타난다. 이때 'ᅮ'가 음성 모음인지의 여부는 〈보기〉에 제시된 사례 '大衆의(대중 + 의)'를 통해 확인할 수 있다.

② '술위(수레)'는 사람도 아니고 동물도 아니기 때문에 관형격 조사 'ㅅ'과 결합해야 한다. 따라서 '술윗(술위 + ㅅ)'으로 나타나야 한다.

③ '사슴(사슴)'은 동물이며 끝 음절의 모음인 'ᆞ'가 양성 모음이기 때문에 관형격 조사 '인'와 결합해야 한다. 따라서 '사스미(사슴 + 인)'로 나타나야 한다.

④ '나모(나무)'는 사람도 아니고 동물도 아니기 때문에 관형격 조사 'ㅅ'과 결합해야 한다. 따라서 '나못(나모 + ㅅ)'으로 나타나야 한다.

165 중세 국어의 특징   답 ②

'배'는 '바'와 'ㅣ'가 결합한 것으로 현대 국어로 '바가'로 풀이되기 때문에 이때의 'ㅣ'는 주격 조사이다. 그러나 '제'는 '저'와 'ㅣ'가 결합한 것이지만 현대 국어로 '자기의'로 풀이되기 때문에 이때의 'ㅣ'는 주격 조사가 아닌 관형격 조사로 쓰인 것이다.

오답 피하기

① '말씀이', '놈이'로 적지 않고 '말ᄊᆞ미', '노미'로 적는다는 점에서 연철 표기(이어 적기)를 하였음을 확인할 수 있다.

③ '나랏'은 '나라'와 'ㅅ'이 결합한 것으로 현대 국어의 '나라의'로 풀이되기 때문에 이때의 'ㅅ'은 관형격 조사이다.

④ 현대 국어와 달리 'ᄠ, ㅄ'처럼 초성에 서로 다른 자음이 병기되기도 하였다.

⑤ '빙ᄀ노니'는 '빙글- + -ᄂᆞ- + -오- + -니'로 분석되는데, 이때 중세 국어의 선어말 어미 '-오-'는 문장의 주어가 1인칭임을 표현하는 기능을 한다.

166 근대 국어와 현대 국어의 비교   답 ③

'녀코'는 '넣- + -고'에서 축약이 일어난 음운 변동을 표기에 그대로 반영한 형태이다. 그러나 '넣고'는 [너코]로 발음되어 음운의 축약이 여전히 일어나지만 표기에는 반영하지 않은 형태이다. 즉 음운의 축약이 표기에 반영되었다가 반영되지 않는 방향으로 변화하였다고 볼 수 있다.

오답 피하기

① '볼라>발라', '그릇시>그릇이(그릇 >그릇)'의 변화를 관찰할 수 있으므로 적절하다. 'ᆞ'는 첫 번째 음절에서는 주로 'ㅏ'로, 두 번째 음절에서는 주로 'ㅡ'로 변화하였다.

② '쏘>또', '실고>깔고'의 변화를 관찰할 수 있으므로 적절하다. 'ㅅ'계 합용 병서는 된소리 표기로 정착되었다.

④ (가)에서도 '독의'와 같이 분철된 예가 보이기는 하나, '더퍼'와 같이 연철이 여전히 쓰이고 있다. (나)에서는 '더퍼'와 같은 경우도 '덮어'로 적음으로써 분철이 더욱 확대된 모습을 보이므로 적절하다.

⑤ '겨을헤'는 '겨을ㅎ + 에'인데 (나)에서는 '겨울에'로 나타나 'ㅎ'이 탈락된 모습을 볼 수 있다. 따라서 적절한 내용이다.

167 의미의 변화   답 ①

㉠ '계집'은 중세 국어에서는 '여자'를 일반적으로 가리키는 표현이었으나, 현대 국어에서는 '여자' 또는 '아내'를 낮추어 가리키는 표현으로 지시 대상이 좁아졌으므로 의미의 축소에 해당된다.

㉡ '어리다'는 중세 국어에서 '어리석다'와 '나이가 적다'의 의미로 쓰이다가 현대 국어에서 '나이가 적다'의 의미로만 쓰이게 되었으므로 의미의 축소에 해당된다.

㉢ '바가지'는 중세 국어에서는 '박'으로 만든 것만을 가리키는 표현이었으나, 현대 국어에서는 '박' 이외에 플라스틱 등으로 만든 것도 가리킬 수 있게 되었으므로 의미의 확대에 해당된다.

㉣ '어여쁘다'는 중세 국어에서의 의미가 현대 국어에서 바뀌었으므로 의미의 이동에 해당된다.

㉤ '세수하다'는 중세 국어에서는 손을 씻는 행위만을 가리키는 표현이었으나, 현대 국어에서는 손이나 얼굴을 씻는 행위를 가리키게 되었으므로 의미의 확대에 해당된다.

168 북한어의 특징   답 ⑤

㉠-ⓒ: '심리'를 [심니]로 발음하는 것은 'ㄹ'이 'ㅁ'의 영향을 받아 'ㄴ'으로 바뀐 비음화의 결과이다.

㉡-ⓓ: '노크'는 'knock'에서 유래한 외래어이지만 '손기척'은 이를 순우리말로 다듬은 것이다.

㉢-ⓔ: '월급(月給)'은 한자어이지만 북한에서는 이를 순우리말로 다듬은 '달품'으로 쓴다.

ⓔ-ⓑ: 공동의 의미를 나타내는 조사 '와/과' 앞에 주격 조사 '께서'를 또 붙이는 용법은 남한에는 없는 것이다.

ⓜ-ⓔ: 남한에서는 '놀라-'에 사동 접미사 '-ㅣ우-'를 쓰지 않고 주로 '놀라게 하다' 형태의 사동을 쓴다.

169 한국어 음운의 특징   달 ①

〈보기〉에서 한국어는 자음이 '예사소리-된소리-거센소리'로 대립되어 '울림소리-안울림소리'로 대립하는 영어와 대조적이라고 하였다. 다시 말해 국어 화자들은 서로 다른 음운으로 인식하는 예사소리 'ㅂ'과 된소리 'ㅃ'을 영어 화자들은 모두 안울림소리로 인식하여 잘 구별하여 발음하지 못할 수 있다.

오답 피하기

② 〈보기〉의 설명과는 관련이 없는 내용이며, '모음-자음'으로 이루어진 음절 구조는 많은 언어권에서 볼 수 있는 구조이므로 적절한 추론이 아니다.

③ 〈보기〉를 통해 영어에서는 마찰음 'ㅅ'뿐만 아니라 다른 마찰음도 더 있다는 것을 알 수 있으므로 적절한 추론이 아니다.

④ 〈보기〉에서 초성에 'ㄹ'이 오지 못하는 것은 국어의 특징이며 영어에서는 초성에 'ㄹ'과 유사한 음운이 오는 것이 자연스럽기 때문에 적절한 추론이 아니다.

⑤ 〈보기〉와 관련이 없는 내용이므로 적절한 추론이 아니다.

170 말뭉치의 활용   달 ①

①의 의미를 지니는 '쓰다'는 '공적인 일을 추진하는 데에는 억지를 쓰면 안 된다.', '그는 자신이 원하는 것을 얻기 위해 마구 억지를 쓰는 버릇이 있다.' 정도의 문장에서 확인된다. 〈보기〉의 문장들에서 이러한 의미로 쓰인 '쓰다'는 확인되지 않는다. 〈보기〉에 제시된 '혐의를 쓰다.'에 쓰인 '쓰다'는 '합당치 못한 일을 강하게 요구하다.'가 아니라 '사람이 죄나 누명 따위를 가지거나 입게 되다.'의 의미로 쓰인 것이다.

오답 피하기

② 〈보기〉의 '신경을 쓰다.'에 쓰인 '쓰다'의 의미이다.

③ 〈보기〉의 '식비를 쓰다.'에 쓰인 '쓰다'의 의미이다.

④ 〈보기〉의 '먼지를 쓰다.'에 쓰인 '쓰다'의 의미이다.

⑤ 〈보기〉의 '소설을 쓰다.'에 쓰인 '쓰다'의 의미이다.

본문 150~159쪽

VI 특별 부록

| 171 | ③ | 172 | ④ | 173 | ④ | 174 | ③ | 175 | ③ |
| 176 | ⑤ | 177 | ④ | 178 | ① | 179 | ③ | 180 | ② |

171 음운의 변동   달 ③

ⓒ은 음운의 수적 변동과 질적 변동이 모두 확인되는 음운 현상으로 '축약'을 말한다. 용언 어간 '배우-'와 어미 '-어'가 결합하여 [배워]가 되는 것은 용언 어간의 '우'가 반모음 'w'로 바뀌는 교체 현상이 일어난 것이다.

오답 피하기

① ㉠은 음운의 수적 변동 없이, 질적 변동만 확인되는 음운 현상으로 '교체'를 말한다. '봄'과 '비'가 결합한 '봄비[봄삐]'에서는 음운 'ㅂ'이 'ㅃ'으로 바뀌는 교체 현상이 확인된다.

② ㉡은 음운의 질적 변동 없이, 수적 변동만 확인되는 음운 현상으로 '첨가' 또는 '탈락'을 말한다. 어간 '낳-'과 어미 '-아'가 결합한 '낳아[나아]'에서는 'ㅎ' 탈락 현상이 확인된다.

④ ㉠은 음운의 수적 변동 없이, 질적 변동만 확인되는 음운 현상으로 '교체'를 말하고 ㉡은 음운의 질적 변동 없이, 수적 변동만 확인되는 음운 현상으로 '첨가' 또는 '탈락'을 말한다. '물'과 '약'이 결합한 '물약[물략]'은 'ㄴ'이 첨가되어 ㉡의 현상이 확인되고, 그 'ㄴ'이 'ㄹ'으로 교체되므로 ㉠의 현상도 확인된다.

⑤ '밭을[바틀]'은 음운 변동 없이 선행 음절의 종성이 후행 음절의 초성으로 연음되는 현상만 확인된다.

172 국어의 변천   달 ④

(라)는 축약의 하나인 유기음화의 예를 보인 것이다. 중세 국어 예시에서 '븕-'의 종성 'ㄱ'과 '-히-'의 초성 'ㅎ'이 만나 'ㅋ'으로 축약되는 현상이 확인된다. 현대 국어 예시에서도 '밝-'의 종성 'ㄱ'과 '-히-'의 초성 'ㅎ'이 만나 'ㅋ'으로 축약되는 현상이 보인다. 따라서 (라)의 예시에서 확인되는 축약 현상은 중세 국어와 현대 국어에서 동일하게 나타나고 있다. 이 현상은 '자음군 단순화'와 관련되지 않는다.

① (가)는 모음 조화의 예를 보인 것이다. 중세 국어 예시에서는 선행 체언 '나'의 중성인 양성 모음 'ㅏ'에 따라 후행 조사가 양성 모음 'ㆍ'를 지니는 'ᄂᆞᆫ'이 선택되었다. 그런데 현대 국어에서는 '나'의 양성 모음 'ㅏ'와 관련 없이 음성 모음형 조사 '는'이 결합되는 것을 볼 수 있다. 이를 통해 중세 국어의 모음 조화 현상이 현대 국어에서 약화되었음을 알 수 있다.

② (나)는 'ㄹ' 탈락의 예를 보인 것이다. 중세 국어의 경우, '쏠'과 '-님'이 결합하여 새로운 단어를 형성할 때, '쏠'의 'ㄹ'이 탈락하여 '쓰님'이 만들어진다. 반면 현대 국어에서는 '달'과 '-님'이 결합할 때 '달'의 'ㄹ'이 탈락하지 않고 '달님[달림]'이 만들어지는 것을 볼 수 있다. 이를 통해 중세 국어의 'ㄹ' 탈락 현상이 현대 국어로 오면서 그 적용 환경이 바뀐 것을 알 수 있다.

③ (다)는 구개음화의 예를 보인 것이다. 중세 국어 예시에서는 '긑'의 종성 'ㅌ'이 조사 '이'와 결합할 때 특별한 음운 변동이 일어나지 않았다. 반면, 현대 국어 예시에서는 '끝'의 종성 'ㅌ'이 조사 '이'와 결합할 때, '[끄치]'로 발음되어 구개음화가 일어나는 것을 확인할 수 있다.

⑤ (마)는 비음화의 예를 보인 것이다. 중세 국어 예시에서 '잇-'과 '-ᄂᆞᆫ'이 결합할 때, '잇-'의 종성 'ㅅ'이 'ᄂᆞᆫ'의 초성 'ㄴ'의 영향을 받아 '[인ᄂᆞᆫ]'으로 비음화되는 것을 볼 수 있다. 현대 국어에서도 '있-'과 '는'이 결합할 때 '[인는]'으로 발음되어 같은 현상이 일어남을 알 수 있다.

173 동음이의 관계와 다의 관계   답 ④

동음이의 관계는 사전에 각각 다른 표제어로 등재되어 있고 다의 관계는 사전의 한 표제어에 세부적인 의미 번호로 구분되어 있다. 따라서 동음이의 관계에 있는 단어는 각각 다른 단어라 할 수 있고 다의 관계에 있는 의미들은 한 단어에 속해 있는 여러 의미들이라 할 수 있다.

① 동음이의 관계는 서로 관련 없는 단어들이 우연히 그 소리가 같아서 형성되는 의미 관계이다.

② 다의 관계는 어떤 단어의 중심 의미를 비유적으로 사용하면서 그 의미가 주변 의미로 확장되어 형성되기 때문에, 단어의 비유적 사용 방식에 의해 형성될 수 있다.

③ 동음이의 관계는 사전에 각각 다른 단어로 등재되어 있고 다의 관계는 사전에 한 단어의 세부 정보에 등재되어 있다. 따라서 사전을 찾아보면 동음이의 관계와 다의 관계를 구분해 볼 수 있다.

⑤ 동음이의 관계와 다의 관계 모두 하나의 소리에 여러 개의 의미가 연결되어 있다는 면에서 공통점을 가진다. 다만, 동음이의 관계는 관련되는 여러 의미들이 서로 연관성이 없지만 다의 관계는 그러한 여러 의미들이 서로 연관성을 가진다는 면에서 이 두 의미 관계의 차이가 확인된다.

174 다의어의 의미 파악   답 ③

'앞'이란 단어는 구체적인 장소와 관련하여 '향하고 있는 쪽이나 곳'이라는 의미를 중심 의미로 가진다. ㉠의 '학교 앞'은 '학교'라는 구체적인 장소의 '앞'이라는 중심 의미로 사용되었고, ㉡의 '내 앞'은 '나에게'라는 추상적인 의미로 사용되고 있다.

① '낮다'라는 단어는 '아래에서 위까지의 높이가 기준이 되는 대상이나 보통 정도에 미치지 못하는 상태에 있다.'라는 의미를 중심 의미로 가진다. ㉠, ㉡의 '낮다' 모두 '높이가 낮다.'라는 중심 의미로 사용된 예들이다.

② '크다'라는 단어는 '사람이나 사물의 외형적 길이, 넓이, 높이, 부피 따위가 보통 정도를 넘다.'라는 의미를 중심 의미로 가진다. ㉠, ㉡의 '크다' 모두 '쓸쓸이', '보람' 등 추상적인 대상의 크기에 대해 이야기하고 있기 때문에 주변 의미로 사용된 예들이다.

④ '작다'라는 단어는 '길이, 넓이, 부피 따위가 비교 대상이나 보통보다 덜하다.'라는 의미를 중심 의미로 가진다. ㉠, ㉡의 '작다' 모두 구체적인 대상의 크기가 작음을 나타내는 중심 의미로 사용된 예들이다.

⑤ '뒤'라는 단어는 구체적인 장소를 대상으로 하여 '향하고 있는 방향과 반대되는 쪽이나 곳'이라는 의미를 중심 의미로 가진다. ㉠, ㉡의 '뒤' 모두 구체적인 대상의 반대 방향이라는 중심 의미로 사용된 예들이다.

175 담화의 통일성과 응집성   답 ③

㉠은 담화의 '통일성'이다. '통일성'은 담화가 내용적 측면에

서 일관된 주제나 내용으로 연결되어 있는 특성을 말한다. 따라서 어떤 담화의 '통일성'을 파악하거나 판단하기 위해서는 담화의 내용이 정확히 파악되어야 한다.

오답 피하기

① ㉠ 담화의 통일성은 담화의 내용적 측면만을 대상으로 한다. 따라서 담화를 구성하는 형식적 장치들은 통일성 논의의 대상이 되지 않는다.

② ㉡ 담화의 응집성은 담화의 형식적 측면만을 대상으로 한다. 따라서 응집성을 파악하기 위해서는 관련된 형식적 장치들이 적절하게 사용되었는지 따져 보아야 한다.

④ ㉠ 담화의 통일성과 ㉡ 담화의 응집성은 적절한 담화를 이루기 위해 모두 필수적인 요소들이다.

⑤ ㉠ 담화의 통일성과 ㉡ 담화의 응집성은 개념적으로 분명하게 구분되는 요소이지만 서로 밀접한 관련을 맺고 있다.

176 맥락의 이해 답 ⑤

맥락은 ⓐ 언어적 맥락과 ⓑ 비언어적 맥락으로 구분된다. 언어적 맥락은 발화에 사용된 언어 표현의 의미만으로 실현되는 맥락이고, 비언어적 맥락은 담화 상황이나 사회·문화적 배경 등이 고려된 맥락을 말한다. (가)의 '민소'는 '시원하다'를 '뜨뜻하고 속이 풀리는 느낌'이라는 뜻으로 사용하고 있어 비언어적 맥락(사회·문화적 맥락)을 관련시킨 것으로 볼 수 있다. 반면 (나)의 '아이'는 '어머니'의 발화를 언어적 맥락으로만 파악하고 있다.

오답 피하기

① (가)에서 '민소'는 '시원하다'를 '뜨뜻하고 속이 풀리는 느낌'이라는 뜻으로 사용하고 있어 비언어적 맥락(사회·문화적 맥락)을 고려하여 발화하였으나 '영수'는 이 발화를 언어적 맥락으로만 파악하고 있다.

② (가)에서 '민소'가 말한 '시원하다'의 뜻을 '영수 어머니'는 '뜨뜻하고 속이 풀리는 느낌'으로 이해하였는데 이에는 비언어적 맥락이 관련됨을 알 수 있다.

③ (나)에서 '어머니'는 "얼른 약 먹자."라는 청유문을 통해 아이의 부담을 제거하려는 의도를 보이고 있다. 그러나 '아이'는 이 발화를 언어적 맥락으로 해석하여 엄마와 아이가 같이 약을 먹는 것으로 파악하고 있다.

④ (나)의 '어머니'의 발화는 청유문을 사용하여 청자의 부담을

제거할 수 있다는 비언어적 맥락을 고려해야 적절하게 이해될 수 있다.

177 높임 표현 답 ④

ㄱ은 주체인 '어머니'만 높이고 있다. 이는 서술어 '주셨다'에 주체 높임 선어말 어미 '-시-'만 결합된 것을 통해 알 수 있다. ㄴ은 객체인 '할머니'와 '청자'를 높이고 있다. 이 문장의 서술어 '드렸습니다'를 보면 알 수 있는데 '주다' 대신 '드리다'가 선택된 것은 객체인 '할머니'를 높이기 위함이고 '-습니다'가 결합한 것은 '청자'를 높이기 위함이다. ㄷ은 주체인 '어머니'와 '청자'를 높이고 있다. 서술어 '주셨습니다'에서 주체 높임의 '-시-'와 상대 높임의 '-습니다'가 각각 확인된다. ㄹ은 주체인 '형님'과 객체인 '할머니'를 높이고 있다. 그 서술어 '드리신다'를 보면 객체 높임 어휘인 '드리-'와 주체 높임 선어말 어미 '-시-'가 결합된 것을 볼 수 있다. ㅁ은 주체인 '형', 객체인 '할머니', 그리고 '청자'를 높이고 있다. 이 문장의 서술어 '드리셨습니다'를 보면 객체 높임 어휘인 '드리-', 주체 높임 선어말 어미 '-시-', 그리고 상대 높임 어미 '-습니다'가 결합되어 있다. 따라서 주체, 객체, 상대 중 둘을 높인 경우는 ㄴ, ㄷ, ㄹ이다.

178 중세 국어의 높임법 답 ①

중세 국어 시기의 높임법은 모두 선어말 어미로 실현될 수 있었다. 현대 국어 시기로 오면서 주체 높임의 선어말 어미 '-시-'를 제외한 객체 높임의 선어말 어미 '-줍-'과 상대 높임의 선어말 어미 '-이-'는 모두 소멸하게 된다. 한편 현대 국어의 선어말 어미 '-시-'는 중세 국어 시기와 마찬가지로 주체 높임의 기능을 유지하고 있다.

오답 피하기

② 중세 국어 시기의 '-줍-'은 객체를 높이는 선어말 어미이다. 이때 객체는 사람이어도 되고 높임의 대상이 되는 사물이어도 된다. 본문의 예시를 보면 '王(왕) 말쑴'을 높이기 위해 '듣-'에 '-줍-'이 결합된 것을 볼 수 있다.

③ 중세 국어 시기의 '-이-'는 상대 높임 선어말 어미로 'ㅎ쇼셔체'에 해당된다. 중세 국어의 'ㅎ쇼셔체'는 현대 국어의 '하십시오체'와 그 높임의 등급이 비슷하다. 본문에서 '내 … 씨 ᄃᆞ과이다'를 '내가 … 깨달았습니다'로 현대어 풀이하여

그 높임의 등급을 보이고 있다.

④ 현대 국어의 주체 높임법은 선어말 어미 '-시-'를 통해 실현되며 상대 높임법은 종결 어미를 통해 실현된다. 따라서 주체 높임법만 문법적으로 실현되는 것은 아니다.

⑤ 중세 국어의 '-줍-'과 '-이-'가 그 어원이 되어 현대 국어의 '-습니다'가 만들어진다. 그러나 '-습니다'의 기능은 상대 높임으로 한정된다. 따라서 중세 국어 '-줍-'의 기능, 즉 객체 높임의 기능은 '-습니다'에 들어 있지 않다.

179 복합어의 이해 　　　답 ③

㉠ 복합어를 이루는 성분인 어근이나 접사가 새로운 단어를 만드는 데 더 이상 사용되지 않는 경우에 대해 살펴보자. ①-㉠, ⑤-㉠의 '자주', '너무'는 각각 '잦- + -우', '넘- + -우'로 분석할 수 있는데, 이때 부사 파생 접미사 '-우'는 더 이상 새로운 단어를 만드는 데 사용되지 않는다. ②-㉠의 '지팡이'는 '짚- + -앙이'로 분석할 수 있다. 여기의 접사 '-앙이'도 더 이상 새로운 단어를 만들지 못한다. ③-㉠의 '굳이'는 '굳- + -이'로 분석된다. 이때의 파생 접사 '-이'는 여전히 새로운 단어를 만드는 데 사용된다. '높이', '길이', '곰곰이', '더욱이', '일찍이' 등 파생 접사 '-이'에 의해 만들어진 부사들이 여럿 확인되는 것을 통해 접사 '-이'의 생산성을 알 수 있다. ④-㉠의 '바가지'는 '박 + -아지'로 분석된다. 이때의 '-아지' 역시 더 이상 새로운 단어를 만드는 데 사용되지 않는 접사이다. 어떤 단어를 구성하는 형태소들이 새로운 단어를 만드는 데 사용되지 않는다면 이들은 연철하여 소리대로 적는다. ③-㉠의 '굳이'가 '구디'처럼 연철되지 않은 것을 통해, '굳-'과 '-이' 모두 여전히 새로운 단어를 만드는 데 사용되는 요소임을 알 수 있다.

㉡ 복합어의 의미가 그 구성 성분의 의미에서 달라진 경우에 대해 살펴보자. ①-㉡의 '어리숙하다'는 '순진하고 어리석은 데가 있다.'라는 뜻이다. '어리숙하다'의 구성 성분인 '어리다'는 '나이가 적다.'라는 의미이다. 따라서 '어리다'의 의미는 '어리석다'의 의미와 다르다는 것을 알 수 있다. ②-㉡의 '길이'는 '길- + -이'로 분석된다. 이때 '길다'는 '잇닿아 있는 물체의 두 끝이 서로 멀다.', '이어지는 시간상의 한 때에서 다른 때까지의 동안이 오래다.' 등의 의미를 갖는다. 이 두 의미는 공간적인 측면과 시간적인 측면에서 '길다'의 기본적인 의미라 할 수 있다. '길이'는 '오랜 세월이 지나도록'이라는 의미를 갖기 때문에 구

성 성분 '길다'의 의미에서 멀어진 예에 해당하지 않는다. ③-㉡의 '높이'는 '높- + -이'의 결합으로 분석된다. '높이'가 '높은 정도'를 나타내는 척도 명사로 사용되므로 구성 성분 '높다'의 의미가 여전히 유지되는 것을 알 수 있다. ④-㉡의 '미루다'는 '밀- + -우- + -다'의 결합으로 볼 수 있다. 동사 어간에 사동 접미사 '-우-'가 결합하여 만들어진 것으로 '일정한 방향으로 움직이도록 반대쪽에서 힘을 가하다.'라는 뜻인 '밀다'와는 의미가 달라졌음을 알 수 있다. ⑤-㉡의 '고이'는 '곱- + -이'로 분석된다. '고이'의 구성 성분 '곱다'는 '모양, 생김새, 행동거지 따위가 산뜻하고 아름답다.'라는 뜻이다. '고이'의 의미가 '편안히 또는 정성을 다해'의 의미인 것을 보아 그 구성 성분 '곱다'의 의미에서 멀어진 것을 확인할 수 있다.

이와 같은 내용으로 볼 때, ③-㉠의 '굳이'는 '굳- + -이'로 분석되며 구성 성분 모두 여전히 새로운 단어를 형성하는 데 사용되므로, ③이 적절하지 않은 예이다.

180 국어의 로마자 표기법 　　　답 ②

'국어의 로마자 표기법'은 전사법을 원칙으로 하며 모든 음운 변동이 표기에 반영되지 않는다. '압구정[압꾸정]'(Apgujeong)의 예와 같이, 된소리되기는 '국어의 로마자 표기법'에 반영되지 않는다.

오답 피하기

① 전사법은 소리를 옮겨 적는 방법이고 전자법은 철자를 옮겨 적는 방법이다.

③ '국어의 로마자 표기법'에서 우리말 모음자 'ㅢ'는 그 발음과 상관 없이 항상 'ui'로 적도록 고정되어 있다. 이는 전자법을 사용한 것이다.

④ '국어의 로마자 표기법'은 전사법을 원칙으로 하여 소리대로 적으려 하지만 우리말의 모든 발음을 로마자로 옮기지는 못한다. 이는 '국어의 로마자 표기법'이 전자법이 허용되는 것으로 보아 알 수 있다.

⑤ '한글 맞춤법'이 소리대로 적는 원칙과 어법에 맞도록 적는 원칙이 공존하는 것처럼 '국어의 로마자 표기법'은 전사법과 전자법이 공존한다.

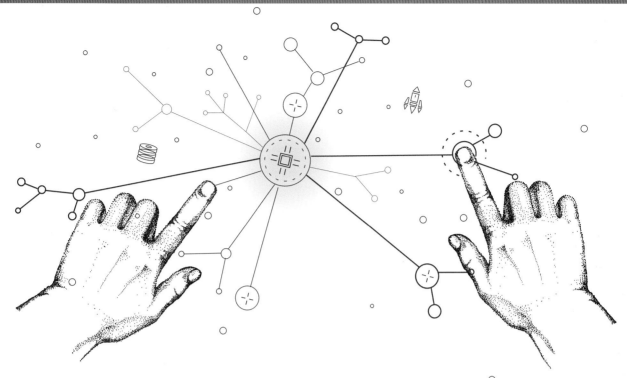

EBS

2015 개정 교육과정 적용
최신 수능 경향 분석을 통해 출제한 실전 문항 180선
연습 문제 ⊕ 실전 문제 ⊕ 부록(신경향 문제)

국어 문법의 원리

수능 국어 문법 180제

정답과 해설